U0936448

老科学家学术成长资料采集工程丛书

航空报国 杏坛追梦

1914年 生于北京

1935年 赴美入读加州理工

1945年 创建浙大航空系

1952年 筹建华东航空学院

1956年 任南京航空学院副院长

1980年 任上海交通大学校长

2004年 《气体加热与热防护系统》出版

2009年 《高速飞行器热结构分析与应用》出版

老科学家学术成长资料采集工程丛书

航空报国 杏坛追梦

范绪箕传

孟雁 吴志军◎等著

上海交通大学出版社
中国科学技术出版社

图书在版编目(CIP)数据

航空报国　杏坛追梦:范绪箕传/孟雁等著. —上海: 上海交通大学出版社, 2015(2016重印)

(老科学家学术成长资料采集工程丛书)

ISBN　978-7-313-13018-1

Ⅰ.①航…　Ⅱ.①孟…　Ⅲ.①范绪箕-传记
Ⅳ.①K826.16

中国版本图书馆CIP数据核字(2015)第139160号

出 版 人　韩建民　秦德继
责任编辑　张善涛
责任营销　陈　鑫
版式设计　中文天地

出　　版　上海交通大学出版社　中国科学技术出版社
发　　行　上海交通大学出版社
地　　址　上海市番禺路951号
邮　　编　200030
发行电话　021-64071208
传　　真　021-64073126
网　　址　http://www.jiaodapress.com.cn

开　　本　787mm×1092mm　1/16
字　　数　234千字
印　　张　16
彩　　插　3
版　　次　2015年9月第1版
印　　次　2016年6月第2次印刷
印　　刷　上海译文印刷厂
书　　号　ISBN 978-7-313-13018-1/K
定　　价　49.00元

老科学家学术成长资料采集工程
领导小组专家委员会

主　任：杜祥琬

委　员：（以姓氏拼音为序）

巴德年　陈佳洱　胡启恒　李振声

王礼恒　王春法　张　勤

老科学家学术成长资料采集工程
丛书组织机构

特邀顾问（以姓氏拼音为序）

樊洪业　方　新　齐　让　谢克昌

编 委 会

主　编：王春法　张　藜

编　委：（以姓氏拼音为序）

艾素珍　董庆九　胡化凯　黄竞跃　韩建民

廖育群　吕瑞花　刘晓勘　林兆谦　秦德继

任福君　苏　青　王扬宗　夏　强　杨建荣

张柏春　张大庆　张　剑　张九辰　周德进

编委会办公室

主　任：许向阳　张利洁

副主任：许　慧　刘佩英

成　员：（以姓氏拼音为序）

崔宇红　董亚峥　冯　勤　何素兴　韩　颖

李　梅　罗兴波　刘　洋　刘如溪　沈林芑

王晓琴　王传超　徐　捷　肖　潇　言　挺

余　君　张海新　张佳静

老科学家学术成长资料采集工程简介

老科学家学术成长资料采集工程（以下简称“采集工程”）是根据国务院领导同志的指示精神，由国家科教领导小组于2010年正式启动，中国科协牵头，联合中组部、教育部、科技部、工信部、财政部、文化部、国资委、解放军总政治部、中国科学院、中国工程院、国家自然科学基金委员会等11部委共同实施的一项抢救性工程，旨在通过实物采集、口述访谈、录音录像等方法，把反映老科学家学术成长历程的关键事件、重要节点、师承关系等各方面的资料保存下来，为深入研究科技人才成长规律，宣传优秀科技人物提供第一手资料和原始素材。按照国务院批准的《老科学家学术成长资料采集工程实施方案》，采集工程一期拟完成300位老科学家学术成长资料的采集工作。

采集工程是一项开创性工作。为确保采集工作规范科学，启动之初即成立了由中国科协主要领导任组长、12个部委分管领导任成员的领导小组，负责采集工程的宏观指导和重要政策措施制定，同时成立领导小组专家委员会负责采集原则确定、采集名单审定和学术咨询，委托中国科学技术史学会承担具体组织和业务指导工作，建立专门的馆藏基地确保采集资料的永久性收藏和提供使用，并研究制定了《采集工作流程》、《采集工作规范》等一系列基础文件，作为采集人员的工作指南。截至2014年底，已启动304 位老科学家的学术成长资料采集工作，获得手稿、书信等实物原件资料 52 093 件，数字化资料 137 471 件，视频资料 183 878 分钟，音频资料 224 828 分钟，具有重要的史料价值。

采集工程的成果目前主要有三种体现形式，一是建设一套系统的“老科学家学术成长资料数据库”（本丛书简称“采集工程数据库”），提供学术研究和弘扬科学精神、宣传科学家之用；二是编辑制作科学家专题资料片系列，以视频形式播出；三是研究撰写客观反映老科学家学术成长经历的研究报告，以学术传记的形式，与中国科学院、中国工程院联合出版。随着采集工程的不断拓展和深入，将有更多形式的采集成果问世，为社会公众了解老科学家的感人事迹，探索科技人才成长规律，研究中国科技事业的发展历程提供客观翔实的史料支撑。

总序一

中国科学技术协会主席　韩启德

老科学家是共和国建设的重要参与者，也是新中国科技发展历史的亲历者和见证者，他们的学术成长历程生动反映了近现代中国科技事业与科技教育的进展，本身就是新中国科技发展历史的重要组成部分。针对近年来老科学家相继辞世、学术成长资料大量散失的突出问题，中国科协于2009年向国务院提出抢救老科学家学术成长资料的建议，受到国务院领导同志的高度重视和充分肯定，并明确责成中国科协牵头，联合相关部门共同组织实施。根据国务院批复的《老科学家学术成长资料采集工程实施方案》，中国科协联合中组部、教育部、科技部、工业和信息化部、财政部、文化部、国资委、解放军总政治部、中国科学院、中国工程院、国家自然科学基金委员会等11部委共同组成领导小组，从2010年开始组织实施老科学家学术成长资料采集工程。

老科学家学术成长资料采集是一项系统工程，通过文献与口述资料的搜集和整理、录音录像、实物采集等形式，把反映老科学家求学历程、师承关系、科研活动、学术成就等学术成长中关键节点和重要事件的口述资料、实物资料和音像资料完整系统地保存下来，对于充实新中国科技发展的历史文献，理清我国科技界学术传承脉络，探索我国科技发展规律和科技人才成长规律，弘扬我国科技工作者求真务实、无私奉献的精神，在全社会营造爱科学、学科学、用科学的良好氛围，是一件很有意义的事情。采集工程把重点放在年龄在 80 岁以上、学术成长经历丰富的两院院士，以及虽然不是两院院士、但在我国科技事业发展中作出突出贡献的老科技工作者，充分体现了党和国家对老科学家的关心和爱护。

自 2010 年启动实施以来，采集工程以对历史负责、对国家负责、对科技事业负责的精神，开展了一系列工作，获得大量反映老科学家学术成长历程的文字资料、实物资料和音视频资料，其中有一些资料具有很高的史料价值和学术价值，弥足珍贵。

以传记丛书的形式把采集工程的成果展现给社会公众，是采集工程的目标之一，也是社会各界的共同期待。在我看来，这些传记丛书大都是在充分挖掘档案和书信等各种文献资料、与口述访谈相互印证校核、严密考证的基础之上形成的，内中还有许多很有价值的照片、手稿影印件等珍贵图片，基本做到了图文并茂，语言生动，既体现了历史的鲜活，又立体化地刻画了人物，较好地实现了真实性、专业性、可读性的有机统一。通过这套传记丛书，学者能够获得更加丰富扎实的文献依据，公众能够更加系统深入地了解老一辈科学家的成就、贡献、经历和品格，青少年可以更真实地了解科学家、了解科技活动，进而充分激发对科学家职业的浓厚兴趣。

借此机会，向所有接受采集的老科学家及其亲属朋友，向参与采集工程的工作人员和单位，表示衷心感谢。真诚希望这套丛书能够得到学术界的认可和读者的喜爱，希望采集工程能够得到更广泛的关注和支持。我期待并相信，随着时间的流逝，采集工程的成果将以更加丰富多样的形式呈现给社会公众，采集工程的意义也将越来越彰显于天下。

是为序。

总序二

中国科学院院长　白春礼

由国家科教领导小组直接启动，中国科学技术协会和中国科学院等12个部门和单位共同组织实施的老科学家学术成长资料采集工程，是国务院交办的一项重要任务，也是中国科技界的一件大事。值此采集工程传记丛书出版之际，我向采集工程的顺利实施表示热烈祝贺，向参与采集工程的老科学家和工作人员表示衷心感谢！

按照国务院批准实施的《老科学家学术成长资料采集工程实施方案》，开展这一工作的主要目的就是要通过录音录像、实物采集等多种方式，把反映老科学家学术成长历史的重要资料保存下来，丰富新中国科技发展的历史资料，推动形成新中国的学术传统，激发科技工作者的创新热情和创造活力，在全社会营造爱科学、学科学、用科学的良好氛围。通过实施采集工程，系统搜集、整理反映这些老科学家学术成长历程的关键事件、重要节点、学术传承关系等的各类文献、实物和音视频资料，并结合不同时期的社会发展和国际相关学科领域的发展背景加以梳理和研究，不仅有利于深入了解新中国科学发展的进程特别是老科学家所在学科的发展脉络，而且有利于发现老科学家成长成才中的关键人物、关键事件、关键因素，探索和把握高层次人才培养规律和创新人才成长规律，更有利于理清我国科技界学术传承脉络，深入了解我国科学传统的形成过程，在全社会范围内宣传弘扬老科学家的科学思想、卓越贡献和高尚品质，推动社会主义科学文化和创新文化建设。从这个意义上说，采集工程不仅是一项文化工程，更是一项严肃认真的学术建设工作。

中国科学院是科技事业的国家队，也是凝聚和团结广大院士的大家庭。早在1955年，中国科学院选举产生了第一批学部委员，1993年国务院决定中国科学院学部委员改称中国科学院院士。半个多世纪以来，从学部委员到院士，经历了一个艰难的制度化进程，在我国科学事业发展史上书写了浓墨重彩的一笔。在目前已接受采集的老科学家中，有很大一部分即是上个世纪80、90年代当选的中国科学院学部委员、院士，其中既有学科领域的奠基人和开拓者，也有作出过重大科学成就的著名科学家，更有毕生在专门学科领域默默耕耘的一流学者。作为声誉卓著的学术带头人，他们以发展科技、服务国家、造福人民为己任，求真务实、开拓创新，为我国经济建设、社会发展、科技进步和国家安全作出了重要贡献；作为杰出的科学教育家，他们着力培养、大力提携青年人才，在弘扬科学精神、倡树科学理念方面书写了可歌可泣的光辉篇章。他们的学术成就和成长经历既是新中国科技发展的一个缩影，也是国家和社会的宝贵财富。通过采集工程为老科学家树碑立传，不仅对老科学家们的成就和贡献是一份肯定和安慰，也使我们多年的夙愿得偿！

鲁迅说过，“跨过那站着的前人”。过去的辉煌历史是老一辈科学家铸就的，新的历史篇章需要我们来谱写。衷心希望广大科技工作者能够通过“采集工程”的这套老科学家传记丛书和院士丛书等类似著作，深入具体地了解和学习老一辈科学家学术成长历程中的感人事迹和优秀品质；继承和弘扬老一辈科学家求真务实、勇于创新的科学精神，不畏艰险、勇攀高峰的探索精神，团结协作、淡泊名利的团队精神，报效祖国、服务社会的奉献精神，在推动科技发展和创新型国家建设的广阔道路上取得更辉煌的成绩。

总序三

中国工程院院长　周　济

由中国科协联合相关部门共同组织实施的老科学家学术成长资料采集工程，是一项经国务院批准开展的弘扬老一辈科技专家崇高精神、加强科学道德建设的重要工作，也是我国科技界的共同责任。中国工程院作为采集工程领导小组的成员单位，能够直接参与此项工作，深感责任重大、意义非凡。

在新的历史时期，科学技术作为第一生产力，已经日益成为经济社会发展的主要驱动力。科技工作者作为先进生产力的开拓者和先进文化的传播者，在推动科学技术进步和科技事业发展方面发挥着关键的决定的作用。

新中国成立以来，特别是改革开放30多年来，我们国家的工程科技取得了伟大的历史性成就，为祖国的现代化事业作出了巨大的历史性贡献。两弹一星、三峡工程、高速铁路、载人航天、杂交水稻、载人深潜、超级计算机……一项项重大工程为社会主义事业的蓬勃发展和祖国富强书写了浓墨重彩的篇章。

这些伟大的重大工程成就，凝聚和倾注了以钱学森、朱光亚、周光召、侯祥麟、袁隆平等为代表的一代又一代科技专家们的心血和智慧。他们克服重重困难，攻克无数技术难关，潜心开展科技研究，致力推动创新发展，为实现我国工程科技水平大幅提升和国家综合实力显著增强作出了杰出贡献。他们热爱祖国，忠于人民，自觉把个人事业融入到国家建设大局之中，为实现国家富强而不断奋斗；他们求真务实，勇于创新，用科技为中华民族的伟大复兴铸就了辉煌；他们治学严谨，鞠躬尽瘁，具有崇高的科学精神和科学道德，是我们后代学习的楷模。科学家们的一生是一本珍贵的教科书，他们坚定的理想信念和淡泊名利的崇高品格是中华民族自强不息精神的宝贵财富，永远值得后人铭记和敬仰。

通过实施采集工程，把反映老科学家学术成长经历的重要文字资料、实物资料和音像资料保存下来，把他们卓越的技术成就和可贵的精神品质记录下来，并编辑出版他们的学术传记，对于进一步宣传他们为我国科技发展和民族进步作出的不朽功勋，引导青年科技工作者学习继承他们的可贵精神和优秀品质，不断攀登世界科技高峰，推动在全社会弘扬科学精神，营造爱科学、讲科学、学科学、用科学的良好氛围，无疑有着十分重要的意义。

中国工程院是我国工程科技界的最高荣誉性、咨询性学术机构，集中了一大批成就卓著、德高望重的老科技专家。以各种形式把他们的学术成长经历留存下来，为后人提供启迪，为社会提供借鉴，为共和国的科技发展留下一份珍贵资料。这是我们的愿望和责任，也是科技界和全社会的共同期待。

周济

序 一

范绪箕教授是我国航空航天发展史上充满传奇色彩的百岁科学家，是上海交通大学 20 世纪 80 年代开启全国高等教育改革时的老校长。作为交大现任校长，我对范校长主持交大期间的开拓性工作，以及他对中国航空航天教育科研事业的杰出贡献，充满温情的感佩与敬意。

我记得初次认识范校长是在 2007 年，当时他已 94 岁高龄，但是丝毫不见耄耋之人应有的老态龙钟，反而让人觉得他浑身透着一股“精致”之气。观其体貌，神清骨秀，步履稳健，衣着朴素但极整洁，头发灰白却一丝不乱；与其交谈，儒雅睿智，平和淡定，面上略带慈祥的微笑，眉宇间透露出不凡的执着。这些都是范校长留给我的第一印象，我顿时觉得这位前辈科学家有些“神秘”，身上一定有鲜为人知的精彩故事，背后一定有非凡厚重的传奇人生。

之后，每逢新年之际，我都会前去看望学校老领导、老专家。每次见到精神矍铄的范校长，聆听他的真知灼见，与他对话人生的感悟，都仿佛是在享受一场绝妙的精神盛宴。随着了解的日益增进，我愈发觉得范绪箕“自身就是历史”，他以百岁高龄见证了中国航空航天事业的曲折发展；范绪箕“本人即为传奇”，因为时至今日他还笔耕不辍，丹心育人，挑战人类从事科研年龄的极限；范绪箕是“浓缩的航空航天发展史书”，因为他是交通大学践行航空报国梦的典范。

范绪箕出身于名门世家，父亲范其光是清政府选派的第一批留俄学生，母亲李国奎乃是李鸿章之兄李瀚章之孙女，门第显赫。崇文重教的家庭背景让范绪箕从小就接受优越的中西合璧式教育。1929 年范绪箕考入哈尔滨工业大学，肄习机械工程，成为他科技救国梦的起点。而他转习航空，则是出于民族心的澎湃、爱国心的驱使。“九一八事变”后，日军为夺取中东铁路的控制权，多次预谋制造列车颠覆事件。有一次，范绪箕全家坐上了从长春开往哈尔滨的列车，在途中遭遇劫持，火车倾覆出轨，乘客全都沦为难民，此时日本飞机却在空中盘旋轰鸣，忽上忽下，血气方刚的范绪箕感到这是一种傲慢示威和欺凌污辱。自此，他的航空报国梦在心里萌芽生根。

1935 年，范绪箕远涉重洋，留学美国加州理工学院航空系，成为世界航空航天宗师冯 · 卡门迁美后的第一个中国学生。半年后，钱学森从麻省理工学院转到加州理工，在冯 · 卡门的指导下攻读博士学位，两人遂成为志同道合的师兄弟。1940 年夏，范绪箕学成返国，适值抗战最为艰困之期，兵连祸结，交通阻绝，但更坚定了他献身航空事业之决心。他曾不远千里，冒险跋涉，辗转重庆、贵州、云南数省市，先后任教于当时内迁西南的浙江大学、清华大学。虽然他的航空报国梦起初一度百挫千折，但其进取之锐气丝毫不减。

1945 年，范绪箕再次受聘为浙江大学教授，开始筹建航空系，担任首任系主任。在无参考样板、缺建设经费、少专业人手的情况下，他白手起家，成功建成我国第一座 3 英尺低速风洞，使浙大航空系在国内声名鹊起；1952 年，全国院系调整，范绪箕奉命主持中央大学、交通大学和浙江大学三校航空系合并及筹建华东航空学院的工作，苦心孤诣，多方奔走，成绩斐然。1955 年被评为当时我国航空院校中唯一的一级教授。1956 年，范绪箕调任南京航空学院副院长，自此坚守岗位 23 年，在建院改制、教学科研、师资培养、设备建设等关键环节上为南航的跨越式发展倾注了巨大心力，作出了卓越贡献。

改革开放后，范绪箕就任上海交通大学第 36 任校长。对交大而言，拥有范绪箕是幸运的。众所周知，中国在 1980 年代初的农村改革是从安徽小岗村开始的，而中国高等教育波澜壮阔的改革则是从上海交通大学范绪箕校长和邓旭初书记手中启动的，他们带领交大成功度过了 1980～1984 年高等教育转型突破最困难的关键期。具体而言，范校长尝试突破造船专业"专、精、细"的单一设置，着力恢复理工结合、文理渗透的学科格局，鼓励发展电子计算机、生物技术、半导体等当时国际科技界的前沿专业；在教学传统上适时改革，倡导启发式教育，提出因材施教，按照学生爱好和特长进行针对性的培养，并积极推行导师制，为入学新生量身打造成长舞台。尤其值得一提的是，范校长敢于打破当时国内只派进修教师出国的传统做法，顶住巨大压力，利用世界银行贷款挑选了 38 位成绩优异的交大学子出国留学。此举在当时是"破天荒"的，38 位"世行生"日后都学有所成，卓然一家。凡此种种改革举措，现在看来已属稀松平常，但在思想禁锢、风气闭塞的 1980 年代初需要何等非凡的勇气与智慧！

"老牛亦解韶光贵，不等扬鞭自奋蹄。"1984 年，范绪箕卸去校长职务，却并未"解甲归田"，他自言"职务上我已经退休，但我的科研工作则刚刚开始。"这是他的豪情之志，也是他的自谦之辞。其实，早在二十世纪五六十年代，他已是知名的空气动力学研究者、热应力理论和工程应用研究的先导者。1958 年，他在国内最早提出研制"无人机"的构想，获得钱学森的大力肯定与支持，最终研制出"长空"系列无人靶机。1960 年代初，他独具慧眼地在国内率先开展热应力理论和实验应用方面的研究，硕果累累，受到国际同行的广泛关注。

"莫道桑榆晚，为霞尚满天"。自 1996 年起，82 岁的范绪箕开始研究航天飞机的热防护系统，在高温应力、蠕变、焊接相变、振动、损伤等诸多领域取得了卓越的成就。中国梦，飞天梦，对范绪箕而言，永远是"进行时"，他还期待有朝一日能将纳米等热防护材料技术应用到神舟飞船上，使它能够像航天飞机一样在太空中往返起降。为此，这位百岁老人至今依然坚持每天工作 6 小时以上，查资料、做实验、写论文、指导博士生、参加学术会议……笃行不倦，孜孜以求，已成为中国科学界、教育界挑战人类生命极限与从事科研年龄极限的楷模。这让我想起李大钊先生的一句名言："斯则人类之寿，虽在耄耋之年，而吾人苟奋自我之欲能，又何不可返于无尽青春之域?"这难道不正是范老学术精神与人格魅力最真实的写照吗?

这本《范绪箕传》是国家重点研究项目“老科学家学术成长资料采集工程”丛书之一。全书以翔实的资料、细腻的笔触还原了这位“百岁航空人”在世界风云变幻、中国社会变革与个人经历机遇共同塑造而成的传奇人生。虽然范老曾风趣而谦逊地自称:“我的一生没什么传奇,如果说真有传奇的话,那就是我还活着,人生如同驴推磨,我就是这小毛驴,虽然力所不及,道路也不是很平坦,经历了风风雨雨,终究还是走过来了。”但是,我相信通过阅读此书,还是能让我们真切地了解一位百岁科学家追寻航空报国梦的心路历程,铭记几代中国人力圆飞天强国梦的厚重历史。

是为序。

上海交通大学校长

中国科学院院士

2015 年 4 月 30 日

序　二

范绪箕教授，奇人奇才也。他出身名门，家学渊源；青少年期间，家境日隆，生活优裕。成年后，却屡陷冏境；他不仅不以为苦，反而坦然迎处，豁达乐观，视钱财如粪土，无丝毫恋惜之情；辄以助人为乐，侠义之气凛然，颇显东坡遗风。他在浙大被推任总务长期间，力除积弊，推动财务管理制度的改革；工作上殚精毕力，雷厉风行，不负众望；仪态上温文尔雅，潇洒倜傥。然终其一生，却无缘建立家室，孑然一身至今。

他初涉系领导即以"赤手空拳"建立起一个较为完整的浙大航空系，继而组织三校航空系合并成立华东航空学院；刚逾不惑之年，又挑起改建"南航"的重担；妥善平息"学潮"后，马不停蹄地精心筹划学院的发展；他高瞻远瞩，提倡以科研促教学，大力推动无人机研究及其基地的建设；使一个新建的尚不在高校之列的学校数年内科研硕果累累，人才辈出，一跃进入全国重点高校行列，充分体现他在领导和管理上的杰出才能！

改革开放初期，他又挑起领导百年名校——上海交通大学重振雄风的重担。在校党委的统一领导下，谙熟美、欧、俄教育体系的他，取各家之所长，结合我国实情，大力推行交大的教育改革，取得了非凡而又丰硕的成果，居全国之先，堪称奇迹。

更令人惊讶的是：及至步入耄耋之年，他又全身心地亲自领衔冲刺航空航天科技前沿领域的研究，发表了多篇对航空航天工程有应用价值的论文；今虽百岁高龄，犹游刃有余，活跃于科研之林。

作为后辈，我对范老师始终怀有高度敬仰之情。被邀为本传记作序，深感惶恐。诚祝范老师在挑战健康长寿和学术常青这两个极限上创造出更辉煌的奇迹！

何友声

上海交通大学原党委书记

中国工程院院士

2014 年 10 月 17 日

范绪箕教授(2011 年 7 月 26 日张天然摄)

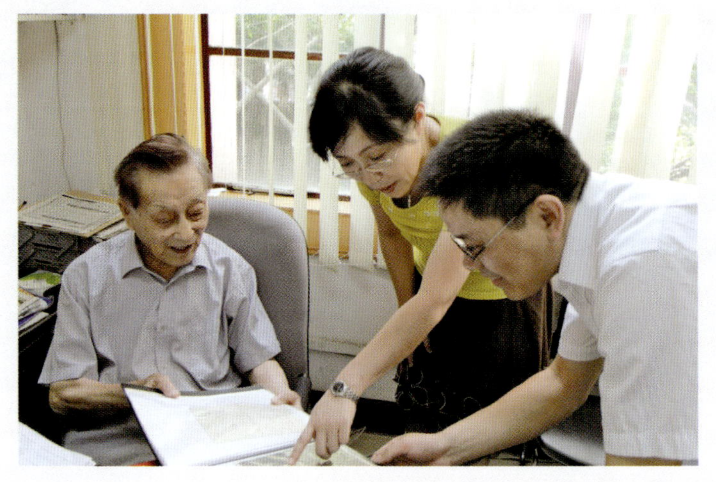

2011 年 9 月 14 日，采集小组采访范绪箕教授

2013 年 1 月 5 日，“老科学家学术成长采集工程”采集小组成员祝贺范绪箕教授百岁生日（前排由左至右：李文静、范绪箕、郝静、吴志军；后排由左至右：李明、陶燕敏、孟雁、张天然）

2012 年 3 月，采集小组赴南京航空航天大学采访（从左至右：罗雪、吴志军、彭永林、孙良新、吕樟权）

目录

图片目录

导 言

我国航空航天领域有一批杰出的科学家毕生为发展祖国的航空航天科技教育事业辛勤耕耘、殚精竭虑、无私奉献，有力地推动了此领域的理论研究、科技进步、人才培养等各项工作，立下了不朽的功绩。他们的学术成长历程蕴涵着丰富的人生哲理和科学精神，研究他们的学术成长历程，对激励后人、启迪来者意义重大。范绪箕就是其中之一。

范绪箕于 1914 年 1 月 5 日生于北京，中国著名力学家、航空教育家，曾任上海交通大学校长。1929～1935 年就读于哈尔滨工业大学机械系，1936 年留学美国加州理工学院，师从“航空航天界的科学泰斗”冯 · 卡门(Theodore von Kármán)教授攻读航空工程博士学位，1940 年归国后一直致力于航空领域的教学、科研和管理工作：创建了浙江大学航空系，并担任首任航空系主任，杭州解放时任浙江大学接管小组成员，新中国成立后担任浙江大学总务长；1952 年负责筹建了华东航空学院(后迁至西安，与西北大学合并为西北工业大学)；1956 年调任南京航空学院，主持建院改制工作，为南京航空航天大学从最初的苏式专科学校改制成为大学本科，继而建设成为全国重点大学做出了重要贡献，同年加入中国共产党；1980 年担任上海交通大学校长，与校领导班子一起启动了波澜壮阔的中国高等教育体制改革，带领上海交通大学成功度过了1980～1984年高等教育转型最困难的关键期。他是江苏省第一、二、三届人大代表，全国第三届人大代表；曾担任国防科委航空专业教材委员会副主任委员；他是中国航空学会发起人之一，担任第一届常务理事；江苏省航空学会筹建者，担任第一届理事长；中国力学学会第一、二届理事，上海力学学会第三届理事长。范绪箕是我国空气动力学研究的先驱者之一，为中国的热应力学科的发展做出了重要贡献。

退休后的范绪箕仍每天坚持工作，他把所有精力都投入到科研和研究生的培养工作上。年过百岁，仍关注着航空技术的发展并不断有新的论文发表。人们称赞他为挑战2个极限(从事科研工作年龄的极限、人类生命的极限)的楷模。

范绪箕此前已有5份传记性、回忆性资料，仅有1份为正式出版刊物。以往关于范绪箕教授的传记资料极少，也没有资料对范绪箕教授在学术成长及学术成果方面进行整理和归纳。

2010年，国家启动了“老科学家学术成长资料采集工程”，范绪箕被列为采集对象。范绪箕教授学术成长资料采集项目由上海交通大学机械与动力工程学院负责，项目自2011年5月启动。对于此次采集项目，学院领导给予了高度重视和全力支持，把此项目作为学院文化建设的重要组成部分。采集项目由当时学院党委书记任项目总负责人，并选拔了一批态度积极、教育背景好、有一定写作功底的人员组成项目团队。为了保证各项工作顺利开展，采集小组设立了口述访谈组、实物采集组、材料编写组和工作协调组，制定了采集工作日程安排，明确了各组的职责和任务。在项目组总负责人陶燕敏、项目组长孟雁的精心策划和组织下，全体成员高度重视、热情参与、齐心协力、密切配合，按照时间节点和要求认真实施各个阶段的采集任务。

范绪箕的学术成长经历曲折坎坷，很多珍贵资料或在颠沛流离中遗失，或在政治运动中被毁。为了广泛采集范绪箕教授的学术成长资料，采集小组做了大量深入细致的工作，策划与相关人员访谈。在采集过程中采集小组得到了有关高校、单位的大力支持，包括范绪箕本人在内所有受邀访谈对象的积极配合和热情参与。2011年采集小组利用暑假集中完成了对范绪箕教授8次访谈，对范绪箕人生的重要学术发展阶段做了全面的梳理。这也成为采集小组日后开展调研、撰写报告的基础。随着外出调研的展开以及写作工作的推进，采集小组又对范绪箕教授作了有针对性的补充采访 8 次，此外，每次外出采集前后，小组成员都会与范绪箕教授沟通，征求其意见，并分享所获得的采集成果。

从 2011 年 8 月起，采集小组分别赴北京、西安、南京、哈尔滨、杭州、美国加州等范绪箕教授曾经生活、工作过的单位开展调研，期间采访 23 人，受邀访谈的人员中，大部分是范绪箕教授的学生、同事和下属，包括西北工业大学陈士橹院士及孙希任、吕茂烈教授等；原解放军装甲兵工程学院副院长孔繁柯教授；南京航空航天大学副校长许希武教授及吕樟权、孙良新、冯太华、吕庆风、韩朔眺、沈春林、余德义、刘永治、沈学馗、陆健、彭成一教授；南京航空学院原教务长唐树艺；原行政秘书罗雪；原科技处处长彭永龄；上海交通大学原副校长林栋梁、校长助理严良瑜和朱章玉教授及汪激、董威、祁阳、刘宏教授。他们中的大多数已年逾古稀，部分访谈人员担任着单位的领导职务或是业务骨干，但他们热情参与，积极配合，将他们所了解的范绪箕真实地呈现在我们面前，并提供了大量珍贵的资料。范绪箕教授的亲属谢亚宁教授也为采集小组提供了很多关于范绪箕家庭的珍贵照片。

此外，采集小组还走访了北京三十一中学、哈尔滨工业大学档案馆及博物馆、美国加州理工学院、浙江大学档案馆、浙江省档案局、西北工业大学校友总会办公室及图书馆、南京航空航天大学档案馆、南京航空航天大学无人机研究院、上海交通大学档案馆、钱学森图书馆、上海图书馆、中国第二历史档案馆、中国国家图书馆等，在上述单位工作人员的协助下，采集了范绪箕学术成长各个时期的历史资料。

经过大家的共同努力，范绪箕教授学术成长资料采集小组了解了范绪箕教授不同时期生活、工作中的人生轨迹并获得许多鲜为人知的感人故事，征集到珍贵照片、档案材料、书信、手稿等大量翔实史料和文物。一些具有重要价值的史料通过深入细致的挖掘从久远的、零散的记忆中得以复原，从堆积如山的资料中重新展现出来。一些珍贵照片甚至连范绪箕教授本人见到也十分惊讶："明明是已被毁的照片又被你们找回来了！"

2012 年，采集小组进入研究报告的撰写阶段，采集小组进行了多次讨论。按照老科学家学术成长采集工程学术传记的撰写要求，结合前一段通过扎实的采集工作整理出的大量写作素材，明确研究报告的总体思路：以采集过程中所获取的各类资料及其他旁证或间接资料为事实依据，结合范绪箕所处年代的社会大背景及学校、学科发展的背景，按时间先后为序从他少年求学开始，到形成"航空报国"思想，学习航空专业理论知识，直至走上教育教学岗位，从事航空航天科技教育与科学研究的道路这样一条主线，准确、完整、清晰地勾勒出范绪箕教授的学术成长历程；拟定了撰写传记的基本框架及各章节的标题。

本书较为翔实地描述了范绪箕的学术生涯，突出范绪箕的学术发展经历是丰富多彩的，他人生的几个重要转折点都与国家时局变化和时代变迁息息相关。全书共分为 10 个章节，每个章节分为若干小节，每个小节作为一个主题，展开叙述。全书力求做到准确、如实反映历史。

第一章　家世与启蒙：主要叙述范绪箕的家庭背景、生长环境及他的启蒙教育。范绪箕父亲是中国最早的留俄学生，母亲出身名门，由于父母对教育非常重视，范绪箕从小便接受良好的中西合璧式教育。

第二章　异地求学：主要叙述范绪箕的求学经历，包括专业选择、本科、硕博士教育。通过范绪箕两段求学经历的描述，反映了范绪箕"航空救国"思想的形成过程以及海外留学经历，特别是师从"航空航天时代的科学奇才"冯·卡门后，对他的学术发展所产生的深刻影响。

第三章　彷徨求索：主要叙述范绪箕归国后，寻找自己事业方向的曲折经历。范绪箕归国时，国内抗日战争正如火如荼，为了自己"航空救国"的理想，他四处辗转奔波，寻找自己的职业方向，最终确定全身心投身教育事业。

第四章　重返浙江大学：主要叙述范绪箕白手起家创建浙江大学航空工程系的艰苦历程。重返浙大是范绪箕事业的起步，也是他学术生涯的重要转折。新中国成立后，他临危受命，又担任浙大总务长，3 年的管理经历，为他日后承担更大责任积累了宝贵的经验。

第五章　创建华东航空学院：主要叙述在新中国成立初期，范绪箕再一次迎接挑战，在艰苦的条件下，以极短的时间完成"三系"合并及华东航空学院筹建工作的整个经历。

第六章　建设南京航空学院：主要叙述范绪箕在南航期间，通过建院改制，把一所航空专科学校改制成为大学本科，继而建设成为有着学科特色的全国重点大学的艰辛历程。这段经历也是他所有工作过的单位中，时间跨度最长的。尽管在23年中，他受到“文化大革命”等运动的冲击，遭受各种挫折，但他在风雨中坚持，在艰难中前行，为南航的发展倾注了全部心血。

第七章　组织领导上海交通大学教育改革：主要叙述范绪箕担任上海交通大学校长期间，以敢为天下先的精神大胆探索高等教育体制改革的相关经历。

第八章　回归科研：梳理了范绪箕的主要学术研究，特别是他在退休后全身心投入到航空领域学术研究的相关成果。

第九章　老骥伏枥：主要叙述了范绪箕退休后的生活状态。他虽年过百岁，仍潜心科教，在不断追求与探索中挑战着人类生命极限与从事科研年龄极限。他正在创造奇迹，他的人生就是一部精彩的传奇。

特别值得一提的是，范绪箕教授对以上全部章节都做了认真的修改，并在每章的最后做了总结。这些文字使各章节的内容更加完整，读者也可从中更加直观地体会到他在不同阶段的人生感悟。

最后是传记的结语，此章对范绪箕的学术成就进行了系统的总结，分析了范绪箕学术成长历程的重要特点，以及学术成就形成的主要原因，帮助读者进一步把握范绪箕的学术成长历程。

本书力图较为完整地叙述范绪箕学术成长的主要历程，展示一个坚守航空救国、教育救国梦想，虽历经百年坎坷，仍不改初衷，严谨治学，诲人不倦、甘为人梯，淡泊名利，为我国航空航天事业的发展不懈努力的科学家形象。

第一章
家世与启蒙

出生书香门第

父亲是中国最早的留俄学生

范绪箕于1914年1月5日(农历癸丑[牛年]十二月初十日)出生在北京粉子胡同5号。范绪箕的祖父是位秀才,江苏江宁人,早年进京投考进士,未取,便在北京定居,做了一名私塾先生。他娶了一位北京女子,育有两子,次子范其光,字冰澄,便是范绪箕的父亲。

范其光(1880～1951)家境贫寒,父亲很早去世,母亲独自抚养两个孩子,生活非常艰辛。为了在有限的条件下让两个孩子都能读书成才,母亲只好选择让长子报考科举,而把次子范其光送到京师同文馆①读书。京师同文

① 京师同文馆:是清代最早培养洋务人员的学堂和从事翻译出版的机构,是清代在北京开办的采用班级授课制的第一所洋务学堂。同治元年(1862)京师同文馆开始设立,最初只设英文、法文、俄文三班,后陆续增加德文、日文及天文、算学等班。招生对象开始限于14岁以下八旗子弟,以后扩大招收年龄较大的八旗子弟和汉族学生。馆内待遇优厚,除膳食、书籍、纸笔由官家(转下页)

馆是清朝最早培养翻译人员的"洋务学堂"，当时"洋务"尚属新鲜事物，多数人家仍认为考取科举才是正途，不愿将孩子送到同文馆读书。为了吸引学生，同文馆待遇优厚，除了免费提供膳食、书籍和文具外，每月还补贴白银 10 两。范其光的母亲正是用这 10 两白银贴补家用并培养长子考取科举的。可惜科举制度后来被废除，母亲一举两得的打算没能实现。

在同文馆学习了一段时间后，由于学业优异，13 岁的范其光作为清政府选派的第一批留学生被送到俄国学习，在俄期间，他考入了圣彼得堡铁道工程学院学习铁道工程，并随俄国工程人员回国参加了中东铁路①的测量和修建工作。18 年的留学经历对范其光影响很大，他不仅掌握了铁道工程的专业知识，能说一口流利的俄语，他的性格甚至也有了改变：在很多人眼中，他是个高傲且有些孤僻，不善交际的人，有着类似俄国男子的急躁脾气。范其光归国后曾任吉长铁路、道清铁道工程师，北京政府国务院蒙藏事务局佥事、蒙藏院佥事，外蒙会议专使一等参赞，外交部特派黑龙江交涉员，驻鄂木斯克总领事，驻海参崴总领事等职。1924 年 10 月 2 日，范其光赴哈尔滨，与吕

图 1-1 范绪箕父亲范其光

(接上页)供给外，每月尚有薪水白银 10 两。京师同文馆有统一的课程设置和管理章程，基本不学"四书五经"之类的传统科目，被视为中国近代新式学校的开端。1902 年 1 月(光绪二十七年十二月)并入 1898 年创建的京师大学堂。

① 中东铁路：沙俄为了掠夺和侵略中国、控制远东，于 1896～1903 年(清朝末期)在中国领土上修建的一条铁路，以哈尔滨为中心，西至满洲里，东至绥芬河，南至大连，是西伯利亚铁路(从俄国赤塔经中国满洲里、哈尔滨、绥芬河到达俄国海参崴)在中国境内的一段。日俄战争后，南段(长春至大连)为日本所占，称南满铁路。"十月革命"后，北段由中苏合办。

荣褒、刘哲一起任中东铁路理事会理事。1929 年 7 月 10 日，“中东路事件”① 发生后，东北当局将中东铁路管理局局长叶木沙诺夫、副局长艾斯孟特等苏联高级官员被全部免职，由范其光兼代铁路管理局局长。1933～1935 年期间他还兼任哈尔滨工业大学校长；新中国成立后担任过《中俄大辞典》的编辑和中国人民大学的俄文教师。

母亲家世显赫

范绪箕的母亲李国奎（1886～1956）出身名门。她的祖父李瀚章（1821～1899）是李鸿章的长兄。李瀚章在 28 岁时以拔贡朝考入曾国藩门下，最初在湖南任知县，1889 年 8 月至 1895 年 4 月接替张之洞担任两广总督，兼辖广东、广西两省，是清朝封疆大吏之一。

李瀚章的次子李经楚（1867～1913）是范绪箕的外祖父，字仲衡，他才学广博、融通中西、精通政务，做事干练。曾以三品衔、二品顶戴任江苏后补道，并以参赞身份赴比利时、法国等国。回国后任京师大学堂提调并兼办大学堂工程处等职务，后长期任职于邮传部，曾任邮传部左丞。因较早接受了西方现代思想和知识，他大部分时期均任职于与现代工业、科学、外交相关的职务，曾多次代表中国政府进行对外事务的谈判，并代表中国政府出席日本博览会、处理津浦铁路事件等。他送长子李国式赴德留学，曾是当时颇为新潮的举动。李经楚还曾负责组建交通银行并于 1908 年任交通银行首任总理，在任期间筹款赎回了京汉铁路，收回电报局商股使之成为国有企业。

李经楚育有两子两女。长子李国式，曾任中东铁路局上海办事处主任；次子李国武，曾任职于上海造币厂；长女李国奎，即范绪箕的母亲；次女李舜如，后嫁给了中国驻俄国赤塔领事馆主事毕文秉。

李国奎在上海虹口区长大，自小接受中西合璧式教育。当时国内还没

① 中东路事件：1929 年 7 月，中国国民政府和东北地方政府为收回中东铁路主权，派军队以武力接管中东路，对苏联宣战，同苏军之间发生了一场震动中国乃至世界的武装冲突，史称“中东路事件”。这场冲突持续近 5 个月之久，双方动用的一线兵力超过 20 万，使用了重炮、坦克、飞机和军舰等重型装备，成为中苏历史上规模最大的一次武装冲突。

图 1-2 范绪箕母亲李国奎

有女子学校，她除了跟中国老先生学古书外，还请来一位英国女教师长期住在家里，跟她学习英文和西洋历史文化。她饱览群书，提倡西学，尤其注重动手能力，她会制作一些随身用具、手袋提箱等，并为此备有全套工具。

书香之家

1909 年 7 月，范其光从俄国学成回国，此时他年届三十，尚未婚娶。而李经楚也正在为自己待字闺中的长女李国奎寻找夫婿。对于自己爱女的婚事，李经楚非常慎重，也颇费了一番时日。由于李经楚从事"洋务"工作，曾多次出访欧洲，因此思想观念与当时一般官宦人家不同，他选择女婿不要求"门当户对"，而看重"一技之长"，除了要具备西学知识和技能，还要品行端正，身体健康。相比那些官宦豪门家的纨绔子弟，范其光的家世虽不显赫，但他受过良好教育，且外貌英俊强健。他留学回国后曾在总理衙门工作过一年，而李经楚当时在邮传部任职，于是一举"相中"。这在那个封建意识极强的时代，也是不多见的。

范其光在国外生活多年，对于这桩包办婚姻，他并不愿意接受，可由于他母亲想极力促成，孝顺的范其光只好无奈地答应成婚。婚礼在当时位于上海西藏路、南京路口，上海著名的"一品香"大旅馆隆重举办，政要名人云集婚礼现场，一时轰动上海。

李经楚虽因从事"洋务"工作，思想新潮，但嫁女儿的传统规矩执行得毫不含糊。范绪箕回忆说："幼年时仅我看到的母亲的嫁妆就有几十个箱子，其中有 10 副'银台面'(全套的银餐具，包括酒壶酒杯等)，一套装一箱，共 10 个箱子。还有成箱的丝绸缎子。"①

婚后范其光和李国奎夫妇一直聚少离多，范其光做外交工作长期在外，

---

① 范绪箕:《范绪箕先生的回忆》，资料存于采集工程数据库。

李国奎则在上海和母亲一起生活，父亲李经楚因有官职居住在北京。在此期间，范绪箕的姐姐、哥哥相继出生。

20 世纪初，李家因"橡胶股票风波"①而发生变故。李经楚经营的义善源钱庄②受此牵连，最终于 1911 年 3 月 21 日宣布倒闭。遭到巨大打击的李经楚从此一病不起，于 1913 年在北京病逝，李国奎的母亲也在不久后于上海去世。母亲去世后，李国奎决定迁居北京，租住在北京粉子胡同。粉子胡同原来是北京西单与西四间最宽阔的一条胡同，曾经很有些名气，包括清朝光绪皇帝两位嫔妃—珍妃、瑾妃堂兄(即"唐家")在内的好几个皇亲的宅院就在其中。这条约 400 米长的胡同里，1 号、5 号、6 号、20 号都是很显眼的大宅门。5 号、6 号和 20 号同属一个大家族，即唐家。"唐家"原属于满族正红旗，姓他他拉氏，是清朝八大贵族之一，在辛亥革命后才改姓为唐。唐家和李家堪称世交，范绪箕的曾外祖父李瀚章当年在广州做两广总督时，珍妃的伯父长善任广州将军，与他是同僚。范绪箕的外祖父李经楚因此与珍妃的堂兄志锐和志钧相识，他自任邮传部左丞时起，便一直租住在粉子胡同志钧家一所宅院里。李经楚病危时，李国奎与弟李国式曾往北京探望，在乘船北上的途中，偶遇唐家的一位

图 1-3　1929 年，范其光(右)李国奎(中)夫妇与秘书在法国

---

① "橡胶股票风波"：20 世纪初，一批英国的投机商人来到上海，他们大肆鼓吹橡胶产业的好处，开设皮包公司发行"橡胶股票"，宣扬有丰厚的利润诱骗中国广大民众和商家，很多钱庄购买了橡胶股票。这些英国商人最后携款潜逃。1910 年 7 月，上海股市因橡胶股票狂泻而濒临毁灭。此次风潮迅速波及富庶的江浙地区以及长江流域、东南沿海的大城市，中国工商业遭受重创。

② 义善源钱庄：同治以后，除了山西票号，江浙商人也有设立票号参与竞争，称为南帮票号。其中包括李鸿章家族经营的义善源票号，规模很大。在"橡胶股票风波"时期，义善源(票号)钱庄是当时上海银钱业的另一支柱，它的大股东是李瀚章的儿子李经楚。

家属，在交谈中更多地了解了其中的渊源。母亲迁居北京后，便仍租住在粉子胡同志锐的住宅，十余年间与唐家结下了深厚的情谊。

范绪箕就出生在粉子胡同，他的童年也是在这里度过的。尽管经历了一个世纪的漫长岁月，范绪箕还记得儿时的粉子胡同：

图 1-4　2007 年 12 月，范绪箕在幼年时的故居——北京粉子胡同五号

那时的粉子胡同，远远就可以望见西边的两棵大树，枝繁叶茂，为这条胡同遮蔽了一大半的太阳。走到 5 号门口，可以看到门洞内的两扇黑漆大门。跨过高高的门坎，迎面是一座磨砖雕花的影壁，大门右边放着一条长长的条凳，那是专供来客等候门人传话时坐的。这个大宅大得出奇，大院和后院连接着好几个跨院，院落之间的墙不是一道而是两道，中间形成一条窄窄的“备弄”。这些“备弄”和一些弯弯旮旯的地方，常常是小偷光顾的地方。因此大宅院里必须有“护院”。唐家的两个“护院”身怀绝技，据说可以飞檐走壁，在墙头上追小偷像走平地一样。大院正中，有一座很高敞的大殿称作大厅，有三面回廊，廊柱和大梁上都描金涂红，显得非常庄严肃穆，这是主人会见重要宾客和处理大事的所在，平时是锁着的。大厅所在的院子没有厢房，左右都是宽宽的带栏杆的廊子。那廊子的考究，可与颐和园的长廊比美，上上下下都有好看的彩色图案。廊子的栏杆上有宽宽的、同样上了彩漆的木板，像条凳，当年这里是我和小伙伴们最喜欢玩儿的地方之一。大厅左边经过一条“穿堂”道，可以走到后院和许多个跨院。后院和东面的一个大跨院是主人家住的地方，大厅右边，有个连接着两间房间，带着一个小跨院的耳房，那就是我出生的地方。我小时候在这个大院里度过了许多有趣的时光。

因为5号、6号和20号同属于一个大家族，家族内部就又有了北院、西院、南院之称。5号在胡同北侧因此叫北院；6号在5号之西，称为西院；20号在胡同南侧故称南院。我家在北院只是暂住，在西院也只住了3年，而在南院却住了十几年，一直住到20年代末我家搬往哈尔滨为止。所以，说我生在北院，长在南院是一点也不错的。①

儿时最好的朋友为志钧的孙子唐葆森，字鲁孙。唐葆森因是贵族出身，幼时常出入宫廷，与诸多皇族遗老多有交往，因此对老北京传统、风俗、掌故及宫廷秘闻十分熟悉。他早年丧父，年轻时家道中落，只身外出谋职，因而见多识广，深谙各地风俗民情，对饮食尤有独到见解，有美食家之名。他在晚年以一生多彩多姿的阅历及生活趣味为题进行写作，著作有《老古董》、《酸甜苦辣咸》等。唐葆森于1946年到台湾，1985年在台湾病逝。

范其光和李国奎夫妇共育有子女4人，分别为长女范绪箴、长子范绪筠、次子范绪箕、次女范绪筏。

图1-5 范绪箕全家合影(摄于1930年前后，左起至右：哥哥范绪筠、母亲李国奎、姐姐范绪箴、范绪箕、父亲范其光及妹妹范绪筏)

① 范绪箕：《范绪箕先生的回忆》，资料存于采集工程数据库。

图 1-6　范绪箴一家与父母、哥哥、妹妹合影(摄于 1940 年前后,第一排左一为母亲李国奎,右二为父亲范其光;后排左起至右:哥哥范绪筠,姐姐范绪箴,妹妹范绪筬,姐夫孙师方)

长女范绪箴,比范绪箕年长 3 岁,从小随老师在家学习英语、俄语、国文和钢琴、绘画等课程。成年后,与孙师方结婚。孙师方出身于安徽省寿州的孙氏家族,孙氏是"一门三进士,五子四登科"的诗书家庭,清光绪帝的老师、状元孙家鼐为孙师方的叔祖父。其父孙多森为阜丰面粉厂和中孚银行的创办人,是一位著名的实业家。孙师方毕业于美国密西根大学数学系,从事金融业,在孙氏家族的中孚银行工作。范绪箴于新中国成立后曾在上海女子第二中学任俄文教师,改革开放后去美国定居,1998 年在美国病逝。

长子范绪筠,1912 年 7 月出生在上海市,是世界半导体物理开创性研究人之一,也是一位卓越的物理学家。1932 年范绪筠毕业于哈尔滨工业

图 1-7　1983 年,范绪箕(左)出访美国普渡大学期间,与哥哥范绪筠合影

大学，同年赴美留学，分别于 1934 和 1937 年在麻省理工学院获硕士和博士学位。1937 年回国后在清华大学无线电研究所从事研究工作。1947 年范绪筠因清华大学的“庚子赔款”休假制度回到美国母校麻省理工学院做访问学者，后受邀到美国普渡大学任教，在此期间他荣获了多项科学技术成就，普渡大学对范绪筠的成就引以为荣，1963 年授予他邓肯物理学杰出讲座教授奖。2000 年，范绪筠在美国病逝。普渡大学为纪念他设立了以其名字命名的奖学金，他的实验室也以他的名字命名予以保留。

Journal and Courier

Metro / Region

THOMAS A. RUSSELL, Metro Editor Telephone 423-5511, Ext. 243

JUDITH K. AUSTIN, Region/State Editor Telephone 423-5511, Ext. 225

Index

Sat., June 4, 1983

Scholarly goals reunite brothers

President of university in China visits Purdue

China connection

Update

Gas odor vacates Main Street home

图 1－8　1983 年，范绪箕出访美国普渡大学，与其兄范绪筠相聚，当地媒体予以报道

次女范绪筱，小范绪箕 8 岁，毕业于燕京大学物理系，曾任北京大学物理系副教授，现已退休。她的丈夫是著名物理学家谢家麟，中国科学院院士，杰出的加速器物理及技术专家，曾获 2011 年度国家最高科学技术奖。谢家麟、范绪筱夫妇目前定居北京。

图 1-9 2001 年 3 月,范绪箕在北京与妹妹范绪钱、妹夫谢家麟合影

从私塾到新式学校

范、唐两家的孩子们陆续到了读书年龄,范其光为此找来了阎荫桐先生为孩子们开始启蒙教育。阎荫桐出生于山西祁县的名门望族,也毕业于同文馆,他受邀在粉子胡同 5 号志钧宅内开设私塾。范、唐两家的孩子每天来此读书。

范绪箕于 1919 年入私塾读书,是学堂中入学最晚,也是年龄最小的学生。和传统私塾一样,阎荫桐先生采取一对一的教学方式,根据学生年龄分别教授不同的内容。阎先生先让年幼的范绪箕识"方块字"(书写在一寸多见方纸上的楷书字),识至千字左右后,逐渐教读《三字经》《论语》《孟子》《诗经》《古文观止》等。

幼年的范绪箕活泼好动,不时会闹出一些恶作剧。上课的书房里摆着一张专供放茶水的方桌,桌子的一边放有茶壶茶杯,中间则放着一台座钟,阎老师根据座钟的指示时间上下课。范绪箕读书的位置就在这张方桌的另一边，而其他比他年长的孩子则坐在窗前的正规书桌上。为了可以提前放学，孩子们有时趁着喝茶水的机会走到茶桌前，悄悄将座钟拨快一些。范绪箕见哥哥们这么做，而自己坐在茶桌旁，更加方便，于是常利用“地利”将时钟拨快一些。由于拨钟频繁，有一次竟使时间快了一个多钟头，阎老师发觉后自然认为是最有机会“作案”的范绪箕所为，他非常生气，要用戒尺打其手心以示惩戒。范绪箕见情势不妙，便“倏”地一下躲到桌子下面。阎先生的眼睛高度近视，在追打时眼镜又掉落了，便更找不到他，调皮的范绪箕和老师玩起了“藏猫猫”，趁阎老师不备还用小拳头“还击”两下。范绪箕的母亲知道此事后非常生气，严厉地责骂了他，用鸡毛掸子抽打给予惩戒，这给他留下了极深的印象。

背书是范绪箕每天必做的功课，由于还无法理解所读的“四书五经”，只能死记硬背。一旦背诵不出或者回答不出老师的问题都要受到惩罚——用戒尺打手心，为此他想出一个“妙招”来逃避：他事先将书放在老师背后高高的窗台上，背诵时摇摇晃晃地踱到窗户前，一边背诵一边偷瞄，有一次竟因背得太过流利被老师发觉又挨了一次“手心板子”。虽然当时学习不用功，对学习内容更似懂非懂，但是严格的教学方式还是为他打下了一定的中文基础。他的启蒙老师后来离开了北京，1929 年前后，阎荫桐接受他的老师——统治新疆长达 17 年之久，人称“新疆王”的杨增新之邀赴新疆担任赤塔总领事，此后便再没有他的消息了。

1923 年，母亲将 9 岁的范绪箕送到了崇德学堂①，这意味着他从此开始接受西式教育。崇德学堂（现北京三十一中学）位于北京西城区西绒线胡同 33 号，是 1874 年由英国中华圣公会创办的一所教会学校，早年的崇德学堂吸引了很多来自社会中上层家庭的子弟。此外，约五分之一的学生是教会神职人员和教徒子弟。崇德学堂非常重视中文教学，聘请了很多当时的国

① 崇德学堂：1874 年由英国中华圣公会创办的一所教会学校，1897 年一度停办。1908 年迁入绒线胡同筹建崇德中学堂，并于 1911 年 10 月正式开学。学校由英国教会掌控，校长都由外国传教士担任，1927 年学校在北平市教育局立案，由英国剑桥大学毕业的凌贤扬接任校长，结束了外国人对学校的控制。新中国成立后，学校改名为北京市第三十一中学。

文名师来上课，如左沛（榜眼）、吴雷川（翰林，后任燕京大学校长）、王鹤樵（拔贡）等。这也吸引了一些清末文人送其子弟投考该校，如梁启超的儿子梁思永、梁思成，陈宝琛（溥仪的老师）的儿子陈懋赓，刘春霖（清末最后一个状元）的儿子刘海云等。

除了国文，学校对数学，英文等课程的教学也非常重视。小学和初中的数学课本都由学校自编，小学五年级起开设平面几何课，自编的几何课本由几何画开始，通过直观教学，大大丰富学生的感性认识，提高他们的学习兴趣；初一开设代数，课本使用自译印刷的英国数学家高福来与西顿思合编的《普通代数学》，从形象引入概念，有很多直观性的插图。学校的英语教学也非常突出，从小学五年级起，教师多由英籍教员担任；从中学三年级开始，教师用英语授课，课本从英国直接定购或由本校教员直接编写，高中则选用林语堂等编写由开明书店印制的课本。此外，学校对学生学习、自修的管理和督促也非常严格，促使学生养成良好的学习习惯。百余年来，该校培养了很多杰出人士，如物理学家、诺贝尔奖获得者杨振宁，“两弹元勋”邓稼先以及著名建筑工程学家梁思成等，著名艺术家孙道临、林连昆，渡海英雄张健等均是该校校友。

入学后，范绪箕和哥哥被同分在一个班级，课程相当于初中水平，因为课程水平提升太快，再加上英文等课程他从未接触过，因此一入校就明显感觉功课跟不上，母亲于是将他转入了当时另一所教会学校翠文学堂。半年之后，母亲发现该校的校风不如崇德，于是仍让他转回了崇德学堂就读，这次不是直接进入初中，而是降至高小三年级。

重返崇德后，范绪箕逐渐适应了新式学校的学习，在此度过了一段美好而快乐的时光。当时学校里有一位斯考特小姐（Miss Scott），年龄约四十岁，教授英文课程。斯考特小姐非常和蔼可亲，很喜爱小孩子，课余时间会邀请学生们到家中（在校内一幢两层木结构楼房内）做客。她家里有一架钢琴，斯考特小姐常坐在钢琴边，一边弹琴，一边教孩子们英文歌曲，歌声伴着悦耳的琴声让范绪箕至今记忆犹新，难以忘怀。

在回忆自己的启蒙教育时，范绪箕说：“我糊里糊涂地趴在地上对着桌子上的一个木牌位磕了三个头，又向站在一旁的老师阎荫桐磕了一个头就被带进了‘书房’的门旁，在茶桌旁边的座位上坐下了，然后老师拿来一本《三字经》教我读，从此就每天从上午八时到下午四时都在‘书房’里‘混’了，一直‘混’了几年。”他读的书有《论语》《孟子》《诗经》等，当然他只读却并不理解。阎老师总是要他站着背书，对其他学生如唐鲁孙、范绪筠等则面对而坐，以对话形式背诵，这让他颇感不平，但这也给了他偷巧的机会以蒙混过关。虽然如此，范绪箕仍认为阎老师的这一段启蒙教育让他受益匪浅。因为他在以后的学校里再也没有上过严格规范的中文课，只是靠家庭教师指导读过一些古文诗词等书籍，这样的学习只能靠自觉，若没有前一段的启蒙基础，这样的方式是读不进去的。

第二章
异地求学

选择工学

举家搬至哈尔滨

1924 年 10 月，范绪箕的父亲范其光被调往哈尔滨任中东铁路中苏理事会的理事。看似平常的一次调任，却影响着范家兄弟的未来。

范其光所任职的中东铁路，是俄国依据与中国清政府签订的不平等条约，在中国东北（今黑龙江、内蒙古、吉林、辽宁四省区）修建的一条呈 T 字形的铁路。1903 年通车，全长 2 489.2 公里。在 1905 年之前，中东铁路名为中俄共管，实为俄政府控制；日俄战争（1904～1905）爆发后，日本因战胜而获得中东铁路由宽城子（今长春）至旅大一段的管理、使用权，中东铁路被“一分为二”；1924 年 5 月，北京北洋政府与苏联签订了《中苏协定》，协定规定，“中东铁路纯系商业性质，并声明除铁路本身营业事务，如司法、民政、军务、警务、税务、地亩（除铁路自用地皮外）均由中国官府办理”。根据这个协定中所确定的原则，双方签订了《暂行管理中东铁路协定》，协议决定设立理事会、监事会管理中东铁路，并规定“本协定各级人员按照中俄两国人员平均分配原则任用”①。范其光就是在这种情况下上任的。

1925年暑假期间，范绪箕随母亲第一次到哈尔滨探望长期在外工作的父亲。母亲对于哈尔滨的第一印象不错，这里作为中东铁路的枢纽，具有得天独厚的地利之便。中东铁路的通车使东北的发展全面加速，已形成了以哈尔滨为龙头的“中东铁路经济”②。“十月革命”后，大批俄国侨民涌入哈尔滨。这座城市很快由一个小乡村发展为一个充满俄国风情的近代城市及国际性商埠，号称“东方小巴黎”。街道上随处可见斯拉夫式、拜占庭式建筑，外国商铺、商品比比皆是，其中以俄国商家居多。据统计，先后有33个国家的16万余侨民移居这里，有16个国家在此设立了领事馆③。对于哈尔滨，范绪箕是这样回忆的：“当时的中俄人口比例差不多一比一。但哈尔滨的3个区中，只有道外区是中国人的聚居地，另外两个区中，道里区以侨民为主，南岗是铁路区，中东铁路的官员及职员们都居住于此，两区都是俄国人居多，而中国人极少。因此，哈尔滨大部分地区均为俄国的势力范围。”④

范母为了能全家团圆，在探亲后不久，即决定举家搬至哈尔滨。但随之而来的教育问题却让她非常担心。哈尔滨最初的学校主要针对的是俄国侨民，到1920年初，哈尔滨共有俄国学校40余所，但无一所是为中国人开办的，也没有一所高等院校。中东铁路建成后，迫切需要大批工程技术人员，中东铁路官员深感“今之无人由于昔无培养；若今不培养，则后亦无人”⑤；中东铁路俄国职工为使自己的子女受到高等教育，也有建立高等工业学校的强烈要求。与此同时，哈尔滨在俄国“十月革命”后，迁来了一大批避乱的俄

---

① 谷风、徐博：“试论中东铁路历史的分期问题。”张进良编：《黑龙江——中俄关系四百年》，中国文联出版社，2008年，第98页。

② 黄进华：“中东铁路、十月革命与哈尔滨工业大学的诞生。”《哈尔滨工业大学学报(社会科学版)》，2010年，第12卷，第1期。

③ 中国教育报刊社组编、哈尔滨工业大学撰稿：《漫游中国大学丛书——哈尔滨工业大学》，重庆大学出版社，2008年，第9页。

④ 范绪箕访谈，2011年7月26日，上海。资料存于采集工程数据库。

⑤ 陈颖、刘德明：“哈尔滨工业大学早期建筑教育述略(1920～1949)。”《建筑学报》，2007年1卷，第92页。转何维民：《哈尔滨工业大学大事记(1920～1999)》，哈尔滨工业大学出版，2000年。

国学者,这也为学校的建立提供了师资基础。1920 年 10 月,哈尔滨中俄工业学校宣告成立,这就是哈尔滨工业大学的前身。1925 年秋,哈尔滨中俄工业大学(后文简称为哈工大)为招收中国学生开始设立预科,恰好此时范绪箕一家刚刚在哈尔滨落户,于是范家兄弟俩的教育问题迎刃而解了。

哈工大的预科生

范家在哈尔滨的居所是俄式的花园住宅,位于哈尔滨南岗区大直街(现为西大直街),当时那里是中东铁路高级职员的住宅区。因为居民少,南岗区非常安静,街上也少有行人。铁路方面对高级职员的照顾非常周到,除了负担佣人的工资,铁路上还定期派人置换盆花、整理花园、修理花坛等;出门有专车接送,后期在时局动荡时还配有保镖跟随,生活条件非常优越。可哈工大预科班的俄式教学方式却着实让范氏兄弟花了一些时日去适应。

图 2-1 1925 年,范绪箕随父母迁居哈尔滨,图为范家的花房(摄于 1930 年前后)

预科班与北京崇文学堂(英式教会中学)完全不同,一进教室仿佛置身于俄国学校,老师都是俄国人,师生交流都用俄语,课程只有俄文及数、理、化等,没有中文、体育等国内高校通常设置的课程。在北京上学时,范绪箕比哥哥低两个年级，到了哈尔滨后，又被安排与哥哥同班上课。这让他觉得要适应新环境变得更困难了。

从北京到哈尔滨，范绪箕一直和哥哥一起学习，哥哥成绩优秀，一直是他学习的榜样。事实上，父母对待两兄弟的教育方式是不同的。父亲对于哥哥总是特别严格，这或许是因为父子脾气相象，亦或许是长子的缘故。早期居住在北京时，父亲常常一回家就要哥哥背书，一旦背得不好，常常加以责骂，甚至赶出家门；而对于从小多病的范绪箕，父亲则较少关注，母亲给予了他更多生活上的关怀与学习上的督促。范绪箕自认这是因为他天分不如哥哥，也不如他读书用功。

对于两兄弟的未来职业，母亲最初是这样设想的：哥哥学工程，弟弟最好学经济。可当时哈尔滨并没有高校开设经济专业。1926 年，当母亲听说法学家雷殷来哈尔滨开办了法律大学并设有预科，她觉得让范绪箕从事法律也是个不错的选择，于是便安排他转学进入了哈尔滨政法大学预科班。预科班与哈工大几乎是同一个模式，只是开始时还有一些中文课程，但接下来便是学习大段的法律条文。同班的学生都是成年人，理解这些内容尚有困难，要一个只有 13 岁的少年读懂背诵这些枯燥难懂的条文，实在是一项无法完成的任务。范绪箕勉强坚持了半年。眼看着学法律不行，母亲只好又把他转回了哈工大预科班。重返哈工大，意味着范绪箕和哥哥一样选择了工科，这或许并非他本意，但冥冥之中，他离他的航空梦更近了。

范绪箕在课堂之外的生活也非常丰富，这与母亲的影响与安排有密切的关系。母亲出身名门，尽管从未上过学堂，可从小便跟随家庭教师接受良好教育。她对子女的教育也非常重视，她的教育思路是以学校教育为主，以家庭教师为辅。刚到哈尔滨时，为了让孩子们尽早适应新环境、新学业，母亲在家里开了不少补习班，除了聘请俄文、英文老师外，因哈工大没有中文课，母亲还从南方招聘了一位老秀才，就住在家中，每天晚上教授中文。此外，还有教姐姐画画和弹钢琴的老师、教妹妹的俄文老师、教范氏兄弟拉小提琴、交际舞的老师等等。同时聘请这么多老师，家里常常人来人往，人气十足。家里的教育条件和设备也很齐备，花园里有专业的网球场，一到冬

图 2-2 少年时代的范绪箕（摄于 1928 年前后）

天，网球场又会变成滑冰场；夏天，范绪箕则到松花江学游泳。每年的冬、夏两季，中东铁路俱乐部都聘请欧洲的歌剧团、芭蕾舞团、乐团来哈尔滨演出，母亲每次都带着孩子们去欣赏。就这样，课堂之外的时间被安排得满满的。范绪箕至今仍很感谢母亲，他说："我学的这点东西实际上都是我母亲压出来的。"①

母亲的言传身教对范绪箕的影响也非常大。她常常告诫范绪箕，做事要有事业心和责任感，要有远大的志向，才能有所作为。她还提醒他要重视动手能力。她常说："你们学工的，更要动手，不能老在纸上谈兵。"②范绪箕时常站在她旁边听她的教诲。事实上，她自己就是个喜欢亲自动手的人。在此后的职业生涯里，范绪箕也十分重视培养学生的动手能力，这与母亲的言传身教有着一定的关系。

重回哈工大后，范绪箕比哥哥低了一个年级。他所在的预科班学生数比哥哥的年级多了大约 2.5 倍，有三四十人，大部分学生都是二十几岁的成年人，和范绪箕年龄相仿的只有五六人，孙运璇③就是其中的一位。预科的课程相当于高中水平，主要课程有俄文及数、理、化等。范绪箕每天早上 9 点去学校上课，下午 3 点放学，中午就在学校的食堂里吃些俄式点心，回家时吃中饭。饭后随家庭教师补习俄语或英语，隔天打一小时网球或学习跳舞、拉小提琴；晚饭后随家庭教师学习中文两小时，然后再处理学校的作业，直到夜里十一二点才休息。时光在充实的学习中，不知不觉走到了 1929 年，这一年范绪箕顺利完成了预科的学习，成了哈工大的学生。

① 范绪箕访谈，2011 年 7 月 26 日，上海。资料存于采集工程数据库。

② 范绪箕访谈，2011 年 7 月 26 日，上海。资料存于采集工程数据库。

③ 孙运璇（1913～2006），中国台湾高层技术官员、知名政治家。原籍山东蓬莱县。他毕业于哈尔滨工业大学，为西宁和天水电厂创建者、工程师、厂长。新中国成立前夕，全家迁往台湾，曾先后担任台湾电力公司总经理、台湾当局"交通部"部长、"经济部"部长与"行政院"院长。

决心投身航空事业

在哈尔滨工业大学学习机械工程

进入大学后，范绪箕觉得，与预科相比最大的变化有三点：其一是和俄国学生同班上课了，且他们占大多数。其二是要选择专业，范绪箕选择了电机系的机械组，而他预科班的同学孙运璇选择的则是电机组。一、二年级是基础课，因此他们仍在一起上课。其三是大学课程没有固定的课本，都是由老师讲，学生边听边记笔记，有的老师讲的快，于是课后整理笔记成了学生们必做的额外功课。当时哈工大对工程制图的要求极其严格，学生们要花很多时间来应对。范绪箕还记得一位教制图的俄国老师，如果对学生的作业不满意，他会当场把作业撕掉。每一学期结束时，学生们要自己决定是否参加课程考试。临近考试期，学校教务处会公布各门课程的考试日期，准备参加的学生要自己去登记申请。关于考试，范绪箕回忆道："每位学生都有一个小本子，考试后就把这个小本子给老师打分签字。考试都是口试，没有笔试。考试时，老师按名单叫学生上讲台去抽签选题，然后把理论推导和答案写在黑板上接受老师的随意提问。考试的分数是五分制的，得三分算及格。如果学生对自己的考试成绩不满意，可以不接受并登记再考。每学年欠考的学生还可以不受限制地选择留级或升班学习。但在这种制度下，淘汰率很高，大多数中俄学生最终因为欠考课程门数太多而无法毕业。"①范绪箕在母亲的督促下一直按时考试，不敢拖延。他记得有一次一门课程未考，母亲就把他一个人留在哈尔滨准备考试，直到考试通过才允许他回北京与家人一起度假。

哈工大非常重视学生实践能力的培养，每年的寒暑假都会组织学生到

① 范绪箕访谈，2011 年 7 月 26 日，上海。资料存于采集工程数据库。

中东铁路实习。范绪箕参加了1932年、1933年的夏季实习，在1个多月的实习期里，他曾跟车做检验工、司机助理及学习修理火车头。范绪箕认为实习经历对于消化课堂上的理论知识、培养自己的实践动手能力帮助很大。在他此后的教学工作中，也一直非常重视学生实践能力的培养。三年级下半年，学生们要选毕业设计题目了，每个系都提出一些课题让学生们选择，孙运璇综合了电机和机械两个组的题目提出了一个完整的电厂设计课题，希望与范绪箕共同完成。在得到学校教务处同意后，两个人就开始了他们共同的设计任务，这在当时的哈工大绝无仅有，或许也是唯一由两人合作完成的毕业设计。

毕业设计课题是“某城市的发电厂设计”。城市的模型设定为哈尔滨附近某一小城市，设计要求是要适应该城市15年内的发展和供电要求。孙运璇主要负责其中发电机及其辅助设备、电网输配电等设计；范绪箕则承担锅炉、涡轮机及其辅助设备的设计。设计项目的步骤是：首先要找出一个合理的人口和生产增长率、人均用电增长率以及生产用电增长率等数据；其次根据这些数据进行计算，按照计算结果，安排设计方案，此后根据设计方案完成图纸，最后提交毕业论文。在合作的过程中，孙运璇精益求精的认真态度深深影响着范绪箕，他们的合作也经历了从最初的争执到逐渐默契的过程。在设计项目的一年多时间里，生活紧张而又充实，他们每天都在一起看书、计算、讨论、画图直到深夜。

范绪箕对于当时画图的印象还非常深刻：“毕业设计图要画20多张，其中最大的A1图纸有5张，每张图纸有一个桌面那么大。图纸拿过来不是直接画的，而是先要把图纸用水弄潮，然后打浆糊粘在画板上，粘在画板上也是需要些功夫的，如果粘不好，图纸干了就会崩裂；其次在画的时候要先用铅笔画，铅笔要用多少级的硬笔都有规定，画完之后，用鸭嘴笔上墨。在画图过程中，随着计算改变，时常要修改，时间久了会把图面弄脏，完成时就要用面包(俄国人称‘列巴’)屑反复揉擦，清洁纸面；然后再用透明纸描图。做这些工作要极为细致耐心。”

范绪箕需要画的图纸有蒸汽锅炉和透平机等复杂机械及其部件，比孙运璇的发电机及电网线路图工作量大，也更复杂，因此一旦遇到整体计划有

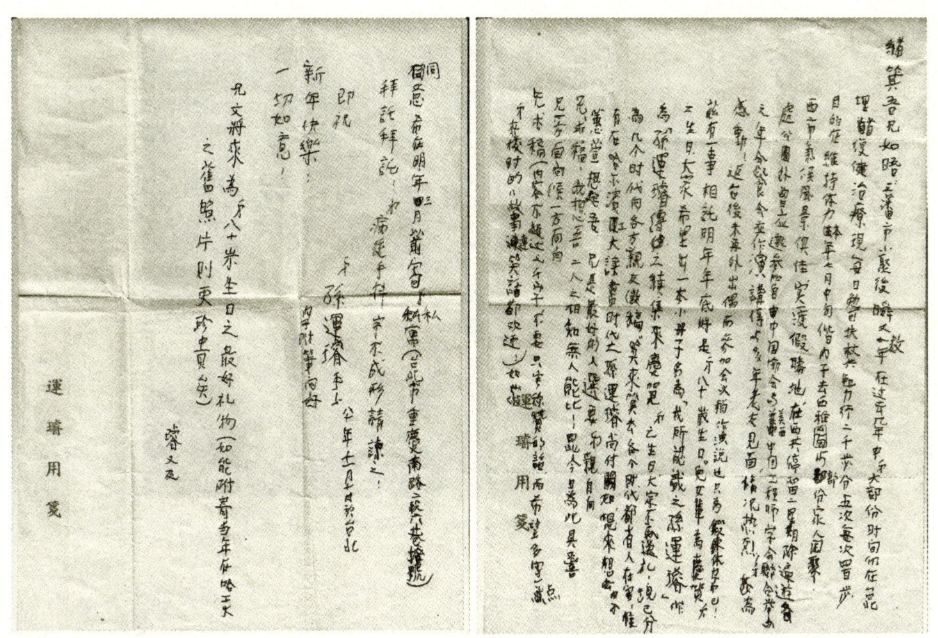

緒

箕吾兄如晤：三藩市小聚後，瞬又八年。在过去几年中，弟大部份时间仍在[illegible]理館復健治療，現每日勉可扶杖步行二千步，分五次，每次四百步，目的在維持体力。本年七月中旬偕内子去西雅圖与部份家人团聚。西雅圖氣候風景俱佳，实渡假勝地。在西雅图停留二星期，除遊覽名勝公園外，曾应邀参加[illegible]中国[illegible]与[illegible]中国工程师学会联合[illegible]之年会餐会並作演講。[illegible]多年老友見面，情况热烈，[illegible]感動！返台後未再外出，偶而参加会议，稍作演说，也只為锻炼体力而已！

茲有一事相託：明年年底時是弟八十歲生日，兒女輩為慶賀弟之生日，大家希望出一本小冊子，名為“我所認識之孫運璿”，作為「孫運璿傳」之補集，來慶賀弟之生日，大家不要送礼。現已分為几个时代，向各方親友徵稿，[illegible]各个時代都有人在寫，惟有在哈尔濱工大讀書时代之孫運璿，尚付闕如，想来想去[illegible]兄是最好的人选，要弟親自向兄求稿，我想吾二人之相知無人能比！[illegible]兄[illegible]一方面[illegible]

兄求稿[illegible]

運璿用箋

[illegible]希在明年[illegible]月[illegible]寄下[illegible]

拜託拜託！弟病后手抖，字不成形，請諒之！

即祝

新年快樂！

一切如意！

弟 孫運璿 手上 六九年十一月十日於台北

内子附筆問好

兄文將來為弟八十歲生日之最好礼物（如能附寄当年在哈工大之舊照片則更珍貴矣）

[illegible]又及

運璿用箋

图 2-3 1980 年 11 月 10 日，孙运璇写信给范绪箕为他的 80 岁生日纪念书籍约稿，并邀请范绪箕参加生日活动

所变动，他的麻烦就来了，之前辛苦画好的图纸只能作废重画，这也是他们两人最初时常争执的原因。但每次范绪箕总能服从结论，不管增加多少工作量，他都会耐心地再重新计算并把图纸画好。除了局部的机械设计，两人还要考虑厂房的整体设计及厂房周边的绿化安排，如何合理布局也要考虑到，设计好，最后形成图纸。一年多的毕业设计，让范绪箕增长了知识，更培养了他的全局观和合作意识。这种合作意识以及关注整体又考虑细节的全局观，对他后来创办浙江大学航空系、组建华东航空学院以及改建南京航空专科学校等工作很有帮助。一年多的毕业设计也让范绪箕与孙运璇成了最好的朋友。在孙运璇 80 岁生日之际，他曾亲笔写信给范绪箕为他的纪念书籍《我所认识之孙运璇》征稿，他在信中说，哈工大读书时，“吾二人之相知无人能比！”

决心转学航空工程

1931 年“九一八事变”后，日本关东军迅速占领了中国东北，并在 1932

图 2-4 1988 年 5 月 21 日，范绪箕(左)与大学同学孙运璇在美国合影

年建立了伪满洲国傀儡政权。为了能早日夺取中东铁路的控制权，日本想方设法在中东铁路线制造事端，企图迫使苏联放弃路权。在 1934 年 1 至 8 月间，因有预谋的拆毁铁路引起的列车颠覆事件就发生了 16 起，还有武装袭击车站、杀人、抢劫及纵火等破坏铁路事件数百起①。范绪箕一家就亲身经历了类似事件。

1933 年，为了接回在天津治病的母亲，范绪箕全家坐上了从长春开往哈尔滨的列车，由于人员较多，铁路局专门安排了一节车厢供他全家乘坐。在途中他们遭遇劫持，火车倾覆出轨。事件发生后，日本的飞机就在列车上空盘旋、轰鸣，突然间猛地俯冲下来，在人们惊慌错愕时飞掠而过。这样的傲慢示威和欺凌污辱让范绪箕非常愤怒！对于车厢倾覆的惊魂一幕，范绪箕仍记忆犹新："事件发生时，我和母亲在一间宽敞的专车车厢里(类似于普通列车的餐车，两面有沙发)，同保姆一起整理母亲的药箱，哥哥、妹妹和父亲则在各自的卧铺车厢里休息。翻车后，火车头及我们的车厢倾覆脱轨，电灯熄灭，但后面的车厢则未脱轨，全部灯火通明。我眼见一伙强盗爬上后面的车厢，并推动我们专车的车门企图闯入，幸好本节车厢因倾覆出轨，车门扭

① 郭洪茂："日本收买中东铁路浅析"。《社会实践战线》，1997 年，第 2 期。引自《满铁史资料》，第 2 卷，第 1270 页。

曲，而且车厢内电灯全熄，故免遭劫难，而后面未出轨的车厢则没能幸免，这伙强盗在大肆抢掠近一个多小时后才呼啸而去。我趴在漆黑、倾斜着的车厢过道里摸索着寻找亲人，耳边仍不时传来阵阵枪声。不知过了多久，我在两个车厢里分别找到了父亲和妹妹，最后找到哥哥所在的车厢，当手摸到潮湿的地毯，并听到他的呻吟时，我意识到他受伤了！子弹穿过车厢擦过他的面颊，进入了他的肩部，由于失血过多，他已陷入了半昏迷状态。后来经过救治，子弹虽被取出来，可他的脸上却留下一个大伤疤。”①

面对日本人的欺辱，面对受伤的哥哥，范绪箕暗暗下定决心，将来要学习航空，中国也要有自己的飞机。此后年轻的范绪箕一直视冯庸②为心目中的英雄和学习的榜样。冯庸是当时东北最早接触航空，懂得驾驶飞机的先行者。他从事航空教育，在“中俄战争”时，曾驾着飞机深入敌后侦察，并协助张学良创建了东北空军。范绪箕的航空梦从此在心里生根发芽。

师从航空科学泰斗冯·卡门

选择加州理工学院

1933年，范绪箕的哥哥范绪筠以优异成绩毕业，并获得了哈工大提供的奖学金赴美国麻省理工学院留学深造。一年后，在范绪箕毕业前夕，他收到哥哥的来信，原来他因为成绩出色又荣获麻省理工的奖学金，他愿意用部分奖学金资助范绪箕赴美留学。

---

① 范绪箕访谈，2011年7月26日，上海。资料存于采集工程数据库。

② 冯庸(1901～1981)，是奉系军阀冯德麟长子。与张学良同年出生，两人曾结拜兄弟，并同取字“汉卿”。冯庸毕业于北京中央陆军第二讲武堂，被张学良任命为东北空军司令。1926年，冯德麟去世后，冯庸续父职担任军职，“九一八事变”后他加入中华民国空军，军衔累至中将。冯庸认为，中国内忧外患的主要原因是工业落后，“工业兴国，先育人才”，为此他拿出冯家几乎全部家产，创办冯庸大学。冯庸大学是中华民国第一所西式大学，也是中华民国第一所拥有军用教学飞机及机场的大学。

出国手续很快就办好了，哥哥也为他联系好了美国普渡大学，这所学校位于美国中部，其机械专业颇具盛名。当时申请美国学校的程序比较简单，只要学校间互相承认，学生成绩优秀即可接纳。很快范绪箕就收到来自普渡大学的录取通知。赴美留学的日子越来越近了，可范绪箕的内心，却一直有一个声音在提醒自己："我要学航空！"他把自己的想法告诉了哥哥，当时的信件都通过邮轮，往返一次需要漫长的时间，他在出发前才收到哥哥的回信，从信上他得知，美国加州理工学院从德国聘请了航空科学领域的学术巨擘冯·卡门教授。对航空专业一无所知的范绪箕完全不知道这个名字意味着什么，他决定先去加州理工学院看看，再定去留。

图 2-5　1935 年 11 月 2 日，范绪箕(左)留学美国前在南京与友人合影

1935 年初，中东铁路的归属已无悬念，范绪箕在通过毕业论文答辩后，便随母亲离开了哈尔滨。几个月后，苏联将中东铁路出让给日本，父亲在收到了退职抚恤金后，也离开了东北，全家在天津安顿下来。在帮助父母安顿好天津的新居后，范绪箕于 1935 年 11 月告别家人朋友，经南京到上海，登上了开往美国旧金山的"总统号"邮轮，开始了他长达 5 年的留学之旅。经历了 18 天的海上行程，他到达了旧金山。初到美国，首先见到的是混乱的旧金山码头区，他不禁有些失望，"这里甚至比不上哈尔滨"。他打听到旧金山有个"唐人街"，在那里有个新建的"中国青年会"，于是他先去那里落了脚。第二天是周六，打听好线路后，他一早就坐上电车，向着加州理工学院出发了。

加州理工学院位于一个叫帕萨迪纳(Pasadena)的小城里，这座小城坐落在圣加布里埃尔山脚下，它旁边的圣马里诺(San Marino)市为一片白墙红瓦的别墅群，是著名的“富人城”。加州理工学院的校区不大，呈长方形，它没有围墙，也没有校门和校牌，教学楼分成两排，从西到东，由西班牙式长廊连接贯通。学校规模不大，但在数理化和生物等科学领域有多位教授荣获诺贝尔奖，被公认为全美的顶级学校之一。范绪箕对于加州理工学院和这座美丽的小城印象极为深刻，他说：“我去的时候，还在圣诞假期中，这座小城幽雅安静，与旧金山码头地区判若两地，到处枝繁叶茂，鸟语花香，因为没有校牌，我竟找不到进校的入口！或许是还在假期中，街道上和校园里一个人都没有，我无法问询，只好乱闯，最终闯到了学校的注册处，该处主任正好一个人在办公室休息，在他的指导下，我顺利找到了住处。”①对加州理工学院美好的第一印象，让范绪箕最终决定留下来，从这里开始他的留学生活。

师从冯·卡门

开学前，范绪箕与著名教授冯·卡门见面了。

图2-6　范绪箕的导师冯·卡门教授

① 范绪箕访谈，2011年7月28日，上海。资料存于采集工程数据库。

西奥多·冯·卡门是匈牙利籍犹太人,1881 年生于布达佩斯,他从小就有着极高的数学计算天分,最擅长运用数学巧妙地解决实际工程问题。从 1908 年起,他跟随导师普朗特(人称"航空之父",是近代航空科学的创始人)在德国哥廷根大学从事航空科学研究,之后又任教于亚琛理工学院。他是一位博学多才的科学家,无论在金属结构和强度,还是空气动力学和航空结构力学方面都有创新和建树。许多航空航天科学上的原创性理论和概念都是由他所创立并以他的名字命名的,20 世纪的一些新式飞行器和模拟器的成功制造都跟他有着密切的关系①。

1929 年,加州理工学院为打造世界一流的航空系,向冯·卡门发出邀请,请他来担任航空系的系主任。冯·卡门最初对美国人的诚意邀请表现得很犹豫,希特勒上台后,他才逐渐下了决心。范绪箕回忆说:"我第一次见他时,正好是他又一次来美国探路以决定是否在此定居。第一眼见到他,觉得他有点可怕,他不像欧洲或者美国人,有点像鞑靼人。长着鹰钩鼻子,皮肤有点发黄,眼睛、眼神都跟欧洲人两样。他的英文不好,我刚来美国,英语也不好,我们最初对话很有困难,勉强地互相沟通。他态度和蔼地说'我们有共同点:成吉思汗',我当时懵了,不知他什么意思,后来才猜想到,他的意思可能是有些匈牙利人有蒙古人血统。最后他说,'你明天再来,我会把你的培养计划告诉你。'就这样,我成了他第一个中国学生。"②

图 2-7 1935 年,范绪箕在美国加州理工学院校园

最初的学习是从机械硕士学

① 冯·卡门、李爱特生:《冯·卡门传》,西安交通大学出版社,2011 年,第 2 页。
② 范绪箕访谈,2011 年 7 月 28 日,上海。资料存于采集工程数据库。

位课程开始的，这是学校的规定，范绪箕首先要拿到机械工程硕士学位才能开始学习航空专业。冯·卡门首先为他选择了4门课程：力学、高等数学、空气动力学和英文。从小到大，范绪箕经历过多种不同的教育方式，私塾、新式学校以及俄式高等教育，无论哪一种方式，都是老师讲，学生听，可在加州理工学院，很多固有的教学方式被打破，教学方式灵活多样，这让范绪箕感觉即新鲜又紧张。他印象最深的是一位理论力学老师，他事先把课程分成若干章节，让学生们认领。由学生自己先行准备并在上课时宣讲，如果有两个学生认领了同一章，还需要争论一番，再确定由哪个人讲。宣讲时，他和学生们一起听课，之后他引导学生们讨论和辩论，最后做总结。当时范绪箕的英语还达不到无障碍沟通，他虽无法参与，只能旁听，却十分认可这种教学方式："第一能够使学生对疑点和难点通过辩论理解得透彻；第二是促使师生交流，学生会准备得非常充分。"除了这种启发性教学，在加州理工学院，很多老师都有自己不同的教学方式和授课风格。范绪箕这样评价说："各式各样上课风格学生都得去适应，当时在加州理工的学生中流行'Honor System'，学生们遇到困难和问题，都自己尽力解决，而不是相互'帮助'或抄袭，有问题可以问老师，经过启发后再自己解决。这也是对学生独立工作能力的一种培养。"①

除了课程的学习，冯·卡门鼓励范绪箕去航空厂实习，让他可以对飞机结构设计和飞机制造的全过程有所了解。于是范绪箕就利用假期去实习，第一年在洛克希德公司(Lockheed Corporation)，第二年就在波音公司，第三年在道格拉斯公司。他说："在工厂实习对我了解飞机制造很有帮助，在洛克希德公司的实习是在设计室，通过实习我了解了他们的设计过程；到道格拉斯实习时，了解了飞机零件加工的全过程。当时许多飞机部件仍需要手工成型，为此美国从德国招聘了一批有经验的技术工人，我就住在其中一位的家里。我从中也了解到在工程制造过程中，人工的精湛技术是完全无法被机器取代的；在波音公司，我主要是了解装配。尽管每次只实习一个多月，但我对航空工程的概念慢慢清晰起来，那些飞机设计课程也容易理

① 范绪箕访谈，2011年7月28日，上海。资料存于采集工程数据库。

解了。”①

1937年,来美国一年的范绪箕获得了加州理工学院机械工程硕士学位,此后他开始攻读航空硕士学位,跟随冯·卡门做科研课题,他们之间的交流变得更多了。当时冯·卡门的研究课题包括2个方向:空气动力学和飞机结构。钱学森跟随冯·卡门攻读博士学位,进行空气动力学的研究,卡门于是安排范绪箕进行飞机结构的研究。导师的言传身教对范绪箕影响很大,他后来对教育的理解和认识大多都源自于他的导师。

在研究课题的选择上,冯·卡门一直坚持创新,坚持理论联系实际。范绪箕接受的第一个题目是:用光弹性测定方法来验证卡门的结构“有效宽度”理论。卡门希望他能用光弹性这一当时最新的测试方法来论证已经被解析方法证明的理论。这种科学研究课题实际上就是范绪箕后来所说的“老题新作”。而“有效宽度”理论是当时由冯·卡门提出的:飞机的金属蒙皮与桁条的组合在受到外力之后,会发生皱褶。从一般力学上说,有了皱褶就报废了,但是他通过创意和计算,提出有效宽度理论,他希望通过实验得到验证:虽然表皮皱褶了,但是因为有桁条加强,使它还有一个宽度可以承受力,并不是表皮一有了褶皱就报废或在设计中把表皮加厚或增加桁条。卡门的这一理论为减轻飞机重量改进飞机设计作出了重大贡献。这种理论与实际相结合,创造性地解决实际问题的理念是卡门一直所推崇的。

光弹性实验在当时尚属一种新的实验方法,在加州理工学院还没有固定的研究设备和实验室,范绪箕被安排在办公楼风洞下的一个房间里,他需要利用已有的废弃设备和部件组装所需要的试验装置。范绪箕还记得第一次用电锯的经历:“当时,我要锯一个铁块,需要自己去操作电锯,可我从来没使用过电锯,在操作过程中弄断了好几根锯条,心里很慌,后来才慢慢琢磨掌握了如何使用。此外,寻找合适的透镜布置光路、到校外木材厂买木板、刨磨金属、制作照相箱、购置照相底片、学习拍照技术以及洗印相片等等都要摸索着干。加之当时有关光弹性的书籍很少,更增加了自学的困难。”②

---

① 范绪箕访谈,2011年7月28日,上海。资料存于采集工程数据库。

② 范绪箕访谈,2011年7月28日,上海。资料存于采集工程数据库。

但这一段的经验确实使范绪箕受益非浅，也增强了自学和动手能力。

到了范绪箕开始攻读航空博士时，冯·卡门因为越来越多地参与美国的航空建设，常常要去美国东部，来学校的次数也越来越少了。于是，范绪箕每次去见导师都是提前约好时间，到他家里见面。范绪箕回忆说："会面常在一楼的书房里，有时我来的时候，他才刚起床，穿着睡衣，就问我做得怎么样，我的博士论文不再需要动手实验，而完全是理论，他会问我：'你找到这个函数了没有？'如果找到了，就给他看看，如果他觉得可以，他会对我说：'你就继续做吧'。有时卡门也会谈论一些趣事，如铁木辛柯教授虽然对结构力学作出了极大贡献，但他不理论联系实际，因此不能理解'有效宽度理论'，在坐飞机时见到机翼表皮起皱就'惊慌失措'。"①

留学生活

5年的留学生活，范绪箕在学习上师从冯·卡门学习航空工程专业知识；在生活上，这是他第一次远离家人，开始独立生活，他因此结识了一群满怀理想，远赴异乡求学的留学生。

对于独自一人在异乡生活，范绪箕还记得："刚开始我做每一件事都要考虑钱，因为这里用钱都要自己掏腰包，而且是美金，比国内的银元价要高十几倍。在家时条件优越，早上一起床，早饭就准备好了，佣人会来问我要吃什么，煮鸡蛋或者煎鸡蛋？要不要火腿？还有牛奶、稀饭、煎饺子等任选。"②到了美国，尽管环境和生活条件的转变非常大，可范绪箕还是逐渐适应了环境，也懂得节省花钱，并且学着自己做饭、洗衣服。这样的生活习惯，他一直保持到了现在。或许是从小家庭条件优越的缘故，范绪箕的金钱观与一般学生不同：对金钱从不计较，钱多就多花，钱少就少花，颇具"千金散尽还复来"的轻松心态。这与他此后荣辱不惊，淡泊名利的气质形成有很大关系。

---

① 范绪箕访谈，2011年7月28日，上海。资料存于采集工程数据库。

② 范绪箕访谈，2011年7月28日，上海。资料存于采集工程数据库。

帕萨迪纳的南密歇根街 290 号是范绪箕租住的第四个也是最后一个住所。当年在加州的中国学生想要租房子并不容易，很多美国人对中国人有“种族歧视”，认为中国人不讲卫生，说话声音大，房屋里住进一个中国人，就会让其他白种人望而却步，影响租房生意。鉴于这种情况，范绪箕决定租住单独的房屋或公寓。经过数次搬迁，他最后租住的这所带有草坪的房屋，房东是一个波兰人，房子里有客厅、饭厅、早餐室、3 间卧室和 2 个卫生间。在范绪箕搬来之前，这里住的是于 1936 年获诺贝尔物理学奖的 C. D. 安德森(Carl David Anderson)教授，他获奖搬离后，范绪箕就租下了这所房子，同住的还有钱学森、袁绍文、王锡衡。

图 2-8　范绪箕在美留学期间与部分中国留学生合影(摄于 1937 年前后，前排左起至右：袁绍文、谈家桢、林同华、黄夏千，左六为顾功叙，后排左一为王俊奎，左二为李元炯，左四起：殷宏章、朱正元、范绪箕、钱学森，后排右起为郭贻诚、曹起成、王锡衡)

钱学森是 1936 年从麻省理工学院(MIT)转来的，最初他住在教师活动中心，因租金昂贵，他找到范绪箕，看到他的住处条件不错，便搬来同住。他们最初住在位于默里斯顿(Molliston)街上的一所公寓，此后一同搬到南密歇根街，他们在同一寓所生活了近 4 年。钱学森是个非常用功的人，他把时间几乎都花在读书上，也很少与他人来往。当然他也有业余爱好，其中之一便是摄影。范绪箕在做硕士论文时，因为作光弹性研究，需要拍摄大量的照片，于是他便在家里开起了“照相馆”。范绪箕回忆道：“我是因为工作拍照，只求清楚即可，不大讲究技巧，而钱学森的摄影则在艺术上和技术上都有追求，如在时间、距离、角度、取景等方面都有考究，在洗印技术方面也讲究软镜头、放大、拼接合成等技巧，钱学森对之无不钻研逐一掌握。”[①]“他在假期和我们去公园游玩时，常带着照相机到处拍照，回家来冲洗。平时没什么可照的时候，就让我当‘模特’。”[②]现珍藏在上海交通大学钱学森图书馆的一幅人物摄影作品，作者是钱学森，而模特就是范绪箕。“有时他也会让我为他拍摄，他的博士学位照就是他在参加毕业典礼回来后，由他布置，由我为他拍摄而成的。”除了摄影，欣赏西洋古典音乐是他们俩另一共同爱好。范绪箕说：“当时在美国看电影之风极盛，有很多电影院，我和袁绍文经常去看，但钱学森从不光顾，工作之余多以摄影或听唱片欣赏音乐放松自己。每当夏季好莱坞举行露天音乐会，总有指挥大师率乐团前来演奏，虽路途较远，交通不便，他也要去的。在冬季，学校附近有室内音乐会，如有名家演奏，我们也常相约同去欣赏。”[③]

图 2-9　青年时代的范绪箕（钱学森摄于 1937 年）

除了钱学森，范绪箕还有很多同学、朋友，其中我们熟知的有：茅于越（茅以升的儿子）、谈家桢、袁家骝、殷宏章、袁绍文、卢嘉锡、郭贻诚、朱正元等等。朱正元是中国留学生中年龄最大的，比范绪箕大 14 岁，留学生们亲切地称他为“老头子”，他常代表中国学生在范绪箕租住的房屋里接待来访的国内客人，范绪箕作为屋主也经常在座陪同。抗日名将蔡廷锴将军，杨虎城的夫人及儿子都曾来访过。

共同的理想，共同生活、学习以及在异乡所面临的同样境遇，让他们的友谊日益深厚，这同窗的情谊没有因为时间、分离而消减，他们成了一生的朋友。

---

① 范绪箕：“纪念钱学森同志百年诞辰”，2011 年 3 月 10 日。资料存于采集工程数据库。

② 范绪箕访谈，2011 年 7 月 28 日，上海。资料存于采集工程数据库。

③ 范绪箕：“纪念钱学森同志百年诞辰”，2011 年 3 月 10 日。资料存于采集工程数据库。

图 2－10　1979 年 11 月 23 日，范绪箕与留学时的同窗好友重聚（由左至右：钱学森、袁绍文、范绪箕、殷宏章）

在总结他的异地求学经历时，范绪箕说，原哈工大的俄式大学教育和美国大学教育是不一样的：俄式的课堂教学以理论为主，教师在课堂上推导公式非常仔细和严谨，而且没有固定教科书，学生只凭记笔记课后复习，但习题很少，考试也主要考理论推演，考核学生理解理论的程度。因此学生于课外只是忙于整理笔记和复习理论及其推导，最明显的例子可以从铁木辛柯所著的材料力学书中看出，铁木辛柯所著的俄文版材料力学书中没有例题，而当他到了美国后，在密西根大学与马柯罗夫合著的材料力学则例题充分。另一方面，俄国在工科教育方面还特别重视制图和现场实习，这对于学生在物体外立面和透视等方面的认识有很大帮助，而对于实习的重视则使学生对制造和运行过程能够有较强的认知和动手能力。美国大学教育对于课堂教学则没有俄国那样严格，但课外习题则极多，尤其是低年级的课程，学生下课后就忙于找一个地方坐下来做习题，几乎是分秒必争，这也是各大学都有很多空间场所及学生活动中心等建筑的原因之一。大量的课外习题让初来乍到的范绪箕非常不适应，而国内其他学校的留学生则习以为常。到了研究生的最后阶段，课程要求和一般俄制类似，不再有大量习题，如果有便是比较大的课题了。

第三章
彷徨求索

返回祖国

母亲的召唤

1940 年的夏天，正当范绪箕专心致志撰写他的博士论文时，千里之外的祖国却已硝烟四起，岌岌可危。哥哥范绪筠此时已经回国，在清华大学任教，可随着北方地区相继沦陷，哥哥随学校迁往内地。长子不在身边，已经年迈的父母盼望范绪箕能回到他们身边。

当范绪箕接到母亲的第一封电报“母病，速归”时，他没有回应，他的博士论文刚完成了第一部分，他不能抛下尚未完成的学业；可随后母亲的第二封电报“母病危，速归”，却让他陷入两难，他不能再无动于衷了。

此时，他已通过了获得博士学位所有规定的课程考试，取得候选博士资格，毕业论文也完成大半，距离完成学业只一步之遥。

握着电报，他去找导师商量。一直和母亲、妹妹一起生活且非常孝顺的冯·卡门帮他拿定了主意，他说，“既然如此，你就先回去吧。你把论文写好交来即可获得博士学位。”他还把此事交代给他的助手谢克勒(Ernest Sachler)博士。

事出突然,范绪箕对于回国完全没有准备,他手上甚至没有足够的路费,因为他已经把存款借给了一位美国朋友,一时难以讨回;而回家的船票更是一票难求,需要提早预定才能买到。

在范绪箕进退两难之时,他的同学们纷纷伸出援手。范绪箕至今仍念念不忘:“我的船票是卢嘉锡的。他本来想回国的,正好他所在化学系有了助研的空缺职位,在导师的挽留下他决定留下来工作。听说我要回国,就把船票转给了我;买船票的300美金则是袁家骝借给我的(直到他“文革”后第一次回大陆,我才以两件贵重礼品的方式还给了他,期间已是30年过去了)。我就这样匆忙结束了工作,第二天就上了船。我的东西都没处理,只带了随身的衣物,其余的都交给我的同学王锡衡(张学良的秘书长王树翰之子)代为处理。”①

上船后,一份快递包裹送到了范绪箕的手上,那是他的导师冯·卡门寄给他的。包裹里有一封推荐信、一件毛线夹克衫和一条领带。在推荐信中,冯·卡门写道:“范绪箕先生已经完成了加州理工学院航空工程专业的全部学业,已达到博士毕业生的水平。”小小的包裹里装满了导师对他的关怀与期望,范绪箕心怀感激,依依不舍地离开了他学习和生活了5年之久的美国加州理工学院。

踏上归程

近20天的海上旅程,范绪箕过得并不寂寞,因为他遇到了几个学成归国的同龄人:马大猷、辛一心、黄玉珊——他们有同样的留学经历,同样对祖国的未来充满着担忧和期待,于是他们很快就成为了朋友。

范绪箕终于又回到了阔别5年的上海,当他在上海江海关码头看到妹妹明快的笑脸时,他困惑了,便急切地问:“母亲的身体现在怎么样了?”妹妹的

① 范绪箕访谈,2011年8月2日,上海。资料存于采集工程数据库。

回答完全出乎他的意料，她说，母亲一切都好，正在忙着准备庆祝父亲的六十岁大寿呢！他很惊讶，并隐约感到事情并非自己所预想的。当回到姐姐家(上海岳阳路)，见到喜气洋洋的母亲，了解了事情的原委后，一向性格温和的范绪箕禁不住大发脾气。母亲对他的愤怒并不在意，安慰他说，既然已经回来了就多住一段时间，等父亲过完生日，可以再把他送回美国。但范绪箕知道，重返美国已无可能，他的回程客轮即是中美间的最后一班，此后直到战争结束，两地交通阻绝。

既然无法重返美国，平静下来的范绪箕便开始认真思考自己的未来该何去何从。

在 1937 年 12 月 13 日南京沦陷后，随着国民政府一迁再迁，包括范绪箕的哥哥以及他的很多同学、朋友都已西迁深入到内地。对于今后的打算，他的心里有 2 个方案：其一是到钱学森向他推荐的王助①先生及他所就职的航空委员会航空研究院工作，那里是当时中国实力最强的航空研究机构；其二是到浙江大学任教，先他几年回国的谈家桢曾写信介绍并代表工学院邀请过他。无论哪种选择，范绪箕知道他的方向在内地。

通往重庆的冒险之旅

回国还不满一周，范绪箕便开始背着父母计划去内地的路线了。离开沦陷区绝非易事，范绪箕从轮船公司了解到，去内地的路非常难行，一种选择是从陆地走，因为要经过日本占领区，路程非常曲折，要先去广西，绕道到越南，再从越南到云南；另外一种是乘船到香港(轮船也即将停运)，再乘飞机到达重庆。鉴于从陆地走十分冒险，范绪箕选择了取道香港，在香港乘飞机去重庆。当时从上海到香港只有英国蓝烟筒(Blue Furnnel)一家轮船公司开班，因受到上海日本占领军的威胁也即将停航，因此一票难求。买不到

① 王助(1893～1965)，字禹朋，中国航空事业先驱。1916 年从麻省理工学院毕业，获航空工程硕士学位；1917 年任美国波音飞机公司第一位航空工程师，同年年底回国；1941 年在成都航空研究院(航空研究所扩充)，任副院长兼理工系主任。

船票的范绪箕只好带着行李(一只手提箱)上船与英国船长商议,在交了远高于票价的一大笔钱后,船长才勉强答应让他上船。此时船已满员,他在舱外挨了一夜才到达香港。香港的飞机只能在晚上起飞。范绪箕还记得,当他到达香港机场时,机场里一片漆黑,乘客们摸索着上了飞机。就在飞机将要起飞的瞬间,跑道上的灯才被全部点亮,这是为了避免日本飞机袭击所采取的防备措施。飞机起飞不久就开始向一边倾斜,原来是飞机其中一个发动机出了故障。经过一阵摇摆,倾斜的飞机只好摇摇晃晃返回了香港机场修理。第二天夜里,惊魂未定的范绪箕再次坐上了这架飞机,这一次他终于平安地到达了重庆。而这架飞机则在不久后一次返港途中遭遇日本飞机袭击而不幸失事。

飞机最终降落在重庆一个简陋的机场,落地后仍颠簸着向前滑行,原来这并非正规跑道,而是长江中间某个小岛上的一条土路。经事先联系,范绪箕的哈工大同班同学常荫集①把他从机场接到了自己的住处先落了脚。常荫集住在重庆市的朝天门附近,日本飞机每天几轮的空袭,使美丽的山城满目疮痍,街区住宅到处是残垣断壁,透过屋顶、墙上那些被炸开的大洞,他上可通天下可见地,甚至连相邻的房屋也“一目了然”,到内地的第一晚真让他大开眼界。

重庆是抗战时期国民政府所在地,由那里可以到达内地各处,不需经过日本占领区。范绪箕准备先拜访已迁至重庆的中央大学,那里的航空工程系成立最早,实力也最强。范绪箕有两个朋友在中央大学任教:柏实义②是他在加州理工留学时的同学;黄玉珊③则在美国时就相识,回国的轮船上又恰好相遇。此外他还想转道去成都的航空研究院或到已西迁遵义的浙江大学。

中央大学位于重庆的沙坪坝,距离朝天门有十几公里,且多为山路,高低起伏很大,可实际的行程比预想的还要艰难。当时日本飞机轰炸频繁,一

---

① 常荫集(1913～1969),号予行,1935 年毕业于哈尔滨工业大学,后追随张冲任军事委员会办公厅外员股长。抗战胜利后任山东省电业局长,“文革”中被迫害致死。

② 柏实义(1913～1996),著名空气动力学家。

③ 黄玉珊(1917 年 10 月 15 日～1987 年 6 月 9 日),航空教育家和结构分析专家。中央大学土木工程系毕业,美国斯坦福大学力学系博士,导师为铁木辛柯。

旦刺耳的防空警报声响起，人们便向防空洞急奔而去。当地人都有指定的防空洞，而外来者就只能去一些公共的防空洞，那里污秽不堪，黑暗潮湿、不通风。由于人员混杂，常有偷盗抢劫事件发生。在步行途中，范绪箕不敢擅入公共防空洞，每遇空袭，便冒险站在防空洞入口旁，等待空袭结束。从早上 7 点出发，一路上走走停停，当走到沙坪坝时，已是晚上 7 点钟了。夜晚的重庆，路更加难行，为了防空袭，城市里灯火全熄，范绪箕只能在黑暗中边走边向行人打听中央大学教工宿舍，由于地形不熟，最后在山坳里迷路，竟落荒走进了歌乐山的警戒区，那里便是后来臭名昭著的“渣滓洞”所在地。“你是干什么的!?”黑暗中，他被两个警察厉声喝住，经过了好一番盘查才放他离开。不知在黑暗中摸索了多久，他才在山涧中发现了如萤火般星星点点的灯光，当满脸疲惫的他最终找到柏实义所住的茅屋时，已经是晚上 10 点多钟了。经柏实义介绍，范绪箕第二天见到了中央大学航空工程系主任罗荣安①。罗荣安在了解了范绪箕的教育背景及计划去成都航空委员会航空研究院工作的情况后，给了他一些中肯的建议。他认为范绪箕还不了解国内政治情况，不适合去航空研究院工作，建议他选择浙江大学。范绪箕听取了罗荣安的建议，决定前往已西迁至遵义的浙江大学执教。

范绪箕对贵州的了解来自于手上的一本地图册，册上对那里的描述是“天无三日晴，地无三尺平，人无三分银”及“乌烟瘴气，不利人生”。怀着忐忑不安的心情，范绪箕坐上木炭车踏上了去遵义的旅程。他回忆说:“去遵义要走三天两夜，要通过九曲十八弯、吊丝崖（俗称‘吊死崖’）和娄山关险要。我印象最深的就是在途中见到树上挂着人，同行人说，这是土匪抢劫之后把人吊死在树上。我的一位哈工大同学曾坐这种公共汽车，遭土匪拦劫后被打断了左臂。耳闻眼见让人更加不安，此时我只希望能尽早到达目的地。可一路上车子走得很慢，常常抛锚。每隔一会儿，水箱里的水不是开了就是漏了，司机倒很淡定，常拿出肥皂把漏洞堵上再走；此行的路途也很崎岖，多是盘山道，特别在‘九曲十八弯’，车子爬不上，我们常要下来推车上

① 罗荣安(1900～1965)，1935 年 2 月起先后创办了国立中央大学的自动工程研究班(后改为机械特别研究班)及中国的第一个航空工程学系。

山，每天就这样走走停停的；晚上就在荒郊野地里过夜，从山上人家借块门板，架在两条长凳上就当床。在没有灯的夜里，天地显得更空旷，空旷得让人倍感孤独；吃饭则找路旁的小店解决，一次在一个山顶上，店主给我们做了馄饨，他的大锅上方用绳子连着一个杠杆，杠杆上挂着一块石头，馄饨煮好后店主就把石头放下来在锅里浸一会才又拉上去。经过打听才知道这块石头原来是石盐。也是后来才知道这馄饨馅里可能有老鼠肉，当地老鼠量多个大，大得据说连猫都害怕。"[①]从上海到遵义，一路走来，经历千难万险，也让一直养尊处优的范绪箕真正经受了考验。事实上他的苦难之旅才刚刚开始，此后几年的艰苦磨练将使他真正脱胎换骨。

初为人师

战火中的浙江大学

当范绪箕到达遵义浙江大学所在地时，已是 1940 年底了。

遵义，是浙江大学西迁的第四站。1937 年卢沟桥事变爆发后，浙江大学便一路西迁，经浙西建德、江西吉安、泰和迁至广西宜山（1938 年 7 月），一年后继续西迁到贵州遵义（1939 年 12 月）[②]，当时浙大校址分为 3 处：工学院、文学院、师范学院文科系在遵义；农学院、理学院、师范学院理科在湄潭；一年级在永兴。这样的格局，一直保持到抗战胜利[③]。

西迁的浙大已经进入竺可桢时代。作为浙江大学的校长，竺可桢以他的人格魅力、远见卓识带领浙大在困厄中崛起，跻身中国一流学府，被英国著名学者李约瑟称誉为"东方剑桥"。他的办学主张以三大要素为主，他说：

① 范绪箕访谈，2011 年 8 月 2 日，上海。资料存于采集工程数据库。

② 浙江大学校史编辑室编著：《浙江大学校史稿》，第 4 页。

③ 谢鲁渤：《浙江大学前传——烛照的光焰》，浙江人民出版社，2011 年，第 132 页。

“一个学校实施教育的要素，最重的不外乎教授的人选，图书仪器等设备和校舍建筑，这三者之中，教授人才的充实，最为重要。”他的三大要素，对于范绪箕未来的教育实践具有十分深远的影响。

范绪箕的“不远千里”而来，使浙江大学机械系的师资得到了充实，他被聘任为浙江大学工学院机械工程系副教授，不到一年便晋升为教授。

第一份工作

浙江大学工学院设在遵义市丁字口附近的何家巷，早在 1935 年，中国工农红军召开遵义会议前，那里曾是地下党的一个据点。工学院分 4 个系：电机系、化工系、土木系和机械系。范绪箕到任后，首先见到的是工学院院长李熙谋①，李院长介绍了院系情况并把他引见给机械系主任钱钟韩。从此范绪箕开始了他的执教生涯。初为人师，他的第一项任务便是为化工系二年级学生授课，教授材料力学及机械制图。范绪箕的高等教育背景分别是当时俄国人创办的哈尔滨工业大学和美国加州理工学院，对国内高校的授课方式并不了解。从系里分配给他的助教汤翊那里，他了解到很多国内高校课堂要求和教学制度的相关信息，包括如何上课、如何布置课外作业、如何考试、出题、如何评分等情况。当时大学实行“淘汰制”，即每个年级有一个大约的淘汰比例，为了用好“淘汰制”，他花费了不少心思琢磨。白天，他忙着上课、批改作业，晚上就在油灯下备课（当时遵义城没有电灯，只有菜油灯，准备和伺候好油灯是必修的一门“学问”）。经过一个学期的熟悉和实践，他的教学效果得到了较好的反馈和评价，他也因此收到了第二年的聘书（如果新进教师教学效果不佳，学校将在下一学年停止聘用）。

当时的遵义非常落后，范绪箕回忆说：“这里的生活如同回到了原始社会。最让我烦恼的便是没有电灯。② 因为我包饭的地方有油灯，我常留在那里备课，很晚才回家。一次，备完课回家，一进门就发现家里被偷了，衣物、

---

① 李熙谋（1896～1975），字振吾，西塘镇人。电机学教授，浙江大学工学院首任院长。

② 范绪箕访谈，2011 年 6 月 25 日，上海。资料存于采集工程数据库。

图 3-1 1990 年，范绪箕在遵义浙江大学工学院原址前

被褥被一扫而光。后来又有一些衣服被洗衣店老板携卷而逃。一来二去，我的随身行李越来越少，后来竟因没有衣服替换，不得不向同事借长袍穿"①。即便如此，他还是认为相比重庆，遵义更加安静，生活条件更好一些。这座相对封闭、民风淳朴的小城，让范绪箕至今仍十分留恋。浙江大学的环境与氛围也是他喜欢和认同的。以工学院来说，从摄于 1940 年 5 月的老照片上看，在湘江岸边有学生的实习工厂及化工、电工等实验室，形成了一个实验室群。② 遵义城小，教师成群，彼此交往频繁，各种学术气氛也十分活跃，学校还支持发行各类学术刊物③。这种氛围对于学术研究者来说，无疑有着巨大吸引力，而对于范绪箕来说，内心却有说不出的苦恼。当时工学院还没有开设航空工程系，担任外系教学工作一段时间后，他便感觉内心空虚。此外，另一件事情也让他放心不下，那就是他尚未完成的博士毕业论文，这也是他的导师冯·卡门在他回国临行时的交代。他希望回国后能继续完成这项研究工作，但内地条件艰难，没有完成论文所必须的电动计算机、打字机，甚至连打字用的纸也没有，这一切都让范绪箕开始变得焦虑，他

① 范绪箕访谈，2011 年 8 月 2 日，上海。资料存于采集工程数据库。

② 谢鲁渤：《浙江大学前传——烛照的光焰》，浙江人民出版社，2011 年，第 162 页。

③ 浙江大学校史编辑室编著：《浙江大学校史稿》，第 99 页。

渴望找到一个更适合自己的工作环境。

时间仍在平淡中度过。范绪箕的邻居中有一位费巩教授，他从英国留学回来，被竺可桢任命为训导长，在学生中有着很高的声望。每次从学校回家，他总会经过范绪箕的住处，有时他会走进来，随意聊聊天。在得知范绪箕与袁家骝①是加州理工的同学后，他们的交往更加频繁，原来费巩妻子是袁世凯之子袁克定的女儿。他们谈当局的腐败和时局的发展，也谈自己的教学体验和学生的思想状态。范绪箕说："通过这些谈话，我了解到学生中的政治和思想斗争，尤其是进步学生与国民党支持的'三青团'之间的斗争。训导长这一职位的设置原是国民党用以监视进步学生活动的，而竺可桢聘请了有进步思想的费巩教授作训导长，显然是同情进步学生。关于这一点，直至获知费巩教授被国民党杀害后，我才有所认识。"

在此期间，他对原国民党当局残酷压迫劳苦人民也有了充分认识，其中"抓壮丁"的一幕惨剧让他至今难忘。他回忆道："有一天晚上，我一个人在房间里备课，安静的夜里突然从外面竹林里传来一阵声响，我当时想一定有小偷，出门一看，隐约看见一个人趴在墙边的竹子上，想要翻过墙去。他眼神中透着惊恐，全身哆嗦。因为竹子是软的，我想他一定爬不上去的，于是我就对他说，'这房子后面有个后楼，你可以到后楼去躲起来。'可他仍趴在竹子上不肯离开。过了一会，就听到大门外砰砰有人敲门。原来是一群国民党兵，他们在找逃跑的壮丁。第二天我上完课回家时，听到邻近兵营传来呼嚎惨叫的声音，后来听说那个逃跑的壮丁被活活打死了。他在竹林中满脸惊恐的样子，我始终难忘。这样野蛮的征兵，让我非常震惊。"②

转折——参加工程师学会年会

一年一度的中国工程师学会联合年会于 1942 年 8 月份在兰州举行，虽然路途遥远，交通不便，但这次年会仍成为学会开办以来规模最大的一次盛

---

① 袁家骝：华裔美国物理学家，袁世凯次子袁克文之子，妻吴健雄素有"东方居里夫人"之称。

② 范绪箕访谈，2011 年 8 月 11 日，上海。资料存于采集工程数据库。

会。范绪箕除了参会外，还另有打算：他决定离开浙大，在会后探访钱学森曾向他推荐的成都航空研究院。他向大会提交的论文为"三边固定一边自由的薄板受中心压力之弯曲"(The Bending of Rectangular Plates, with Three Edges Clamped, One Edge Free, under the Central Concentrated Load)，这也是他的博士毕业论文的核心内容。对于自己的这篇论文，范绪箕这样评价："当时板壳弯曲研究中多用能量法计算，而能量法要求要找到一个适合边界条件的函数，这便是解决不对称边界问题的困难所在，在铁木辛柯(Stephen Prokofievitch Timoshenko, Степан Проко－фьевич Тимошенко)出版的专著《板壳理论》中也未专门论述。此外，这一课题的研究也有一定的现实意义：飞机喷气式发动机上导流叶片的结构就有类似形式，冯·卡门一向善于从实际问题中提炼出理论问题，这可能就是此项研究的用意。"这篇论文首次提出了用代数级数模拟平板的不对称边界弯曲问题，弥补了平板不对称边界弯曲问题的空白。

自抗战以来，由于专业人才缺乏，而中国工业又急需振兴，中国工程师学会因此成为最被推崇、最受注目的学术团体之一，在当时的中国工程界非常具有权威性与影响力。1942 年的工程师学会第 11 届联合年会是 7 个专门工程学会的联合年会，因此规模盛大。7 月初，报名人数已达 400 余人，筹备组为此租用大客车迎接与会会员。范绪箕和其他会员一起，从遵义出发，乘车经过成都、绵阳、汉中、西安、宝鸡、天水，在 7 月底到达了兰州，他说："一路上经过崇山峻岭，深谷栈道，让我饱览西北风光的险峻、壮丽。我们一路上大概有十几辆车，浩浩荡荡，颇为壮观。近一个月的行程，越走越艰苦，绿色的景色渐渐看不见了，只看见黄黄的一片，只有汉中这一地区比较好，诸葛亮失街亭的这一段，和萧何追韩信的这一带，还是绿绿的，一到陕西就都是黄沙遍地了。那里气候十分干旱，路边的小孩没有水喝，捡到西瓜皮就啃，吸取水分，可是那里的孩子都长得脸色红润，胖胖的，我很觉奇怪。路过绵阳时看到了路旁有许多雕刻；经过定军山、留坝、张良庙等名胜古迹时，当时似乎都保持着原来的风貌，让人重温了历史，感到中国的伟大。"①

① 范绪箕访谈："我的教育生涯"，2008 年 6 月 25 日，上海。资料存于采集工程数据库。

8 月 2 日晨 9 时，工程师学会十一届联合年会终于在兰州隆重开幕，来自渝、黔、桂、蓉、滇、陕及兰州等 18 个分会会员，共计 521 人到会。本次大会共收到论文 204 篇，包括范绪箕、辛一心、黄玉珊等多篇论文均受到好评。1942 年 8 月 6 日和 8 日的《大公报》曾两次报道：“本届工程师联合年会所收到之论文，颇多精心之作”，“本届年会收获之大，远超过去各届。如论文数量增多，内容丰富，且有创造精神”。同往届惯例，中国工程师学会会刊《工程》在当年的第十五卷第四期上，刊登了本届年会的获奖论文，范绪箕的论文从 200 多篇论文中脱颖而出，获得优秀论文奖。这次获奖，对范绪箕来说意义重大，他向国内力学界展示了自己的研究成果和科研能力。

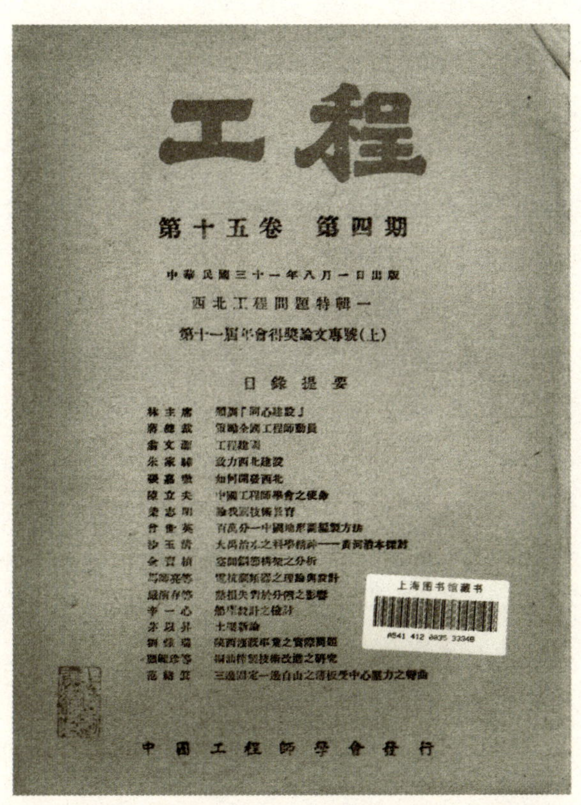

工程

第十五卷　第四期

中華民國三十一年八月一日出版

西北工程問題特輯一

第十一屆年會得獎論文專號（上）

目錄提要

林主席	訓詞「同心建設」
蔣總裁	訓勉全國工程師動員
翁文灝	工程建設
朱家驊	致力西北建設
張嘉璈	如何開發西北
陳立夫	中國工程師學會之使命
[illegible]	論我國技術教育
曾世英	百萬分一中國地形圖編製方法
沙玉清	大禹治水之科學精神——黃河治本探討
[illegible]	空間鋼筋構架之分析
[illegible]等	電抗變頻器之理論與設計
[illegible]等	熱損失對於分餾之影響
辛一心	船體設計之檢討
[illegible]	土壤新論
劉鍾瑞	陝西灌溉事業之實際問題
[illegible]等	桐油榨製技術改進之研究
范緒箕	三邊固定一邊自由之薄板受中心壓力之彎曲

中國工程師學會發行

图 3－2　1942 年，《工程》总十五卷第四期刊登了工程师学会第 11 届年会的获奖论文，范绪箕的论文也在获奖之列

初涉国内航空工程研究

就职航空研究院

兰州"工程师"盛会结束后，范绪箕在返程经过成都时到航空研究院拜访了钱学森一直向他提起的王助先生。

王助先生早年留学美国(1916 年毕业)，获得了麻省理工学院航空工程硕士学位，他曾任美国波音公司第一任航空工程师，将原先无人问津的 B&W 型飞机，更改设计为有着双浮筒双翼的水上飞机，命名为 B&W－C 型，这一机型为波音公司赚取了第一桶金。在位于西雅图的波音博物馆里，至今还陈列着有关王助的资料、照片和一块雕刻有王助肖像的铜匾。王助回国后，便一直致力于中国航空工业的发展，并于 1939 年受命组建航空委员会航空研究院(简称"航空研究院")。

1939 年 7 月 7 日，"航空委员会航空研究所"在成都支矶街 63 号成立，航委会副主任、早期著名飞行员黄光锐兼任所长，王助任副所长，主管实际工作。① 因为有军方背景，航空研究所发展很快，1941 年 8 月 1 日即扩充为航空研究院，黄、王分别担任正、副院长。扩充后的研究院于 1942 年迁入新址成都东郊沙河堡。范绪箕就是在此时来到了成都航空研究院。看了冯·卡门为范绪箕亲笔所写的推荐信后，王助热情地邀请他留下来，并带他参观了刚搬入新址的各个研究室、实验室。这里完备的设备及良好的研究环境让范绪箕非常心动，从此他的履历上又增加了一行：1942 年 8 月，任航空委员会航空研究院研究员。

关于航空研究院的主要研究任务，王助曾在他所编写的中国航空研究

① 傅海辉："抗日战争时候的航空研究院及其历史价值。"《中国科技史料》，中国科学教育出版社，1998 年，第 19 卷，第 3 期，第 56～63 页。

院简史(1939 年 7 月 7 日至 1946 年 2 月 28 日)中这样写道:“一方面对急迫需要之器材迅速积极研究以求获得代替品或制造方法,以便自造。一方面对于所有有关航空器材之问题,依人力物力之可能,逐步作有系统之彻底研究,以期自足自给而有脱离依赖外国之日[①]。”按照研究任务,航空研究院共设置器材、理工两系。器材系下设器材、木竹试验、化工、电气、仪表、金属材料、兵器等 7 组;理工系下设气动力、结构、飞机设计、试飞、原动力 5 组[②]。王助本人兼任理工系主任。研究院人才济济,共分为研究员、副研究员及佐理员 3 种,皆为当时国内最优秀的工程人才。高层领导都有海外留学的经历,研究人员均是来自国内著名高校高材生,以交通大学、中央大学和广东中山大学为主。范绪箕所在的部门为结构组,共有组员 5 人,组长是林致平[③]博士。因为属军方机构,研究院里的研究人员平时都穿着军装,只有范绪箕每天仍穿着他仅有的那套西装出出进进。王助对他倒很宽容,一些政治、党务之类的活动也不要求他参加。

范绪箕介入研究工作后,他渐渐发现所谓的“航空器材国产化研究”与他的预想相差太远。最主要的原因是原材料的匮乏。因为没有钢材、铝合金,航空器材国产化研究的思路竟是以竹来替代铝合金!这或许是无奈之中的权宜之选,但范绪箕内心却无法认同。

当时研究院的主要研究项目是用“层竹板”作材料制造一架教练机。“层竹板”的工艺原理是将竹子用一些塑胶粘合,做成像三合板一样的层板。为了制成能替代钢材的“层竹板”,各组都有任务,包括做各种试验以及准备其所需的乳胶等材料。范绪箕回忆道:“给我的研究项目是‘席竹层板’的切应力试验和计算。这种席竹层板是否能代替铝合金板,我一开始就很怀疑,但这是航空研究院的中心任务,整个研究院的工作都围着它转,我只好服

---

① 褚晴辉:《王助传记(研究报告)》,国立成功大学博物馆,2010 年 8 月,第 89 页。

② 傅海辉:“抗日战争时候的航空研究院及其历史价值。”《中国科技史料》,1998 年,第 19 卷,第 3 期,第 56～63 页。

③ 林致平(1909～1993),江苏无锡人。1931 年毕业于交通大学土木工程学系;1937 年获英国伦敦大学航空工程博士学位。先后任航空研究院结构组长,台湾航空研究院院长,台湾中央研究院数学所所长,台湾中心大学校长,美国佛州州立理工大学数学教授。1958 年当选为台湾中央研究院院士。

从。一次,我的组长林致平博士私下对我说:'这是徒劳无功的事。'我发现他本人并没加入研究,而是在做带洞平板应力的研究工作。王助对他的研究也不以为然,曾对我说:'林博士的'挖洞游戏'对飞机设计有什么用?!'原来他们两人在研究方向上存在分歧。"[①]在设计好试验装置并做了一些试验后,范绪箕认为这种手工编制的席竹层板无法测出一定的应力值,因而无法做到标准化。这种工作的确"徒劳无功"。复杂的人际关系也让范绪箕非常苦恼,他终于理解了当初罗荣安主任那番话的含义,航空研究院的确不适合他。

正当他对工作毫无兴趣又无所适从时,航委会驻印度加尔各答办事处罗惠桥[②]主任来到成都探亲,他邀范绪箕到印度办事处工作,帮助他接收美国的军用援助物资,并承诺将来可助他重返美国。他亲自找王助请他放人(他们原为留美同学),王竟当面拒绝,坚决不允。不久后,清华大学航空研究所的庄前鼎先生又送来聘函,邀他到昆明工作。范绪箕于是再次请辞,王助虽极力挽留,但范绪箕去意坚决,最终他如愿离开成都,赴昆明任职。

潜心研究风洞

1943 年 9 月,范绪箕经过一番艰难跋涉后终于到达了昆明。他这次所任职的清华航空研究所与导师冯·卡门还颇有渊缘。早在 1934 年,清华大学曾函邀冯·卡门教授来清华访问,冯·卡门对中国十分友好,他虽未能前往,但推荐跟随自己近 10 年的助手弗兰克·瓦登道夫(Dr. F. L. Wattendorf,即华敦德)来清华大学任教。弗兰克·瓦登道夫是著名航空专家,曾设计过风洞。1935 年,弗兰克·瓦登道夫来到北京,在清华工作了近 2 年。1936 年,瓦登道夫帮助清华大学设计制造了中国的第一台低速钢板回流风洞。同年,南京政府在南昌开办飞机制造厂,当时飞机厂急需添置一台风洞,风

① 范绪箕访谈,2011 年 8 月 2 日,上海。资料存于采集工程数据库。

② 罗惠桥,第一批庚款留美学生,宁波第一任市长,造船专家,教育学家。1939 至 1946 年,任国民党空军驻缅甸办事处和驻印度办事处处长,对支持印缅远征军战胜日军和开辟抗日大后方运输补给线作过贡献。

洞的设计和运转工作于是交由清华大学承担，并邀请弗兰克担任技术指导①，也因为如此，清华航空研究所在南昌成立。可惜的是，这个当时远东最大的 15 英尺航空风洞，在建成前夕被日机炸毁。清华大学南迁后，清华航空研究所也一路跟随，最后于 1938 年 9 月迁至昆明北门街 71 号，位于昆明东郊的一个山洼子里。清华的大本营已与北大，南开合组为西南联大，位于昆明城西，其他几个研究所和范绪箕哥哥所在的无线电研究所都在那里。

庄前鼎所长参加兰州工程师学会年会时对范绪箕的获奖论文印象深刻，于是邀他来昆明开展研究工作。在了解了庄前鼎交给他的研究课题后，范绪箕的心又凉了。这里的研究依旧是航空研究院的老路数，只是研究材料换成了木层板。他是将木头刨成薄板，再用乳胶粘成"层板"。范绪箕所负责的是先设计刨木机，做成层板后再进行力学试验和计算。虽然木层板可以做定型试验，但制作层板工艺复杂，流程繁多，在一个大学里进行既不合适也不可能。范绪箕向庄先生提出了自己的想法，可研究所已向航空委员会申请到了一笔研究基金，因此研究工作只能这样继续下去。

就在范绪箕对工作倍感失望时，一台设备引起了他的兴趣，这就是弗兰克·瓦登道夫在华工作时设计的风洞。1937 年 7 月，冯·卡门在来华访问时，曾在南昌的一次演讲中说："大凡一个国家航空工业发展，大致分为 3 个时期，第一期为购机时期，飞机与发动机及一切零件均取自于外国；第二期为仿造时期，即购取外国图样与制造权，自行设厂训练工人制造，欧美日本诸国均有之；第三期则为自行设计制造，而在此三个时期中，气动力学之研究，风洞之测验，皆可作实际有效之贡献。"②范绪箕在美国时学习和研究的是飞机结构力学，对风洞鲜有接触。趁着这一机会，他希望自己能把空气动力实验和风洞设计作一番深入地研究，这比做层板机要有意义得多。于是范绪箕把庄前鼎的研究任务分配给了助教谭振华具体负责，他自己则专注于风洞实验和设计，幸运的是所有设计和计算图纸都保存完好，这些带有弗

① 冯·卡门、李·爱特生：《冯·卡门传》，西安交通大学出版社，2011 年，第 197 页。

② 冯·卡门："改善飞机性能之途径"。《航空机械》，1937 年，第 2 卷，第 3 期，第 11 页。

兰克·瓦登道夫签名的图纸，让范绪箕倍感亲切，如同又多修了一门新课，当然这门课在任何学校都是修不到的。风洞研究让范绪箕对于航空工程领域的认知更加全面，对他今后创建浙大航空系、在南航建立风洞实验室有极大的帮助。在这一段时间内，除了潜心研究风洞设计和实验外，陪伴他的还有费巩教授推荐的那些经典英文小说，通过阅读，他的英文水平也有了进一步的提高。

为了改善学习和研究环境，范绪箕向庄前鼎提出建一个图书室以存放从清华园带来的书籍资料，便于所里人员阅读。在贵州时，他曾见到当地人把石灰、泥巴和草合在一起做成砖用来砌墙，顶上铺上茅草盖成房子，这种方式经济、实用、快捷。于是他自告奋勇承担内部设计和监工工作，带着所里两个工人很快把图书室建起来了。图书室的建立让大家有了一个更加开放、舒服、宽敞的环境进行学习和研究。

工作之余，范绪箕有了更多机会与家人相聚。哥哥在西南联大无线电研究所工作，他们虽在一个城市，可一个在东郊一个在西郊，城西是一望无际的平原和田地，而城东则都是山地，山坳地区幽静而封闭。由于交通不便，见面常要花上一天的时间。每到周末，范绪箕就坐上小马车或爬山去与哥哥相聚；妹妹范绪筬从燕京大学毕业后在广西桂林的中央无线电电线厂工作，范绪箕赴昆明途中曾绕道柳州前往桂林探望。此次桂林之行，他还经历一次“绝处逢生”。范绪箕回忆道：“我到桂林时口袋里已经没钱了，我一看妹妹过得那么苦，就买了些东西。我原想，离开桂林后回贵阳，在那里打电报或写信给昆明，昆明会汇钱过来。回到贵阳后，我住进了中国旅行社，又了打电报给哥哥，可是我糊里糊涂，没留地址。我等啊盼啊，一个礼拜过去了也没等来钱。那个时候我抽烟，身上还带着香烟，因为口袋里没钱，我饿时就抽烟，一开始觉得恶心，因为肚里是空的。就这样饿了一个礼拜，难过了一个礼拜，到后来就麻木了，都不知道饿了。一天我在大街上晃荡，真是天无绝人之路！一晃荡就正好碰见了一个人，他是我哈工大的一个高年级的同学，我不认得他，他却认得我。他正坐在一辆卡车上，看到我后就停下车来。他在贵阳氧气厂工作。是做军用的。他见到我后便要请我看戏，于是我饿着肚子和他看了戏，看完戏便又回旅馆了。第二天，我实在没办法了，路费没着落，旅费却越积越多，我就只好找他借钱。他说，你也不用去买票、搭黄鱼车了。我们有运氧气的卡车，正好送货要去昆明，你就搭我车去，他又借给我钱付了旅费。我很顺利地到了昆明。所以我说我这一辈子，运气都非常好的，要不然就落魄了。”①

后来妹妹和同班同学谢家麟相恋并准备结婚，范绪箕回忆道：“我到达昆明后，母亲寄来了一张3万元大洋的支票，她要我把钱转给即将结婚的妹妹。收到支票后，我就骑自行车从郊区到昆明市区的银行兑现，原本是无需兑现的，只是我对这类事情完全不懂。当时天色已黑，望着兑换出的一大堆钞票，我一时没了主意：‘这么多钱，怎么带回去啊?!’一位银行的工作人员见我为难，便对我说：‘要么我帮你换成大额的票子吧。’当他把一大堆钞票换成了一小堆时，我完全信任了他，连看也没看，就把这小堆钞票装在袋子里。因天色已晚，我担心携带这么多钱不安全，就把钱暂存在附近的一位朋友那里(该友与范绪箕同船回国，曾同在浙大教书并住在一起)。后来朋友告诉我，这一笔钱被动了手脚，只剩下2万多一点了。我只好又向朋友借了1万元补上去，如数交给妹妹。妹妹至今仍不知道我为此有好多个月省吃俭用才还清了债。”②类似的“调包事件”，范绪箕不止经历过一次，后来在全国即将解放时，他的哈工大同学从东北汇款到北京，也在他经手时遭银行人员调包，损失数目更大，经过2年多他才全部还清。对于这些家务琐事，范绪箕总是“糊涂”的，这种“难得糊涂”的心态，在某种程度上却成就了他日后淡泊名利，荣辱不惊的风范。

在总结回国后的这一段历史时，范绪箕感慨地说：“我那时太幼稚，政治上太无知了，抱着天真的‘航空救国’思想和与个人前途挂钩的愿望，千方百计寻找机会。在浙大工作的一年里，我冒险坐着木炭车两次经过娄山关天堑寻找自己的理想却一无所获。在浙大从事教学一年半后，我辞职前往成都航空研究院寻找出路，结果仍令我失望。当时成都

---

① 范绪箕访谈，2011年8月11日，上海。资料存于采集工程数据库。

② 范绪箕访谈，2011年8月11日，上海。资料存于采集工程数据库。

航空研究院与飞机第三制造厂毗邻，该厂为当时抗战后方唯一的飞机制造厂（实际上是一个美国飞机装配厂），其所需要的飞机零部件和材料需要从美国运到印度再通过滇缅公路或空运才能获得，但日军对这条供给线的疯狂破坏让原料难以及时供应。此时航空委员会在印度加尔各答办事处（主要负责与美国联系和接收军事援助物资的机构，其中包括飞机三厂所需的飞机零部件器材）的负责人罗惠桥先生来成都，在得知我也在成都后，即邀我前往印度办事处协助他与美国联洽和交涉运输物资等事务，我当时也有意前往，认为这比在航空研究院做'无效劳动'对抗日有益得多，但飞机三厂的一位负责人裘维莹则力劝我不要去印度，他认为，从我的学术背景来看还应从事与学术相关的工作。裘维莹曾任中东铁路机械处处长，与我家熟识，他以长辈的身份诚恳地劝告令我不得不三思，最后我接受了清华大学航空研究所的聘书，前往昆明任职，也从此确定了以教育为自己的终身职业。在我人生的这一段彷徨摸索中，还有一件事令我不胜惋惜，那就是我从兰州前往成都求职的途中曾绕道西安，可惜我并不知就在其附近有一个红色政权正在集中力量对日抗战，也正在那时，有大批知识分子经此奔赴延安。倘若我那时有一些政治觉悟的话，我的人生可能就改写了。”

第四章
重返浙江大学

首任航空系主任

重返浙江大学

1945 年 8 月 14 日，日本宣布无条件投降，中国经过艰苦卓绝的八年抗战，终于取得了最后的胜利。在此之前，范绪箕收到了来自浙江大学的聘书。浙大工学院电机系主任王国松①升任工学院院长后，便开始推动建立航空工程系，最终在 1944 年获教育部批准。他因此发函邀请范绪箕重返浙大创办航空工程系。与此同时，已在资源委员会任高职的老同学孙运璇也发来了电报，希望他能去锦州负责接收日本空军基地。何去何从，他再一次面临着人生道路的重要抉择。此时的范绪箕比刚刚回国时更加清醒与现实，接收日本空军基地应属国民党空军或航空委员会管辖，如由资源委员会主持接管，他认为其中必有蹊跷，极有可能又是国民党内部争权夺利、相互倾

① 王国松(1903～1983)，字劲夫，浙江温州人。著名电机工程学家、教育家，一级教授。

轧的结果。此外，他也感觉自己不适合在“官场”工作。经过权衡，他决定重返浙大。从此他再无犹豫和动摇，把教育工作作为他毕生为之奋斗的事业。在哥哥的联系和帮助下，范绪箕搭上了昆明至湖南芷江空军基地的美军车辆，顺利到达了贵州遵义。

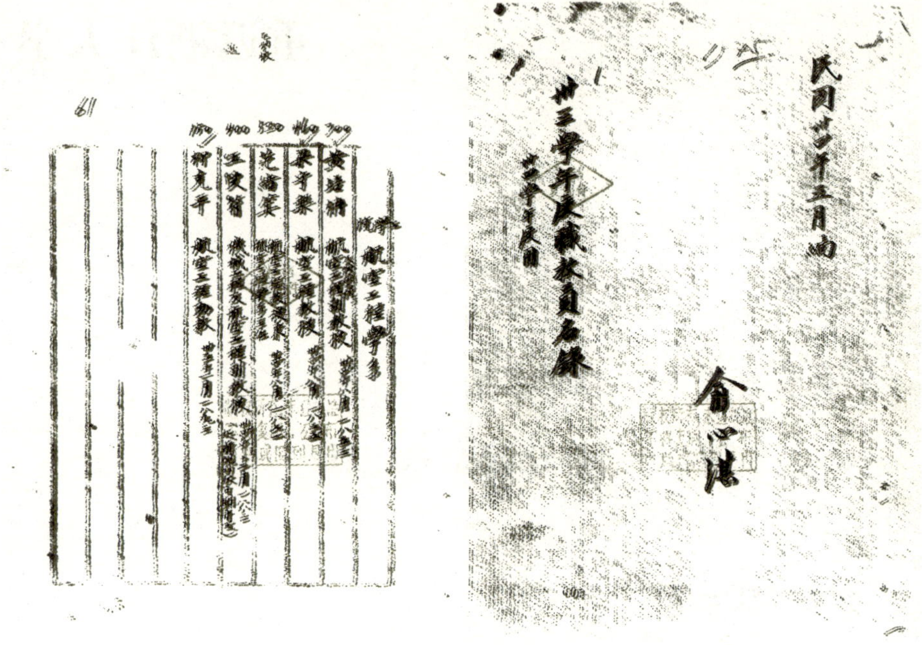

图 4－1　1945 年 5 月，国立浙江大学航空工程系卅三学年度职教员名录

1945 年 8 月，范绪箕重返遵义浙江大学。到了 1946 年 1 月，遵义校区已经有了回迁杭州的氛围。2 月 9 日，范绪箕作为航空工程系主任，出席了复员委员会遵义分会与遵义各系主任、图书馆长、庶务组长联席会议。主要讨论复员的安排及经费问题，此后复员的安排从容有序地开展起来。4 月底，复员费陆续下发，浙大的复员回杭终于进入倒计时。为了配合复员，这一年的暑假比往年来得更早。1946 年 5 月 6 日，全校在遵义举行了 1946 届毕业典礼，从 7 日起，在遵义的师生即开始分批返杭。[①] 范绪箕与两个助教马元骥、柳克平相伴也踏上了归程。战争才刚刚结束，交通等公共设施仍需

① 浙江大学校史编写组:《浙江大学简史》(第一、二卷)，浙江大学出版社，1996 年，第 114 页。

时日建设、恢复，且回程的人流量大，一时间连搭过路的“黄鱼车”(即人力三轮运货车)也不容易，于是他们就走一段搭一段先到贵阳，又从贵阳搭“黄鱼车”经湘西到达邵阳，然后坐小船到洞庭湖，经武汉乘货轮，在露天甲板上经过一天一夜，才回到了上海。此行他们共走了 10 余天，虽然辛苦，但能亲历祖国大好山河，心情非常舒畅。路途中，范绪箕常见到一些正在向中国军队投降的日本兵，他们把军刀和装备丢在地上，神情沮丧地站在一旁，这样的场景令他格外舒心。

从 1940 年离家，到 1946 年归来，5 年多的颠沛流离，让他改变了很多。离开时那个海外归来、西装笔挺的青年才俊，如今虽身为名校教授，却一副衣衫褴褛的难民模样。或许刚入内地时，他对艰苦的条件还有着诸多顾忌，可经过几年的磨练，他已完全适应了风餐露宿的艰苦生活。无论走到哪里，随行的一小包行李，一打开就是他的全部家当。当他带着一身的风尘出现在上海大姐的家门前时，姐姐惊呆了，昔日里衣着光鲜讲究的弟弟完全变了样！为了不让他身上的虱子、臭虫传播，姐姐干脆叫他先换衣服再进门，随后便把换下的衣服统统烧掉了。

经过一周短暂的团聚后，范绪箕又匆匆奔往杭州，他要在那里创建一个崭新的航空系。

建立完备的航空专业课程体系

范绪箕并没有做系主任的经验，可他却很清楚要建立一个怎样的航空工程系。他想到了导师冯・卡门，想到了加州理工学院，他要在浙江大学建立一个加州理工式的航空工程系。

范绪箕所面对的又是怎样的局面呢？第一，专业需求大。1944 年航空工程系成立后，第一次招生报名情况就十分火爆。据浙江大学工学院 1944 年报名人数统计，航空工程系的报名人数最多，有 46 人；其次化学工程系有 45 人；土木工程系和机械工程系分别为 32 人和 21 人。航空工程系最后招学生 25 人。第二，师资力量薄弱。最初只有 3 位教授，除范绪箕外，只有原机械系的万一教授及与范绪箕同时到浙大任教的梁守磐①教授。面对这样的局面，范绪箕认为，首先要克服困难，制订出一整套切实可行的教学计划，这也是范绪箕作为系主任所要做的第一件大事。“二战”期间，航空科学与技术有了很大的发展：空气动力学已突破了音障；德国已制造了火箭；英国制造出了喷气式发动机；美国已发展出飞机自动导航设备。所有这些把航空工程带入了一个崭新的境界。为了适应新时代航空技术发展的要求，必须把这些新的知识加入到培养航空专业人才的教学计划中去，如“汽轮机及喷气推进”课程，当时国外也把此课列为新课。但学制仍是 4 年，需要学习的总学分不能增，范绪箕如同营养师一样，要为学生们制定搭配最均衡合理、最有营养、最宜吸收的“成才大餐”。

一般的工科教学计划包括三大部分课程：第一部分是基础课，即数理化等课程；第二部分是技术基础课，即力学、机械和电工等课程；第三部分为专业课程。范绪箕解决教学计划问题的办法是维持基础，削减技术基础，加强专业。他认为技术基础课程中一些内容可以结合专业需要加在专业课中，不用另起“炉灶”。

教学计划制定后就要指定教师承担讲授任务。由于浙大理工学院系科齐全，前两部分课程根据规定可由其他系所合班开课。范绪箕只需考虑专业课的任课教师。按照经他修订的教学计划，系里现有 3 位教授显然是不够的，且他所要求的专业课内容，当时国内尚难找到适合教材，必须从国外引进。这些使扩充高水平的师资队伍变得愈发迫在眉睫。范绪箕扩充师资的方式非常直接有效：物色并聘请那些在海外或近期回国的有相关专业背景的专家学者。国立浙江大学校刊 1947 年 10 月 13 日复刊第一六五期曾这样报道：“航空（系）新聘（了）陈维新先生，讲师陈克宣，另有戴昌辉副教授、胡维群先生在归国途中。”从 1945～1949 年，航空工程系还陆续聘请了岳劼毅（1946）、黄玉珊等教授，范绪箕根据新聘教授的专业特长分配专业课程，他自己则根据专业发展所需，开设了一门工程数学课。

---

① 梁守磐(1916～2009)，福建省福州市人。我国航天事业的奠基者之一，著名导弹和火箭专家，航天科工第三研究院院长，中国科学院院士。

课程体系的建立，使航空工程系的课程设置从第一班起就比较完备，随着师资力量逐渐充裕，必修、选修课程都能开出，其中飞机、发动机两个方面的专业课程尤其齐全。

白手起家创建实验室

范绪箕于1945年12月10日在“国父纪念周”活动中为学生们做了题为“工程理论与实际”的讲演，他说道：“古时理论与实际不分，如墨子、阿基米德等，至伽俐略之后，理论与实际乃分开。至20世纪理论精深，应用愈大，不但实际必须要理论，而理论亦要实际以为之助，亦有从实际而造出理论者，故两者诚有密切之关系”。[①] 他认为，只有理论知识却不能联系实际的学生无法成为真正有用的航空工程人才。他期望从这里毕业的学生既有扎实的理论基础，又有较强的动手能力。一位名叫齐毓霖的1949级校友在回忆文章中这样写道：“1945年我入浙大学习，那时浙大刚从贵州搬回杭州庆春门

图4-2　范绪箕在浙江大学创建航空系时的部分成员(摄于1950年代，后排左三为史家骏，时任实验室主任)

① 《国立浙江大学周刊》，民国三十四年十二月十五日，复刊一三七期。存于浙江省档案局。

校址。……有两位老师对我影响最深,……其中一位就是范绪箕老师。……他真是白手起家,从杭州笕桥航空学校把当时淘汰的飞机拆开运回学校作为实物,让同学们实习和拆装。没有风洞做空气动力实验,他就用木板做烟风洞,用鼓风机将烟吹入风洞中。然后在风洞表面装上一块大玻璃让同学们观察气体流过机翼断面时的流动情况,非常形象。老师的实干和克服困难的精神影响了我一生,我毕业后在哈工大工作的五十年中,和我的同事们都是自己动手建立实验室的。"[①]这位校友的回忆真实地反映了航空系初回杭州的窘困状况。当时,范绪箕所面临的难题主要有以下几个方面:一是缺少建系的经费,教育部拨来的经费在遵义时就用光了。当时购买的旧飞机等,在复员后只能被丢下;二是航空系作为新系在校园内尚无立足之地;三是要建设实验设备和实验室,急需有经验的技工。

从1946年到1948年,短短的3年,范绪箕带领他的团队,在一穷二白的艰苦条件下,硬是赤手空拳,把航空实验室建设搞得风生水起。谈起当年的实验室建设,范绪箕还能回想起许多细节,仿佛它们就发生在昨天:"大学路浙大校址曾被日本人用作兵营,那里满地都是乱七八糟的垃圾,还有一些拆下来的铁轨和喂马工具、马槽等等。我观察了周围环境后就向王国松院长申请,要把原属工学院机械系的一个大厂房用作实验室,抗战前学生们在这里做金工实习,现在机械系对它的使用则没有规划。王国松当时很奇怪:'你没什么设备,要这么一个大厂房干什么?'我说:'这你别管,我想办法就是了'"。[②] "当时机械系主任是新从上海聘请来的张德庆[③]先生,他还在上海并不常来,于是实验室就'到手了'。有了厂房,航空系就有了自己的'地盘',下一步要考虑的是该如何尽早把它用起来。可学校没有经费买设备,我们只能自己想办法。于是我带着助教柳克平去了上海,当时上海的国民

① 齐毓霖,浙江大学校友,1945年入浙大。这段内容摘自他的回忆文章《回忆母校浙大》。

②《浙大航空系风洞实验室诞生记》,《浙江大学档案馆》,2011年,总第6期。范绪箕教授访谈录吕丰整理。存于浙江大学档案馆。

③ 张德庆(1900~1977),中国内燃机工程专家,中国科学院院士。1921~1923年在交通大学学习,获机械工程学士学位。1925~1926年在美国普渡大学进修,获机械工程硕士学位。曾在美国西屋公司实习,获电气工程师证书。1946~1947年浙江大学教授兼机械系主任。

党空军接管了日本空军的一个仓库，接收仓库的负责人欧阳绩[1]刚好和我相识（他曾是国民党空军派往美国洛克希德航空工厂实习的学员，曾和我一起在该工厂实习），我请他帮忙拨给我们一些即将报废的航空器材和物资，他爽快地答应了，并允许我们直接进入仓库挑选。那个仓库非常大，里面什么东西都有，很多是飞机上拆下来的或是其备件，我们淘宝似地挑出了很多东西，包括飞机发动机、仪表及其地面试验设备和工具、机床等，经过批准，我们把满满一车皮的设备运回了学校。运费是我自掏钱包，后来经过一番口舌学校才报销了部分钱款。"[2]

材料有了，要把它们变为实验设备，没有经验丰富的技工是办不到的。范绪箕此时想到了一个适合的人选，清华航空研究所风洞实验室工作的技术员史家骏，他技术精湛，为人诚恳，工作认真负责。范绪箕在昆明清华航空研究所风洞实验室工作时就对他印象深刻，"要做什么试验设备，只要向他描述清楚，他总是能琢磨着把它精准地做出来。"此时，史家骏已经跟随清华大学复员去了北京，范绪箕知道他是宁波人，就去信诚邀他回自己家乡的浙江大学工作，并请他主持实验室的建设工作。范绪箕的诚意打动了史家骏，他很快就来浙江大学报到工作了。

学校虽然没有经费购买设备，对聘请工人却并不限制。于是范绪箕又先后请了几位工人组成了实验室建设组，至此建设实验室的条件已经成熟。史家骏从运来的物资中先挑出车床，这些旧式车床都用皮带和马达带动，在经过一番安装调整后，便可以用做切削加工了。翻砂和铸造则由两个新工人负责。就这样，一个小型加工厂很快建成了。当时浙大药学院刚刚成立，经费充足，当药学院主任得知航空系建起了小工厂，就找上门来要求帮助制作一批测量植物生长率的检测仪，作为学生的实验设备。范绪箕与史家骏研究后制成了这批设备，后来谈家桢也把生物系的一些进口仪器拿来修理。就这样，航空系的小工厂渐渐小有名气，范绪箕也依靠加工厂积累了足够的

---

① 欧阳绩，湖南新化人，曾任国民政府军事委员会航空委员会驻美国各飞机工厂检验官，第五飞机修理工厂（桂林）副厂长及第九飞机工厂（柳州）厂长。抗战胜利后去台湾。1952 年后任国民党"空军总部"编译组组长，"国防部研究发展室"研究委员，台湾大学工学院机械系教授等职。

② 范绪箕访谈，2011 年 8 月 11 日，上海。资料存于采集工程数据库。

图 4-3 1946 年前后，范绪箕在浙江大学自力更生建成航空教学实验室，图为喷气发动机原理试验设备

资金用以购置钢板等材料建设实验室，渐渐地航空系的教学设备和实验项目越来越多：烟风洞、活塞式发动机试车台、结构试验机、落震试验台、光弹性实验、飞机仪表传感器实验等多达十几项。那个曾经空荡荡的厂房已被各种各样的实验设备占满了。当王国松院长闻讯来到这里时，巨大变化让他非常惊讶，他由衷地钦佩这位年轻的系主任能在这么短的时间里让航空系发生如此巨大的变化。

范绪箕一直认为，风洞在航空实验室的位置和作用无可替代，因为空气动力概念是抽象的，如不佐以实验，对新学者来说难以明确。可在当时的条件下，要建成风洞这样的超大型设备谈何容易！在艰苦的环境面前，范绪箕始终坚持着自己的目标，积极筹集经费，甚至把自己的工资搭进去也在所不惜；在制造上缺少经验，他就通过总结在清华航空研究所时所学所知，亲自主持设计，并在设计制造上，力求因陋就简，节省成本。谈起风洞建设，范绪箕说："在当时的环境下，要追求完美是不行的，比如风洞里驱动空气的马达，如果买就太贵了，而且当时国内也买不到。于是就用汽车马达来替代；支撑风洞的'腿'和支架则是用捡来的钢轨来替代。"[①]收缩段和拐角导流片

① 范绪箕访谈，2011 年 8 月 11 日，上海。资料存于采集工程数据库。

图 4-4　1948 年范绪箕亲自设计建造的 3 英尺低速风洞直到近年仍在使用(西北工业大学,摄于 2006 年)

都靠手工成型。1948 年底,在范绪箕的带领下,试验段 3×3 英尺的钢体风洞终于建成了!这台风洞后来随着航空系从杭州(浙江大学)到南京(华东航空学院),又到西安(西北工业大学),一直在教学中发挥着它的作用。

短短 3 年,航空系建成风洞、结构、发动机、仪表 4 个实验室。结构实验室有光弹性试验器 1 套;发动机实验室有增压器试验器 1 台,这是一台自制实验设备,用 Kinner 发动机作动力,拖动 1 台发动机增压器;仪表实验室利用旧仪表,开出了仪表校准等实验。当时航空系所开专业课实验的数量,在全国航空工程系中是比较多的。

1948 年 10 月 22 日,航空系实验室里张灯结彩,举行一年一度的迎新大会。据《国立浙江大学校报》复刊新六一号报道:"这已是复员后航空系的第三次迎新大会了。每次系友们都是以诚挚的欢迎代替虚文仪式,以丰富的仪器设备补偿茶点的菲薄。六时半,新旧同学陆续到来,新同学共有 10 名,其中 8 名是一年级同学,二位是从别校转来的。他们一个个都是朝气勃勃,充满了活力。七时整,主客到齐,正式开会。首由主席致开会词,对新同学表示欢迎之热忱后,由王(国松)院长训话,略谓:'在全国局面动荡如此,教育经费奇缺之时,航空系仍能有如此辉煌之成绩,实不能不归功于范主任及各位先生之努力,而航空系在各位先生之维护之下,前途定有无限光明。'王院长最后答应在可能范围内，将尽最大努力促使和协助该系充实各种设备；继由范先生讲话，他坚定地向同学们保证：'不管环境怎样恶劣，经费如何困难，他将和从前一样地竭尽所有人力来开拓航空系的前途。'"①

岁月已经走过了60多年，可今天读到这段文字，仍可感受到那晚的激扬氛围。总结这一段经历，范绪箕这样说："这与我的学习经历有关系，在哈工大毕业设计时做过厂房布置的设计，这为我在实际工作中统筹考虑大厂房的设计打下了基础。"

从1948年到1952年，浙江大学航空工程系本科5届毕业生共有40名。他们埋头实干的工作作风和扎实的专业知识，一直为同行所推崇。

临危受命

参与校务管理

竺可桢任校长期间，浙江大学一直实行民主办学。民主办学的实质是依靠一批德才兼备、热爱教育事业、在师生中有威信、又有办事能力的教授来管理学校。学校行政机构的主要成员，如教务长、总务长、训导长、学院院长、系主任、一年级主任等职，竺可桢都选派教授担任。在管理体制上，浙江大学的最高机构为校务委员会，由校长、教务长、总务长、训导长、系主任为当然成员，另由全体教授选举若干人(每年选一次，不少于教授总数的1/10)，以及一年级主任、会计主任组成。每月举行会议一次。校务会议之下为行政会议，由校长、学院院长、教务长、总务长、训导长、一年级主任、会计主任为当然成员，及教授代表7人(由全体教授选出，每年选一次)组成，每周开会一次。② 重返浙大后，范绪箕不再是一位普通教授，作为系主任，他要担负更

① 《国立浙江大学校报》，1948年10月25日出版，复刊新六一号。存于浙江省档案局。

② 浙江大学校史编写组：《浙江大学简史》(第一、二卷)，浙江大学出版社，1996年，第168页。

多的学校管理责任。从浙大的会议记录上看，范绪箕从 1947 年 8 月起便参加校务委员会会议，并于 1947 年 10 月 1 日，在第四十一次行政会议上，以 22 票被选为校务会议议员（教授代表），从此越来越深入地参与学校管理工作。

在 1947 年，还有一件事情令范绪箕记忆深刻：钱学森回国了。范绪箕回忆道："我收到钱学森父亲的来信，信上说钱学森即将回国，请我去上海接他。我 7 月份在上海龙华机场接到他，一周后又陪他回到杭州，并把他引见给竺可桢校长。"①钱学森非常欣喜地看到范绪箕几年来在浙大航空系所做出的成绩，并如实写信告诉了导师冯·卡门（范绪箕因未能完成博士论文，一直觉得有负导师期望，故回国后始终未和导师通信）。相信冯·卡门也一定为他的第一个中国学生感到欣慰吧。

钱学森这次回国，最大收获应该是与蒋英喜结连理。对于他的恋爱经过，范绪箕说："他的夫人蒋英，是蒋百里的三女儿。蒋百里与钱学森的父亲很早就认识，同是杭州人，早年都留学日本。蒋英小时曾在钱家小住过一段，被钱父认作干女儿。钱学森回国时，蒋英也刚从德国留学回到上海，钱父于是委托她为钱学森介绍女朋友，钱学森没看中那位女朋友，却对美丽的介绍人一见钟情。在钱学森乘机去北京前，他们以互换礼物的方式表明心意，并很快决定结婚。"②9 月 17 日，范绪箕作为伴郎在上海沙逊大厦（今和平饭店）参加了钱学森与蒋英的婚礼。范绪箕回忆说："钱老的计划性和严谨的作风不但见于工作，也见诸生活，对待自己的婚礼也是如此。他对婚礼的安排事先考虑得非常细致、周到。事先钱老曾致函给我说，'你来上海参加我的婚礼，你只要稍作安排就不会耽误工作。'因为一切按计划按时间进行，所以结果一如他所料。婚礼进行得井然有序，既庄严喜庆，又不落俗套，是我所参加过的最精美、最令人难忘的一次婚礼。"③

1947 年，也是内战进行最激烈的时候，此时的浙大亦随着时局动荡处于

---

① 范绪箕访谈，2011 年 8 月 11 日，上海。资料存于采集工程数据库。

② 范绪箕访谈，2011 年 8 月 11 日，上海。资料存于采集工程数据库。

③ 范绪箕："纪念钱学森同志百年诞辰"，2011 年 3 月 10 日，上海。资料存于采集工程数据库。

艰难挣扎之中。为了反抗国民政府发动内战、横征暴敛，致使百业俱废，民不聊生。4 月，上海、南京学生率先喊出“反饥饿、反内战、抢救教育危机”的口号。5 月 14 日，浙大学生也签名响应。16 日，浙大学生自治会召开全体大会，决定自 5 月 18 日起，宣布无限期罢课，并派代表 8 人赴南京请愿。20 日，浙大请愿代表团与上海、南京各大专院校请愿团共 5 000 余人联合游行请愿，遭到国民政府的血腥镇压，南京学生重伤 21 人，轻伤 97 人，被捕 20 人，造成“五二〇”惨案。范绪箕对于学生们的合理要求及请愿活动，抱着同情和支持态度，他和进步青年教师一起，参加了声援学生的活动。时隔半年，浙大又发生了当时轰动全国的“于子三事件”。事件的起因是在浙大罢课游行中表现活跃的于子三同学，遭到了国民党特务组织的盯梢，在 1947 年 10 月 26 日凌晨，与其他三位同学一起被秘密逮捕。[①] 尽管浙大从校长到学生组织都立即展开营救行动，可到 29 日，传来噩耗，于子三竟被国民党杀害了！30 日，范绪箕参加了第六十四次校务会议，商议如何应对“于子三事件”。31 日，浙大教授会召开紧急会议，为声援学生，表达对此事件的愤慨，全体教授决定于 11 月 3 日罢教一天，以示抗议。这是浙大教授有史以来唯一一次罢教。教授会还决定上书司法部、行政院和蒋介石本人，提出控诉，并发表“国立浙江大学教授会为于子三惨死宣言”，要求“彻查其事，使真情大白，将此事负责人严加惩处，而申法纪”。

尽管范绪箕在浙大工作时间还不长，在教师中资格较浅，但他为人公正，不求私利，工作努力。他的工作业绩与人品使他在青年教师和学生中逐渐树立了威信。1948 年，社会愈加动荡，校园里也不平静，为了杜绝学校内的贪污腐败现象，讲师助教会提出成立反贪污委员会，经过大家的讨论，他被讲师助教会及学生会一致推选为反贪污委员会主持人。1949 年 4 月，由于货币连续贬值，教师学生生活已极为困难，而教育部一直拖欠浙大教育经费，使得困难的生活雪上加霜。28 日，校长竺可桢召开应变执行会第四次主席团会议，会上决定：“公举范绪箕、来虔（讲师助教会主席）两先生会同会计室张宗树（账务处会计）赴沪协助谢家玉先生提取公款并全权处理之。”这一

---

① 谢鲁渤：《浙江大学前传——烛照的光焰》，浙江人民出版社，2011 年，第 199 页。

决定由苏步青教授代表教授会告知范绪箕。

当时沪杭一带已在战火之中，杭州即将解放，考虑到此去路途艰险，且情况不明，范绪箕的心里不禁犹豫起来。可是考虑到学校和师生员工的生活处境需要，他还是毅然决定踏上危险旅程。临近解放的杭州已是一座不设防城市，市区内没有警察，街上空无一人。当他和来虔、张宗树3人于下午3时到达杭州火车站时，发现站外已横七竖八地停着许多炸毁的军车，而站内却空无一人。他们找到车厢，等了近五六个小时，直到晚上九十点钟才开车，车开得极慢，每站都有很多人上车，他们中大多是撤退的国民党军人及家属。车厢里渐渐挤满了人，可还有许多人不断从窗子里挤进来。人们拥挤着叫骂着，真是混乱至极。火车开了一夜，范绪箕等也挤在人群中站了一夜，最终在早上7时到达上海站。

他们很顺利地找到总务长谢家玉，谢对取钱一事十分消极，他说："教育部办事处已准备撤到台湾去了，哪里还能拿得到钱?"范绪箕见此情景，以强硬的口吻回应："这是你的责任!"坚持要他到国民政府教育部驻沪临时办事处（设在复兴中路原机械专科学校内）去交涉，到了那里后，接待的人倒很爽快，直接给他们开了支票。拿到支票后，范绪箕急忙赶到位于外滩的中国银行兑换现金。鉴于他有从银行提钱被骗的惨痛教训，且此次又是全校员工的生活经费，他不敢有丝毫马虎。因当时通货膨胀严重，兑换出的纸币多得远远超出他们的预想，关键时他想到找在上海铁路局工作的浙大校友孙怀慈帮忙，由他开车买来4只大帆布箱用来装钱。

当他们提着4个箱子来到上海火车站时，心里更加惴惴不安，此时的上海站已极为混乱，人群中常有流氓无赖混迹其中，而这4大箱在人群中也极为显眼，当走到检票口时，很多人好奇挤上来问："这么多皮箱，里面装的什么东西?"范绪箕沉着应答道："这是教育部发给学校的教科书。"进站时，检票员坚持要他们开箱检查，一旦开箱，必遭群抢！就在这紧急时刻，范绪箕急中生智，对检票员说："钥匙在铁路局孙怀慈工程师手中（当时孙怀慈就在他身边），等我去取来再检查。"他用这个办法拖延了时间，等到傍晚人稀，检票员换班时，他急忙让张宗树把几块大洋交给旁边2个挑夫，由他们帮忙把箱子搬上了火车。虽然上了火车，却不知何时才能开车，于是又是漫长的等待，车厢内只有他们3人，到了半夜，火车才慢慢启动，到杭州时，天已亮了，他们终于从车站的铁丝网下钻出来，安全回到学校。他们回来的第三天，即5月3日，杭州解放了。

年轻的总务长

杭州解放时，浙大曾一度处于“真空”状态，校园里也发生了一些变化。学校的教学活动已经停止，竺可桢校长也离开学校。为了维持学校秩序，原校务委员会和校应变委员会代表44人于5月4日举行联席会议，经讨论决定成立“浙大临时校务委员会”。委员会的工作一方面是处理日常校务，另一方面是做好迎接军事接管的准备工作。而此时的范绪箕则一身轻松，自上海历险后，他把钱款交给了校方，之后便是以愉快的心情等待解放，等待新学校的新开始。

6月初，学生会主席包洪枢通知范绪箕参加杭州军管会会议。6月6日，接管浙江大学工作正式启动，市军管会派出军代表林乎加、副代表刘亦夫到校主持接管。在当天上午召开的临时校务委员会第10次会议上，林乎加代表宣读了杭州市军管会第37号命令：指派浙大农业经济学系教授刘潇然（中共地下党员）、法律学系教授严仁赓、教育学系教授孟宪承、陈立、航空工程学系教授范绪箕、外国语文学系教授张君川、电机工程学系讲师黄焕焜、物理学系助教许良英（不在校时由物理学系助教李文铸代，均为中共地下党员）、学生自治会主席包洪枢等9人为接管小组成员。接管小组在军代表直接领导下进行接管工作。①

范绪箕负责学校的行政工作，任总务长。范绪箕当时并不是共产党员，他被吸收进入接管小组，主要有以下原因：一是思想上积极、进步，年轻肯干，有事业心。尽管不是党员，但在生活中，和他走的较近的，都是一些思想进步的老师、学生，在几次学生运动中，他总是站在同情和声援进步学生的队伍中；二是在浙大教师中属于后起之秀，是青年教师中的骨干力量。对待

① 浙江大学校史编写组：《浙江大学简史》（第一、二卷），浙江大学出版社，1996年，第303页。

工作认真负责，有工作能力。在回到杭州后短短3年时间里，把一穷二白的航空系搞得有声有色，他担任反贪污委员会主持人及去上海取款的经历让大家都认可了他的办事能力；三是为人正直，一心为公。尽管生活艰难，可他却能把自己的工资拿出来建设实验室，并关心民生，在师生中有一定的威信。

在担任反贪污委员会主持人时，范绪箕也曾希望通过他的努力还浙大一片净土，可权力有限，工作开展得并不顺利。对于接管总务工作，他没有推辞，而是积极投入到新岗位中去。当时浙大在教学生活各方面条件都很差，很多人说，总务工作难干。工作千头万绪，个人吃苦受累，结果却很难令大家满意。此时，范绪箕考虑的不是个人的感受，而是如何让学校恢复正常运转，让接管工作顺利进行下去。为此他暂停了他的教学与学术研究，主动承担别人不愿干的工作，并全心全意投入其中。在此后3年多的时间里，他采取措施解决了学校行政管理中长期存在的问题和漏洞，从而不仅顺利完成了接管任务，也使学校的总务工作有了质的飞跃。

通过观察了解，范绪箕发现，总务工作中最大的问题是财务、行政、仓库保管上存在诸多管理漏洞，这也是学校之前管理混乱和资产流失的主要原因。1949年11月28日的校报曾刊登文章“精简节约爱公物，总务处首次检讨会议纪要”，就总务工作存在的问题，文中写道：“学校的经常性费用支出，以往是没有预算的，或即使有预算也有名无实，因此造成收支不合理，没有计划。如解放前向国外订购的仪器，有些是总务代购的，有各系自订的，更有私人直接代办的，一直无法查明尚有多少在原公司未运，有多少已运出，有多少已付款，有多少手续尚未清楚。”明确问题后，范绪箕首先着手订立和完善财务、总务及仓库保管等诸多规章制度和操作流程。对此前由于监管不力而造成的资产缺失，他充分利用校报，只提出现象和问题，却绝不针对个人。这种方法让大家关注问题本身并及时予以改正，收到了较好效果。

除了制度上的改革，范绪箕还有以下举措：

其一，善于用人。聘请有经验、有能力的教师参与总务工作。除留用有经验的黄培基和陆缵何任会计组和出纳组长，他新聘电机系黄焕焜、机械系汤翊两位讲师分别任事务组和保管组长，土木工程师严望和机械系毕业生孔繁柯担任土建和水电维修等工作。这批人非常得力，日后都成为他开展总务工作改革的骨干力量。

其二，他在总务处实施一条龙服务，以方便师生办事。据原浙大总务处工修组的孔繁柯先生回忆："当时在总务处大厅（实际上是一个大屋顶的旧庙堂）设置一个长柜台，将办事、算账、会计、出纳、领物和运输等手续办理合理、有序地联在一起。我们今天的服务理念，实际上他在60年前就已经采用了。师生的要求一般都较琐碎，特别是生活上，于是他要求我们使用一事一记录的'派工单'，办完手续后要对方在单上签注意见，定期统计以改正缺点。"

其三，为学校做了很多实事。他注重环保和安全，在他的主持下，总务处在浙大慈湖边及新建教学楼周围种植了很多树木以改善校园环境；他亲自设计，把公共厕所改造为多厕位水冲封闭式；针对校车拥挤不安全的现象，他要求重新整修，凭票上车；当时浙大大会堂破旧危险，时常从高处有玻璃落下伤人，他于是申请专款修葺一新。此后又负责接管之江大学、英士大学合并浙大的工作。

年轻的范绪箕很快在总务处建立起了威望，为了更快地溶入新集体，他脱去整洁的西服及领带，改为和工作人员一样的中式短衣或长衫。他的办公室就设在总务处大厅里，时常可看到他在大厅里与各办事组人员研究工作，工作时他严格要求，可在休息时总见到他和大家谈天说地，气氛融洽。一些不了解他的人猜测："他大概是共产党员，做事如此坚决泼辣，又如此接近群众。"

1950年代初，"三反、五反"运动刮进了校园，总务处作为管钱管物的部门，成为工作组关注的重点。范绪箕因经手大量款物也被工作组列为斗争的教育对象，并被隔离审查，直至运动结束，才由李文铸召集会议宣布他清白并被完全解放。会上同时宣布，经过检查，总务处全体人员均没有任何经济问题，这使范绪箕欣慰之余，更深感他一年来进行的财务制度改革以及各种管理制度的建立，不但改进了学校的经济制度也保护了自己和全体总务工作人员。

新中国成立初期，马寅初被任命为浙大校长，同时他还担任了华东区军政委员会副主任。他平时在上海，每月除来学校参加一次行政会议外，很少参加其他活动。因为很少来杭州，马寅初便委托总务长范绪箕每月把他的工资亲手交给夫人。他夫人在杭州住了一段时日后，也随他去了上海，于是范绪箕每月要去上海他的寓所送工资，有时碰到马寅初先生，便向他汇报浙大的经济状况。范绪箕回忆说："解放初期，浙大也归华东局管辖，马寅初在听完我的汇报，了解到浙大经费尚无着落后，让我找华东局军政委员会副主任谭震林汇报情况，我在上海共青团委（马勒公寓）找到了谭震林，谭对我说：'我们接管时间不长，经济上还没有完全掌握，你们要自己想办法渡过这段困难时期，不能正常发工资，可以效仿供给制，发放一些生活费以解决临时困难，你只要把问题向群众说清楚，群众就会理解的。'谭震林的一番话，给了我很大启发，我就把竺校长于解放前贮存的'应急'粮食卖了一些，解了燃眉之急。"[①]这是范绪箕第一次和共产党的高层领导接触，会面前他内心虽有些畏惧，却不得不去面对，见面后他如释重负，心情轻松。谭震林主任的坦诚、朴素令他折服，他也从中体会到共产党艰苦奋斗的精神和关心群众的工作方法，这些都对他日后的领导工作起到积极作用。

提起3年多的总务长工作，范绪箕至今仍然深感自豪："原来我对金钱是没有什么概念的，对自己的钱也不懂计算，只要有得用就行，可是浙大这么大的学校，不仅有7个学院，还有工厂、农场、奶牛畜牧场、鱼塘、医院等，我却在那一阶段里把它们全部接管下来，管理得还挺不错。"[②]

管钱、管物并非范绪箕希望做的工作，也非他所擅长，可他临危受命，他深知这一职位的责任，深知这份责任对于学校的重要性，于是全心全意地投入到新工作中。尽管在3年多的行政工作中，他遇到了很多困难，但也从中积累了宝贵的管理经验，这些经历对于他后来承担更大的责任——担任三校合并召集人，创建华东航空学院是大有裨益的。

范绪箕认为重返浙大担任航空系主任阶段，是他一生中思想上最

---

① 范绪箕访谈，2011年8月16日，上海。资料存于采集工程数据库。

② 范绪箕访谈，2011年8月16日，上海。资料存于采集工程数据库。

锐意进取，积极向上的阶段。这时他虽然居无定所，几乎到处漂泊，处境比起在贵州遵义时差得多，可他一心一意搞建设，希望把浙大航空系办成全国一流的航空系。在1951年院系调整时，这一点得到了证实，这也让他至今仍感欣慰。尤其令他感到自豪的是浙大航空系的教师团队不仅阵容强大，且都具备全面的现代化知识。此外他请来的实验室管理员史家骏先生技术精湛、敬业负责，他让一切计划成为了现实，使得曾经空大的厂房变成为项目丰富的实验室，每当想起在浙大创办航空系的这一段经历，范绪箕总会想到他，对他抱有敬佩和感激之情。

在谈到接管浙大总务工作时，范绪箕说："我万万没有想到自己会做管钱管物的工作，这可能是命运的捉弄吧！"在这一岗位上，他主要主持推动了三方面改革，第一是建立一个公平合理的经费分配制度，避免各院系间相互争执；第二是他通过查账发现导致管理混乱的主要原因是所谓的"暂付款"，经过常年累积账款变得难以清理。针对这一情况，他拟订了一种发牌子的方法，会计和出纳人员每天通过计牌对账，对放出的暂付款可一目了然；"十天一清理"制度则可使暂付款即时结账，或通过重新办理暂付款手续进入新的支付流程。这种方法有效解决了困扰已久的"暂付款"问题；第三方面是改进老师学生的生活条件。如他以盘糠代替燃料解决供暖问题；亲自设计用废汽油桶代替锅炉，并通过改造火道等办法解决学生洗澡问题。在厕所改造以解决节水问题时，他亲临现场与工人一起讨论，最终取得了明显的效果。范绪箕说："我当时从总务长办公室搬出来和大家在一起坐在大厅里办公，可以看到整个总务部门办事的过程，也便于了解每个办事员的工作情况，与他们商量改革方法，这一切使我受益匪浅。改革的成功得益于全体总务人员的配合，尤其是黄焕焜同志的鼎力相助，使改革计划得以顺利实施。凡进行一项改革计划，要有群众的支持，还要有一个得力助手。这也是我的一点经验和收获。"

第五章
创建华东航空学院

院系调整与三校航空系合并

1951 年，范绪箕主持浙江大学总务工作已经快 3 年，在他的整治下，总务工作有了很大改善，这让范绪箕很欣慰，正当他计划逐渐回归自己的专业时，一项更大的挑战与变革来临了。

1952 年起开始的全国大规模院系调整，全国四分之三高校均涉及其中。这次调整是根据苏联的大学模式，取消大学中的学院，调整出工、农、医、师范等学科，建立专门学院或合并到已有的同类学院中①。

新中国成立初期，国际局势日益紧张，北面是抗美援朝战争，南面台海局势则一触即发。当时的航空工业极为薄弱，亟待建设，因此对于航空工程人才的需求也愈加迫切。范绪箕还记得："1952 年春，浙江省委秘书长刘丹来学校找到我，他说，要进行院系调整了，中央要先调整航空系。刘丹此次专程来校就是通知我去北京，商讨几家院校成立航空学院的事情。我因为

① 李琦："建国初期全国高等学校院系调整述评"。《党的文献》，2002 年第 6 期，第 71～73 页。

学校总务的事情太多，无法脱身，于是让梁守磐替我参加会议。”①

参加这次会议的还有来自清华大学、天津大学、交通大学、南京大学（原中央大学）、厦门大学航空系主任，会上，几家高校航空系合并成一所航空学院的方案并未得到认可，交通大学代表上交了一份有全体同学签名的建议书，表示不愿意北上合并。范绪箕回忆说：“后来还是周总理解决了问题，他说中国这么大，办两个航空学院也不算多。于是会议决定在南北方各建一所航空学院。就在这次会议上，梁守磐把浙大航空系相关实验设备的照片展示给大家，通过与各校交流，大家充分认识到浙大航空系几年来进步显著，在全国同行中可谓后来居上。”②

1952年9月15日至18日，华东教育局再次召集南京大学（以下简称南大）、交通大学（以下简称交大）、浙江大学（以下简称浙大）三校航空工程系代表商讨成立新校事宜，会上决定成立华东航空学院筹备小组，筹备小组由范绪箕、梁守磐（浙大）、曹鹤荪③、王宏基④（交大）、谢安祜、黄玉珊（南大）共6人组成。范绪箕被指定为召集人，负责组织搬迁及筹建工作。万事开头难，摆在范绪箕面前的是从未遇过的挑战。

三所知名高校的航空系在各校工科类学科中都是佼佼者，在时间紧、任务重的情况下，该如何团结大家，齐心合力顺利完成合并工作？新校建址哪里？创建学校远比创建一个系所更加复杂，如何能在总体布局上规划合理，在细节上考虑周全？带着诸多问题，范绪箕很快交接了浙大总务长的工作，投入到组织新校的工作中。

对于合并的3所高校，除浙大外，他对南大相对比较熟悉，对交大则了解较少。为此他首先来到上海和交大相关负责人进行接洽。时任交通大学教务长陈大燮和工学院院长朱物华接待了他，朱院长对创建新校工作表示支持，但表示交大校区很小无法容纳新学院，如市里同意，新校可以建在交大校区西门外那片空地上（现徐汇乐山路一带），当时那里是一片难民的棚户

① 范绪箕访谈，2011年8月16日，上海。资料存于采集工程数据库。

② 范绪箕访谈，2011年8月16日，上海。资料存于采集工程数据库。

③ 曹鹤荪（1912～1998），空气动力学家。

④ 王宏基（1912～1996），发动机专家，航空教育家，超音速燃烧研究的学术带头人。

区。范绪箕认为在短期内迁移这批抗战时就逃难至此的难民显然不现实。在与华东教育局不断协商过程中，他得知当时南京的大学也在改组，理工科要分别建校，原金陵大学与中央大学合并，因此空出一些校舍。范绪箕闻后立即到南京与黄玉珊一起找南京工学院筹备委员会进行商议，经过一个星期的协商，终于确定三校航空系先搬迁到这里。有了立足之地，便为后续工作赢得了时间，搬迁、筹建工作也陆续开展起来。

对于搬迁工作，范绪箕认为首先要解决好教职员工的住处。浙大的教职员工问题不大，人员家属也比较少；交通大学的员工则要离开他们工作和生活多年的繁华大都市上海，因此必须要在生活和工作上为他们考虑得更细致。由于前期动员工作准备充分、考虑细致，搬迁工作进展顺利。一车车装满实验器材和图书资料的车辆不断运往南京；两校的教职员工们也分批如期到达，三校航空系全体教职工共 50 余人，却承担了一所刚诞生学院的全部工作，他们的辛苦程度可想而知。在生活还没有安定的情况下，他们就开始了紧张有序的拆箱、安置和整理工作。工作中大家不计报酬，不计时间加班加点，在很短的时间内就使各项工作进入了正常状态。[①] 1952 年 10 月 3 日到 5 日，三校航空系的人员搬迁和安顿工作结束；8 日新校召开团结会师大会。会上，华东航空学院正式宣告成立。10 月 6 日到 9 日，学院迎来了第一批新生，10 月 26 日正式开学。[②] 从此，华东航空学院暂时在南京成贤街南京工学院的校园里落了户，与同期成立的南京工学院、华东水利学院(今河海大学)三院共处了近 2 年。

华东航空学院的选址与基建

暂借在南工只是权宜之计，尽快选址建校才是迫切需要解决的问题。

---

① 许文章："从东华航空学院到西北工业大学"。西北工业大学党委宣传部编：《难忘的岁月——华东航空学院西迁 50 周年纪念文集》，西北工业大学出版社，2006 年，第 85 页。

② 田幼禹："西迁散记"。西北工业大学党委宣传部编：《难忘的岁月——华东航空学院西迁 50 周年纪念文集》，西北工业大学出版社，2006 年，第 109 页。

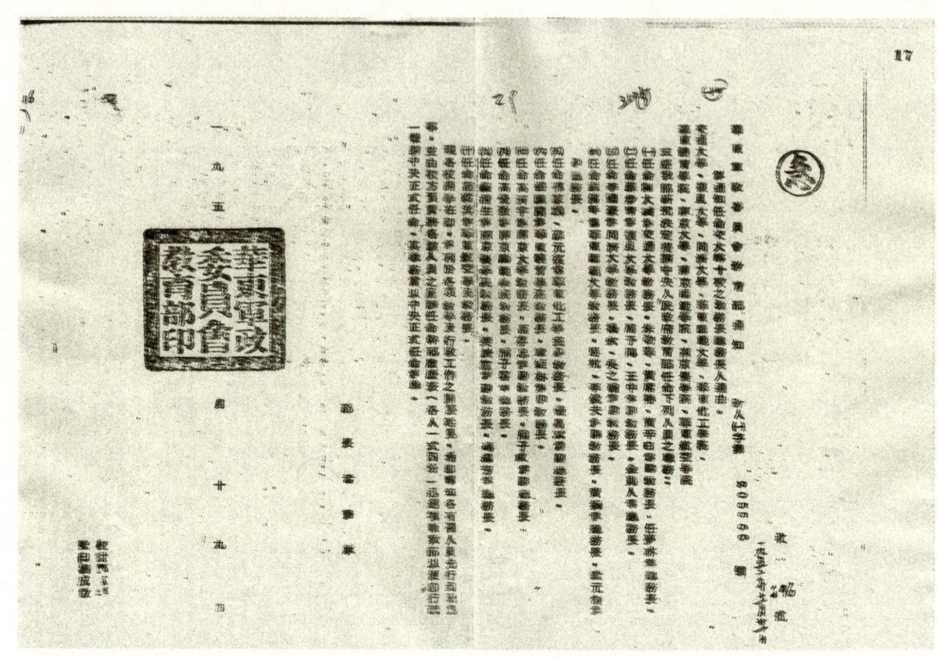

華東軍政委員會教育部通知

華東軍政委員會教育部印

图 5-1　1952 年，范绪箕被华东军政委员会教育部任命为华东航空学院总务长的通知

为此范绪箕计划先和主管部门取得联系，以争取更多的支持。按照规定，新校应属国家第二机械工业部(简称二机部)教育局管辖。范绪箕于是到北京找到了二机部所在地，它在北京东交民巷口一所大楼里，那里原是家外商银行，楼里冷冷清清，进驻单位还很少。当他终于找到挂着二机部教育局标牌的办公室时，发现屋里只有一个人，经询问才知道他叫李树文，是该局的局长，在说明来意后，李局长为难地说：“你看我只有一个人，现在管北航(北京航空学院)都有困难，哪里还管得到华东航空学院？你还是去找教育部吧！”

无奈之下，他找到了教育部，幸好杨秀峰部长亲切接见了他，在听取了范绪箕的工作汇报后，杨部长对于前一段的筹建工作给予了肯定，并表示将帮助解决建校问题。他说，“你们暂时先在南京工学院呆一段时间，可以在南京看看有没有空地，找一个地方建校。”有了领导的指示，范绪箕的心才踏实下来。回南京不久，南京市文教局给华航分配了一批原中央大学毕业的学生党员，并派来一位政治部主任，他就是后来在 20 世纪 80 年代与范绪箕搭档，在上海交通大学掀起高校改革的邓旭初，他那时刚从抗美援朝战场上复员回来。

1952年11月19日,范绪箕被华东军政委员会教育部任命为华东航空学院教务长,邓旭初为政治辅导处主任。1953年1月,经华东教育部批准,华航成立了院务委员会,委员会由范绪箕、邓旭初、赵康乐、黄玉珊、王宏基、王培生、季文美、谢安祜、周奎等9名委员组成,范绪箕、邓旭初(后于1954年调往交通大学工作)暂代正副主任。

在南京选址也非一帆风顺。范绪箕回忆说:"当时南京市政局要把华航建在南京城西南的雨花台区南面,我经过实地考察发现那里是一片无水无电、一望无际满布坟墓的丘陵地区,把校址建在那里,在当时情况下,无论从经济或是工程建设方面都没有可能。我于是决定自己去找。我先后与邓旭初、黄玉珊在南京东北区考察,终于在中山陵附近找到了一块满意的地方。"[①]这里环境清静,适宜学习,到市中心也比较方便。著名园林专家刘敦桢这样评价新址:"你们找到了一块'宝地'! 它前望巍峨的紫金山,后有起伏的美山岗,左有雄伟的南京城,右有太平天国保卫'天京'的古战场,公路旁还竖立着一块明朝皇帝谒陵时'文武官员在此下马'的下马碑,这确是南京的一块难得的'宝地'!"南京市城建局却认定这块地属于中山陵区,因此不能通过审批。为此范绪箕和黄玉珊用了两天时间,沿着中山陵区界石走了一整圈,以确认所选地址属中山陵园的界外,又经过多次与市政局商榷并找局长申诉,最终才被批准下来。

接下来建校工作就开始了。对于校舍的设计师,范绪箕心目中早有人选,即当时和他在一个校园里工作的南京工学院建筑系主任杨廷宝[②]教授。杨先生是蜚声中外的建筑学家,"南杨北梁(思成)"的盛名在业界无人不知。范绪箕说:"我去请杨廷宝先生来设计,他问我希望建成什么样建筑风格,我提出应具有民族风格,还要有自己的风格,这与杨先生不谋而合,他说:'我们可以因地制宜把这块地建设成为既有民族特色,又有独特风格的校园!'因为刚解放,设计任务不多,他请土建系的全部老师都来参

---

① 范绪箕访谈:"我的教育生涯",2008年6月25日,上海。资料存于采集工程数据库。

② 杨廷宝,中国建筑学家,中国科学院院士。中国杰出的建筑学家,与梁思成一起人称"南杨北梁"。

加设计。"[①]校舍中主体建筑—教学大楼由杨廷宝先生主持设计；校园由园林专家刘敦桢设计；卫岗教职工宿舍由刘光华教授设计。杨先生组织了建筑系一个班级的学生对主楼进行设计，期间范绪箕不时前往了解进度，并提出自己的一些建议，经杨廷宝先生同意后确定最终方案。设计时考虑地形起伏及建筑功能需要，也考虑到现代化建筑形式和中山陵区其他建筑形式的配合，将平面错落布置，底层地坪采用 3 种不同标高，以减少填、挖土方工作量。立面采用不对称构图，主要入口立面为中国式牌坊和重檐十字脊屋顶的楼梯间，东西两侧教室用绿色琉璃瓦穹顶和传统檐部装饰纹样，重点突出，具有较高的建筑艺术效果。[②] 后来杨先生带着用木料制成的建筑模型赴捷克参加世界建筑工程大会，获得最佳设计奖的殊荣。

在校舍设计的同时，基建工作也开始启动。1953 年 2 月，华东航空学院成立基本建设委员会，范绪箕兼任主任委员，下设基本建设工程处，范绪箕亦兼任处长。他从教职员工中抽调出包括孙希任、刘盛武、濮良贵、许文章、姜立言、齐绍楹、郑幼荪、蒋佩、林品章等一批骨干力量；又从南京建筑学校招聘了十几个学生负责地质勘探工作。5 月，学院成立基建工地办公室；9 月 8 日，基建正式开工[③]。范绪箕回忆说："校舍的琉璃瓦和灯具都是我们到产地去订烧和订制的。刚开始南京什么材料都没有，也没有什么建筑公司，所用的木料也是到南京市里各个木料行里去找的，我们找到了很多好的木材，用在了这些建筑上。"[④]

当时的卫岗除了农田就是杂草丛生的丘陵地，有些工作人员只能暂住在农民家中。尽管校舍的建设工作十分艰苦，但基建处的同志们克服困难，每天早出晚归，奋战在建筑工地上，范绪箕也几乎每天来工地视察施工情况。经过一年多的艰苦努力，一座崭新气派的教学大楼拔地而起，大楼屋檐装饰有琉璃瓦，整个建筑随着地势起伏错落、层层叠叠、美观大方。随着寿松涛院长到任，范绪箕的工作重点转移到教学工作上，基建工作也改由学校

---

① 范绪箕访谈，2011 年 8 月 16 日，上海。资料存于采集工程数据库。

② 南京工学院建筑研究所：《杨廷宝建筑设计作品集》，中国建筑工业出版社，1983 年，第 193 页。

③ 陶秉礼：《西北工业大学校史》，西北工业大学出版社，1995 年，第 209 页。

④ 范绪箕访谈，2011 年 8 月 16 日，上海。资料存于采集工程数据库。

招聘人员自己设计。学生宿舍采用了大屋顶式建筑，其他两个实验室和系所办公楼也建筑风格各异。大屋顶建筑曾在杨廷宝主持设计时被否定，但其内部安排合理，室内宽敞明亮。学生宿舍内每个学生都有自修座位，每一层都有洗澡间、行李间，每栋楼的第二、三层中间都有一间阅览室。除了自建校舍，华航又通过协商将紧邻校园西部的一个部队干部疗养院归并过来，其中的别墅式房舍被当作教工宿舍，而管理大楼则用作学院机关办公场所。

1954年暑假，全校师生员工兴高采烈地搬到了新校区。在学生们的眼中，他们学习生活的学校不仅聚集了半个中国航空学界名家、精英，更是给他们带来美好感受的地方。华航1955级飞机设计专业学生楼洪钿曾这样描述他的母校："学校规模较小，但布局严谨，建筑精致，小巧玲珑。它有一座教学楼、两座系楼、三座学生宿舍、一个大食堂、一个风雨体育场和一个田径运动场等新建筑物。中西建筑风格相结合的教学主楼，显得超凡脱俗。学院的北面是一片果林，隔一条宁杭公路与紫金山相望。每天清晨，当太阳升起的时候，可以看到中山陵上那纪念堂的屋顶，在绿树掩映中闪着金光。西面隔一片果林就是中山门，和不远处的明孝陵。南面是一大片稻田，其间散落着一些农舍。东面隔一些果林与稻田是南京高级步兵学校。华东航空学院就坐落在一片清静、幽静的环境中，这里远离城市的吵闹，没有车马的喧嚣；四周空气清新，鸟语花香。在晴日，你会看到蓝天白云和不时飞过的群鸟；下雨了，雨点轻轻打在树叶上，落在草丛中，发着淅淅沥沥的声音。进入这个学校，就有了一种进入梦境那样的美好感受。"①

华航1955级飞机系学生高正则这样描述他的华航生活："那堪称壮丽的教学大楼，是我们天天上课的地方，傍晚我们还常常登上楼顶平台，望着北面紫金山上的天文台，或谈天说地，或切磋功课。体育场旁边那一溜百米长的草坡中，无数隐约可见的细细水串无声地蜿蜒流下，汇集到坡前浅浅的细流，清澈、清凉，体育活动后我们常在那里洗手。说到体育活动，我们几乎每周在中山陵区越野跑。数百跑步的华航学生迤逦散布在陵区的林荫路上，

① 楼洪钿："怀念寿松涛校长"。西北工业大学党委宣传部编：《难忘的岁月——华东航空学院西迁50周年纪念文集》，西北工业大学出版社，2006年，第236页。

图 5-2 华东航空学院主教学楼(摄于 1953 年)

给陵区增添一道清丽的风景。”①

从 1954 年启用到 1956 年华航西迁，尽管作为华东航空学院的校址，卫岗校区只有短短的两年时间，但它却永远留在了华航学生们的青春记忆中。华航西迁后，卫岗校区即划归南京航空工业专科学校(南京航空学院前身)，从 1958 年以后又成为南京农学院的校址。如今，校园内的教学主楼已被列为南京重要近现代建筑(编号 2009029)，作为“原华东航空学院主楼”，它将永远成为华航历史的见证。

着力整合三校航空系资源

硬件建设只是创建新校的基础，整合 3 所大学航空系的资源，建立完整的课程体系，把教学质量提高上去才是关键。

---

① 高正:“纪念华航西迁 50 年所想到的事”。西北工业大学党委宣传部编:《难忘的岁月——华东航空学院西迁 50 周年纪念文集》，西北工业大学出版社，2006 年，第 182 页。

图 5-3　1955 年 7 月，范绪箕（一排左八）与华东航空学院第二届毕业生合影，背景为华东航空学院主教学楼

培养学院师资力量

三系合并时，全院共有教职工 67 人，其中教师 44 人，政工干部 3 人；共有在校一、二、三年级学生 455 名，其中新生 246 名。骨干教师包括来自交大的教授王宏基、杨彭基、季文美、姜长英、许玉赞、曹鹤荪和副教授徐子骏；来自南大的教授谢安祜、黄玉珊、许侠农、王培生和副教授周广诚；来自浙大的教授梁守磐、万一、范绪箕、黄培楠、戴昌晖；来自原圣约翰大学的教授胡沛泉；来自同济大学的副教授尹纯。虽然学院集中了交大、南大、浙大的国内一流的航空专业教授、专家，但因为没有基础课师资，建院初期不得不请南大、南工的教师代课。培养师资是学院急需解决的问题。

为了扩充师资力量，以满足教学需要，从 1953 年开始，新到助教人数激增,据华东航空学院1953年教学工作总结中记载:"助教占全体教师总数的65.1%,而新助教占助教总数的70.4%。"1954年,范绪箕经过考察引进了4名北京航空学院飞机工艺专业毕业生,这是中国首批毕业于飞机工艺专业的大学生。到1955年,全院有正副教授18人,讲师27人,助教152人。① 由于新教师过多,虽然他们工作很努力,但无法在短期内达到应有的水平,讲课质量不高。为了尽快提高师资水平,范绪箕在1953年《师资提高与培养计划》中制定了如下方针:

(1) 提高现有教师水平与培养新师资相结合,主要措施有:

第一,规范教学准备工作。范绪箕提出,在教学工作中加强培养新教师,要求各教研组做到讲课前有预先讨论过的讲稿,为初开课教师组织预讲,做好习题课备课,加强实验课的技术安全检查等。在这些措施下,教学效果得到了显著提高。

第二,推行检查性听课制度。1955年,全院共组织了15个听课小组,听课小组以其所属的教研组为召集单位,着重检查数学、物理、化学、机械原理、空气动力学、金属切削及机床等课的理论课、习题课和实验课教学情况。针对基础课较薄弱的现状,在范绪箕安排下,各系先后开设了高等数学、流体力学、空气动力学等基础课程。听课小组听课后要填写规定格式的记录表,用于介绍优秀课程的讲授经验。范绪箕本人也经常亲自参加听课,据陈士橹院士回忆,当时他还是一名年轻讲师,而范绪箕作为副院长曾3次亲自听他的课。检查听课制度大大提高了华东航空学院的课堂教学质量,也受到教师们的广泛好评。

第三,范绪箕还十分注重培养教师的实践能力,华东航空学院建校之时,正值物资匮乏、经济困难的建国初期,国内航空工业水平十分落后,且所需的各种实验设备难以从国外进口。在范绪箕的带领下,华东航空学院师生充分利用现有资源,在经验丰富的教师指导下自己动手制造实验设备。通过这样的实践,既锻炼了师生的动手能力,又为国家节约了相当的资源。

① 陈德元:"关于成立华东航空学院及西迁西安前后的几件往事"。西北工业大学党委宣传部编:《难忘的岁月——华东航空学院西迁50周年纪念文集》,西北工业大学出版社,2006年,第189页。

教师马泽恩回忆:“学院只有飞机与发动机两个系,代号为 5 系和 7 系。5 系加工间的史家骏先生全力投入这项工作。我每天和他们在一起,边干边想办法。……车床很快安装完成。然后由见多识广又熟悉航材的史先生带领,从建院时由浙大带来的废旧航材中,捡出液电气系统的零部件,经过简单的讨论直接组装。工作很愉快,进展更出乎意料,最终顺利完成任务。这使得我有幸得以初尝知识分子和工人结合的妙处。”①

范绪箕还通过各种方式支持青年教师的成长。青年教师顾松年回忆说:“1953 年我以助教身份在领导决定下着手筹建静动力实验室,实验室筹建期间,钱学森先生刚好回到国内,任职于中科院。大约在 1955 年(或1956)年春,王培生教授带着我还有其他几位教师去科学院力学所,想听听这位大科学家对实验室建设的高见。力学所不让见钱先生,其住址也不告诉我们,幸好,范绪箕教授与钱先生私交甚笃,我们拿出了范先生给钱先生的亲笔信,请秘书转交给钱先生。很快,我们在北航招待所得到了钱先生将接受我们访问的电话通知。”②正是范绪箕的这封信让顾松年等青年教师有机会与大师近距离进行交流,这对于他们未来的成长与发展大有益处。

(2) 长期培养与短期训练相结合。1954 年暑假,范绪箕安排教师王震溦、吴天清等去哈工大参加焊接专业和铸造专业师资进修班。进修教师于1955 年回到华东航空学院,为飞机系和发动机系的三年级学生新开“金属学热处理”、“镀锻工艺学”、“焊接工艺学”等课程,同时承担全校一年级学生的金工实习课中热加工实习内容的讲解和部分操作指导。③ 1956 年,教育部选派教师去苏联进修,华东航空学院选派了 12 名教师,其中有 11 名年轻讲师,包括后来成为飞行力学专家的陈士橹院士。范绪箕鼓励年轻教师在苏联多学习,直到取得副博士学位。

---

① 马泽恩:“随着飞机工艺专业的建立与发展而成长”。西北工业大学党委宣传部编:《难忘的岁月——华东航空学院西迁 50 周年纪念文集》,西北工业大学出版社,2006 年,第 130 页。

② 顾松年:“华航—西航—西工大与结构强度专业。”西北工业大学党委宣传部编:《难忘的岁月——华东航空学院西迁 50 周年纪念文集》,西北工业大学出版社,2006 年,第 172~175 页。

③ 王震溦:“亲历和回忆航院金属热加工系的筹建。”西北工业大学党委宣传部编:《难忘的岁月——华东航空学院西迁 50 周年纪念文集》,西北工业大学出版社,2006 年,第 333 页。

采取相应措施，适应苏联教学模式

除了师资培养，当时在教学上最大的改革是全面引进苏联的教学体系和模式，包括课程、教材、课程安排、考试等，而院校调整前国内院校则大多采用英、美教学制度，因此学校管理部门和教师都需要一个熟悉的过程，为了尽快适应新的苏式教材及教学模式，范绪箕组织学院教师编译（以苏联教材为主）和编写教材。至 1954 年，华东航空学院共编译苏联教材 17 种、编写讲义 23 种，至 1955 年，学院完成了教材内容的更新。此外，从 1952 年起，华东航空学院仿照苏联模式组织了 7 个技术专业课程教学小组；1953 年初，新成立了基本课程教学研究组和实习机械工厂，至年底共计成立教研组和教学小组 15 个；1954 年，全院教研组增至 17 个；1955～1956 学年间，全院教研组增至 20 个；1956 年，学院实习机械工厂厂房建成，为学生金工实习提供了条件。这些教学组织、机构的设立，在开拓新专业、新课程、提高教学质量等方面起到了积极作用。①

1955 年，由于照搬苏联经验导致了学生学业负担过重，范绪箕作为教务长，与副教务长季文美组织教务处、各系及教研组负责人对建院两年来各教学环节进行了全面调查分析。认为教学计划的要求偏高、偏急，课程分量重、考试门数多，课程排列次序不尽恰当。针对这些问题，华东航空学院全面开展了教学改革工作。首先通过组织各教研组教师广泛讨论制定各门基础课和专业基础课的教学大纲，最终共制定、修订了 39 门课程的教学大纲和 3 种生产实习大纲，其中 7 门课程的教学大纲是新制定的。通过控制讲义、作业与参考书的内容分量，纠正作业偏多偏难、讲义过多等现象；通过执行作业完成情况等级制度和抽样统计学生每周学习时数监控学生的课业负担状况，并以此作为调整教学计划的依据。经半年的工作，学生的每周学习时数减少了近 15％，减轻了学生课业负担。②

---

① 陶秉礼：《西北工业大学校史》，西北工业大学出版社，1995 年，第 189～190 页。
② 陶秉礼：《西北工业大学校史》，西北工业大学出版社，1995 年，第 184～186 页。

范绪箕还十分重视学生动手能力的培养。学院主要通过强化教学中生产实习环节和毕业设计环节来加强学生的实践能力。此外学院的实验设备也是实践教学活动的重要保障。实验设备包括之前来自三校航空系的原有设备和师生们动手设计制造的设备。当时全国只有3台风洞设备,华东航空学院拥有其中的2台,搬迁时分装60余箱。分别为原中央大学1937年由意大利进口的木制椭圆截面直流式风洞(华航F1风洞)和浙大的钢板制回流式风洞(华航F2风洞)。它们都是性能优良、科研和教学两用的基础设备,这两台风洞设备在华东航空学院的教学、科研工作中承担重要任务,包括流场校测、教学实验和科研实验等①。

在范绪箕和全体教师的共同努力下,华航的教学质量有了显著的提高,同学们至今仍印象深刻:“多数课程是大班上课,小班辅导(包括课堂作业、集体答疑、质疑等),有些课还有“Seminar”(课堂讨论),课上老师鼓励我们发问和争论。一到自习时间,老师(通常是助教)会坐在教室的后排,同学们围着答疑,不爱答疑的同学则会在质疑课上受到老师的提问。老师对预习、复习和家庭作业都有严格的要求与检查,向学有余力的同学介绍好的参考书,因材施教,指导我们掌握学习方法,扎扎实实打好基础。”②此外,“华航教学很重视实践,一年级就有金工实习,每周半天,有很好的实习车间。化学、物理等课程做实验时人人都要动手,上实验课前要先做好预习报告,做完实验要写出实验报告。学校还利用各种机会让我们去校外参观,开阔视野。”③

尝试开展科学研究和学术交流

华东航空学院尽管建立时间很短,但在范绪箕的主持下,在顺利开展教

---

① 张仲寅、宋义平:“F1风洞和F2风洞承担过的教学和科研任务”。西北工业大学党委宣传部编:《难忘的岁月——华东航空学院西迁50周年纪念文集》,西北工业大学出版社,2006年,第157页。

② 吴心平(华航飞机系54级学生):“在华航学习的日子”。西北工业大学党委宣传部编:《难忘的岁月——华东航空学院西迁50周年纪念文集》,西北工业大学出版社,2006年,第94页。

③ 吴心平:“在华航学习的日子”。西北工业大学党委宣传部编:《难忘的岁月——华东航空学院西迁50周年纪念文集》,西北工业大学出版社,2006年,第94页。

学工作、培养各专业教师队伍成长的同时，学院也尝试在师生中开展一些科研探索、学术交流等活动。主要包括创办学报、参加和举办学术会议、组建学生科研小组等。1955 年，范绪箕组织华东航空学院创办《航院学报》，学报由胡沛泉教授担任主编。《航院学报》至 1957 年 9 月共出版 10 期，每期发行 1 000 份，获得了良好反响。1955 年下半年，华东航空学院成立了若干学生科研小组，有 80 多名学生参加；1956 年上半年成立学生科学协会，共 217 名学生参加，分为 33 个科学小组。可以看出，在学院的组织下，学生们受到学院良好学术氛围的影响，越来越踊跃地参与到科研实践活动中。尽管是学生，但其科研实践中也不乏丰富的创新，其中成果突出的有“2.5 毫升航模发动机设计与制造”，及发表在《航院学报》1956 年第一期的“位移互换”和“曲杆中性层位置计算”等论文。学生科研实践活动的组织大大活跃了学院的学术氛围。

同时，华东航空学院科研工作起步阶段的布局初步形成：黄玉珊整理结构稳定学资料，许玉赞整理飞机各部防水资料，胡沛泉、吴富民共同进行塑性弯曲试验研究，姜长英进行中国航空史研究，沈达宽改装航空发动机实验设备研究等①。1955 年 5 月，北京航空学院召开科学研讨会，华东航空学院组织黄玉珊、王培德等 6 位教师参加，黄玉珊的论文“支柱上有弹性铰链或局部削弱的临界压力”获得国内航空界的良好反响；1955 年 11 月，罗马尼亚专家加拉弗里院士来南京讲学，华东航空学院邀请其来校做学术报告，这也是当时较为难得的国际交流活动。

华航西迁

1955 年 6 月，国务院根据当时的国内外形势，计划开发西北，考虑到航空工业和航空教育的合理布局，决定将南京两所航空院校中的一所迁往西安，最初决定把南京航空专科学校搬至西安提升为西安航空学院，而航专领导表示搬迁有困难，华航领导在会议上则主动请缨，愿迁西安。对于西迁决

① 陶秉礼：《西北工业大学校史》，西北工业大学出版社，1995 年，第 186 页。

定及相关措施，范绪箕有自己的想法和意见：尽管对于自己全身心投入，刚刚建成的新校有着种种不舍，但他仍愿意服从组织安排，随校西迁。只是因为亲历第一次搬迁，他深知做好教职员工的动员工作有多么重要，更何况当时华航校舍初建，许多设备如风洞等大型设备尚在安装调试中。在如此短时间内再进行一次搬迁，必须在动员及思想工作方面下更大的功夫，一旦处理不好可能导致人才流失及遭受巨大物质损失（如原南大的风洞最后没能运往西安，不得不丢弃）。于是，他把自己的意见写信反映给周恩来总理。不久周恩来总理亲自批示，鉴于南京航空工业专科学校面临建院改制，将调任范绪箕去那里主持工作。

1956 年 7 月 21 日，范绪箕接到第二机械工业部任命通知，调任南京航空学院副院长。1956 年 7 月，华东航空学院正式西迁，并更名为西安航空学院。华东航空学院的名字虽然消失了，但它曾为中国航空事业所做出的贡献不可磨灭，它的精神与传统为西北工业大学（后西安航空学院与西北工业大学合并组成）所传承，并被继续发扬光大。

在担任华东航空学院院务委员会主任、副院长的 4 年中，范绪箕在浙大创建航空系、担任总务长所积累的工作经验对他创建新校帮助极大，甚至在哈工大接受的俄式教育经历也发挥了一定的作用。他带领全院完成了搬迁及新校的基建工作，将三校航空系的师资队伍有效融合，并在教学工作的探索中取得了良好成效。其间，范绪箕在 1955 年新中国第一次教师职级评定工作中被评为一级教授，是当时我国航空院校中唯一的一级教授，并在 1956 年 1 月光荣加入中国共产党。

在回顾这一段经历时，范绪箕说："在较短的时间内我完成了建系和建校两样工作，也丰富了经济管理经验，总的来说一切都进行得很顺利，自己固然付出很多，但同时也是因为上级部门的支持及团队的协助才取得了如此成绩。尤其是黄玉珊、梁守磐先生，柳克平、黄焕焜、史家骏等同志的努力才使得建系迁校工作得以顺利完成。三校合并时领导决定由我组织建校，这让我感到压力非常大，我自认无论是年龄或资历，在三校教师中并无优势，尤其在交大教师中有多位校级领导，声名卓著，因此在组织教学、分配教师的专业方向和教学任务等重大问题上感到特别为难，原来三校航空系教师的教学任务大致相同，合并后专业课的教师超员。而基础和技术基础课缺员严重，我只能动员部分教师“改行”担任基础课程，以减轻争取外校支援的压力。这一件事处理不好会造成教师间的矛盾，伤害相互感情，以致影响建校工作。经认真与黄玉珊、王宏基先生商议，我决定把问题摊开，公开课程让大家‘自报公议’。大家原虽不在一校，但也相互知名，最后很多老师‘主动让贤’，自愿‘改业’，顺利形成了新的教学组织，按教学计划如期开课。许多新课，尤其是学习苏联的工艺课要边翻译、边学习、边讲课，确实艰苦，但教师们毫无怨言，我对此印象极深，对诸多相关老师抱有深切的敬意与感激之情。”

第六章 建设南京航空学院

迎接新的挑战

1952 年，正当范绪箕全身心投入到华东航空学院创建工作时，另一所航空学校也在南京成立了，它就是南京航空学院的前身“南京航空工业专科学校”（以下简称“南航”）。

南航是新中国创建的首批航空高等院校之一。当时，抗美援朝战火正浓，而新中国的航空工业却非常薄弱，要加强中国的航空工业建设，首要任务是培养人才。1951 年 9 月，航空工业局召开五大飞机修理厂厂长会议，会上决定，依托各地航空修理工厂，开办北京、南京、哈尔滨、南昌 4 所航空工业专科学校（后又增加沈阳）。由于高中毕业生生源不足，最后决定开办南京工业专科学校，学制两年半（即大专学历），其他各校为中等专业学校[①]（生源为初中毕业生）。1952 年 10 月 20 日，南航正式开学，宣告成立。1955 年教学楼等建筑基本完工。相比北航、华航，南航的基础要薄弱得多，它没有两

① 季烨：“南京走出新中国首批航空人才”。《南京晨报》，2007 年 10 月 25 日。

校的办学传统与光荣历史,更没有雄厚的师资力量。

在师资上,南航的教师主要由 3 部分构成:一是从南京 511 厂即航空修理厂抽调的近 20 名有大专学历和多年实践经验的老技术人员、老工人;二是原国民党航空机构归队的老航空技术人员;三是 1951 年、1952 年的应届大学毕业生①。南航的第一届本科生吕樟权回忆说:“我们的教师中很少有正规高校的教员,印象中只有一位来自山东大学空气动力学专业的陈基建副教授,其他都是从工厂里转来的,他们有实践经验,却没有教学经验。”②

在教学上,南航作为高等专科学校,其规模与发展规划都由苏联援建专家制订,曾任南航教务长的唐树艺回忆说:“当时全面向苏联学习,我们甚至学到连教室门口贴的教室编号,也学苏联改为菱形贴牌。”③但是“苏联国内的教育体制没有高等专科学校,只有中专教育”。范绪箕回忆道。因此对南航所谓的“量身订做”——从教学计划到发展规模都按照中专教育来制订④。正因为学校在教学上的名实不符,导致了两年后的“九月事件”。

在招生上,第一、二届学生均来自部队,他们中的大部分具有高中毕业或大学一、二年级肄业的学历。这也因此让南航在最初的管理文化中带有比较浓厚的部队风格。范绪箕还记得:“学生来了以后,学校发放由部队特供的军用棉大衣,生活用品也一应俱全。学校还配备了指导员、政委等,全部带有军队特色。”⑤

为了适应航空工业的发展,培养出更多的航空高级技术人才,1956 年 4 月 28 日,中央人民政府高等教育部决定:南京航空工业专科学校更名为南京航空学院。5 月 4 日,二机部电示南京航专:“接高教部高卯字 25 号电,批准你校今年起改名为‘南京航空学院’,今年暑假招生 940 人中招收本科生 210 人,希即按此进行工作。”1956 年 7 月 21 日,中央决定调范绪箕任南京航

① 季烨:“南京走出新中国首批航空人才”,《南京晨报》,2007 年 10 月 25 日。

② 吕樟权访谈,2012 年 3 月 14 日,南京。资料存于采集工程数据库。

③ 唐树艺访谈,2011 年 8 月 25 日,北京。资料存于采集工程数据库。

④ 徐川:“羲和驭天马桃李散芬芳——记原南京航空学院副院长、原上海交通大学校长范绪箕”。崔锐捷编:《足迹与风采——南航校友访谈录》,航空工业出版社,2012 年,第 48 页。

⑤ 徐川:“羲和驭天马桃李散芬芳——记原南京航空学院副院长、原上海交通大学校长范绪箕”。崔锐捷编:《足迹与风采——南航校友访谈录》,航空工业出版社,2012 年,第 47 页。

空学院副院长。范绪箕作为创办华东航空学院的主要领导人，既有建校经验，又拥有专业的航空教育背景，这也是周总理亲自批示调任范绪箕去南航的原因。从此，范绪箕开始了在南航长达23年的耕耘与奉献，他积极筹划专业设置与布局，组织制订本科教学计划，主抓教学质量、师资队伍建设和研究生培养，推动科学技术研究和教育活动的开展，为南航的发展奠定了坚实的基础，也从此写下了新中国高等学校跨越式发展的成功案例。[①] 从南京航空学院1957年11月27日在校刊上公布的组织机构图上我们可以清楚地看到，作为南京航空学院3位副院长之一的教学副院长，范绪箕负责学院的教学和科研工作。

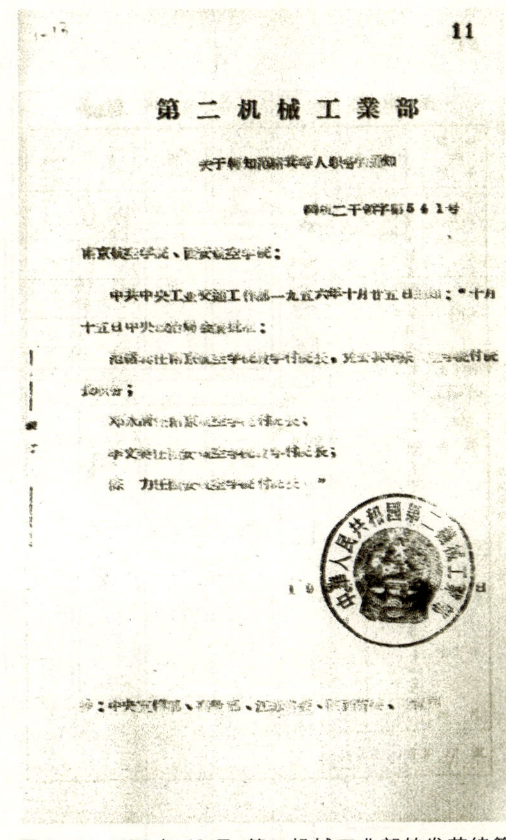
11

第 二 机 械 工 業 部

关于[illegible]人[illegible]通知

[illegible]二干[illegible]字第541号

南京[illegible]学院、西安[illegible]学院：

中共中央工业交通工作部一九五六年十月廿五日[illegible]："十月十五日中央[illegible]：

[illegible]

[illegible]

[illegible]

[illegible]"

抄：中央[illegible]、[illegible]、[illegible]、[illegible]、[illegible]

图6-1　1956年10月，第二机械工业部转发范绪箕任南京航空学院教学副院长的任命通知

范绪箕刚一上任，就遭遇了"九月事件"。"九月事件"的起因是1956年暑假期间，第三届部分三年级专科学生在沈阳等地航空工厂实习时，和校友、兄弟院校同学以及工厂工作人员的接触中了解到南航的教学水平与条件等同于中等技术学校，分配工作时改行现象严重。学生们因此对学校性质产生怀疑。开学后，问题进一步波及到一、二年级的专科学生，他们要求改读本科，要求派代表赴京请愿。于是全校学生人心浮动，事态发展也日益激烈，持续一个月后，最终酿成学生打着旗帜上街游行的严重事件。事件发

① 徐川："羲和驭天马桃李散芬芳——记原南京航空学院副院长、原上海交通大学校长范绪箕"。崔锐捷编：《足迹与风采——南航校友访谈录》，航空工业出版社，2012年，第52页。

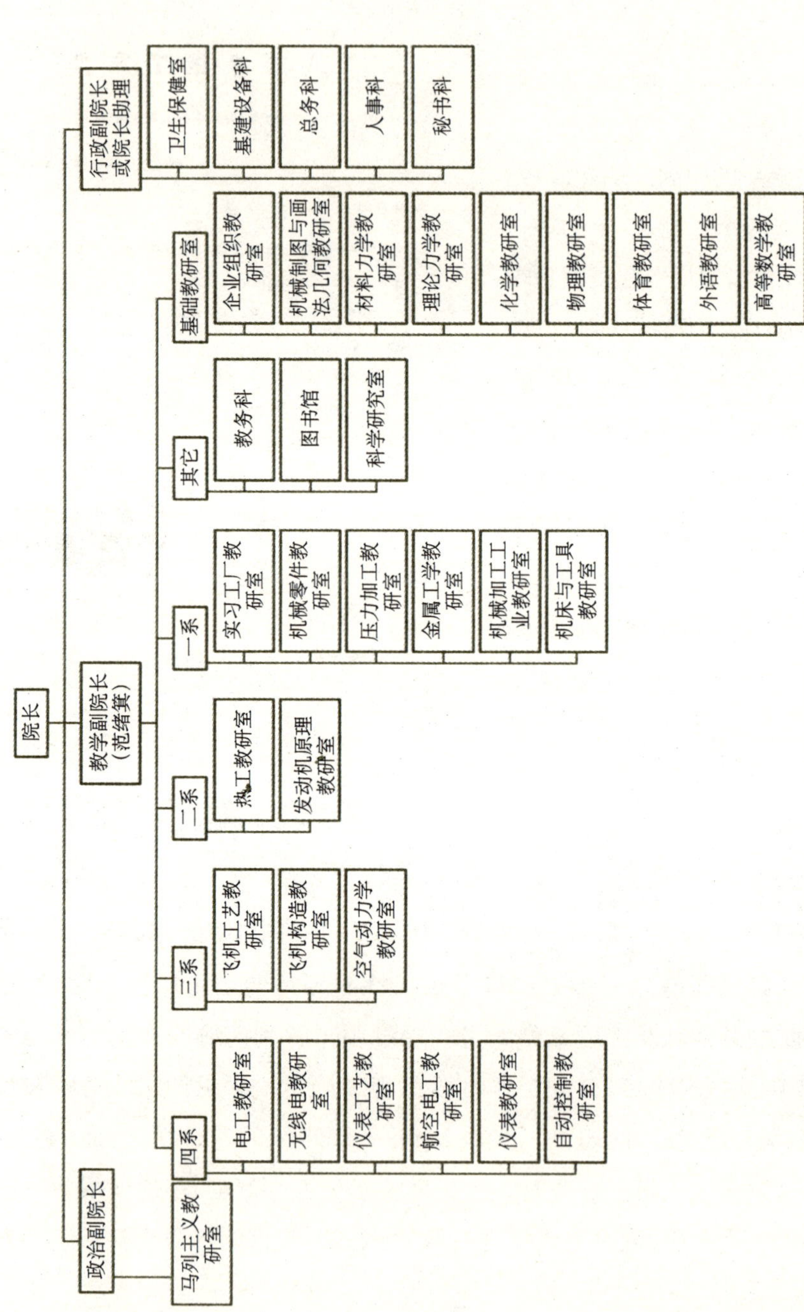

1957 年南京航空学院组织机构图

生时，学校刚刚开始改制建院，新的党政机构还不健全，而原有的组织机构不再为学生们所信任，失去了话语权，刚刚上任的范绪箕面临的首个难题便是妥善处理和平息“九月事件”①。

为了消除学生们的不满和愤怒，范绪箕与学生们展开了坦诚的对话。对于事件的动机，他没有全盘否定，而是充分理解和肯定学生们怀有为祖国航空建设服务的远大理想；对于学生提出的诉求，他既实事求是地承认了苏联专家制订的教学计划的确是中专性质，又耐心向学生们阐明国家急需航空人才的迫切需要。这位从名校调来的新院长有理有据的一番开导，让学生们对他产生了信任感。可要真正平息“九月事件”，采取措施解决矛盾才是最紧要的。范绪箕通过不断与教育部、江苏省文教部领导沟通，最后达成以下解决方案：将原专科三年级的学制延长，并加强基础课教学；让一、二年级的学生重新填报志愿，根据志愿安排转学。对于想转学的学生，联合其他高校组织重新考试；愿意留在南航的学生，学校则按不同程度重新组织教育计划，严格按照高等学校的培养模式进行教学。范绪箕的方案也受到了学生的认可和欢迎。经过考试和选拔，有三分之二的学生转入了其他高校。“九月事件”也就此平息。

顺利完成建院改制工作

“九月事件”的平息没有使范绪箕有时间松口气，而是让建院改制工作变得更加紧迫。当时校名虽然已经更改，但教学与管理却依然停留在专科阶段。1956 年 9 月，中央决定由吴继周同志任南航院长。吴继周曾任南昌国营 320 厂党委书记兼厂长，尽管他本人没有高校的教育实践经验，但他在教学上充分信任和支持范绪箕，在范绪箕主持下，建院改制工作很快让学院发生了变化：

① 徐川：“羲和驭天马桃李散芬芳——记原南京航空学院副院长、原上海交通大学校长范绪箕”。崔锐捷编：《足迹与风采——南航校友访谈录》，航空工业出版社，2012 年，第 48 页。

学制及培养目标的改变

"九月事件"前,学校尽管已经更名,可专科仍予以保留,逐渐过渡。1956 年春季招收专科生 990 名,秋季又招收专科生 730 名。"九月事件"后,二机部同意将专科生学制延长为 3 年,以加强基础。但范绪箕认为,对于原专科学制的学生,仅加强他们的基础课程学习,无法达到本科水平。在学院申请下,从 1957 年 2 月,二机部决定所有专科班次全部改为本科,取消专科,其中专科三年级学生改为四年制本科,专科二年级学生改为五年制本科[①]。学制调整后变化如下表所示:

表 6-1 各年级学制调整情况表

年 级	原毕业时间	调整后毕业时间	修业年限
1954 级	1957	1958	4 年
1955 级	1958	1960	5 年
1956 级专科	1959	1961	5 年
1956 级本科	1960	1961	5 年

相应地在培养目标上,相同专业的专科层次与本科层次有很大差别。范绪箕认为作为航空高校,应给学生以基础知识、自然科学及技术科学的综合教育,使学生经过培养与工作实践成为工程师、科学研究工作者、企业管理人员或教师,这与之前大专的培养目标"高级技术人员"有较大的差异。目标的改变对课程设置、教材选用、教师教学等方面都提出了更高的要求。针对不同年级的专科生,范绪箕组织教师重新制订教学计划,根据每个班级的不同情况,按照本科应有的教育方针和理念,因材施教,开展不同层次、不同学科的补课,重点对数理化方面的基础知识进行加固。这批学生最后以优异成绩从南航毕业,在国家各个航空单位逐渐成长为骨干和领导,为国家航空航天事业的起步和发展贡献了力量[②]。

---

① 孙平凡:《南京航空航天大学校史(1952~2002)》,航空工业出版社,2002 年,第 17 页。

② 徐川:"羲和驭天马桃李散芬芳——记原南京航空学院副院长、原上海交通大学校长范绪箕"。崔锐捷编:《足迹与风采——南航校友访谈录》,航空工业出版社,2012 年,第 48 页。

专业设置的改变

1957 年 2 月,根据我国航空工业的生产实际,为适应航空技术的发展趋势,范绪箕对南航的专业设置进行重新调整,设立 4 个系和 5 个专业。欧美国家的教育方式让他深刻认识到多学科发展的重要性①。因此在制定专业体系时,他一直在思考如何增强学校的航空特色,建立健全学科体系。专业的重置一是改变了之前专业过细过窄的缺点,拓宽了专业范围;二是加强了理论基础课程,以增强学生的社会适应性。当时学习苏联航空院校的专业设置,设计与工艺专业是分开的,而他却强调"设计与工艺相结合",他认为,航空工业中的"工艺"和"设计"作为两类领域,必须相互结合,搞设计研究的,无论是发动机(二系)、总体构造(三系)还是航空设备(四系),都必须具备基础的飞机制造工艺知识;搞飞机制造的也必须了解飞机各方面设计的常识。各专业学生既要学有所专,又必须对航空工业的各方面有一个整体的把握。为此他索性把各工艺专业合并为一个系,即航空机械工艺系(一系),其他系扩充为设计专业系,改变了工艺与设计专业相互抗衡的状况。在南航的发展过程中他还通过加强各设计专业的师资力量进行学科建设。现在南航飞行器设计学科已经成为全国重点学科,并设有博士后流动站,为国家大飞机、直升机等研制输送了大量高层次人才。

根据新的专业设置,各系及基础课共建立 25 个教研室。教研室主任都逐渐由有经验的教授担任。此后,为了适应各学科科研领域的发展并避免来自兄弟院校的竞争压力,范绪箕与时俱进,不断进行新的院系调整和专业划分,电子、控制、测量等一批带有南航特色的重点学科得以建立。而今,这些都已成为南航的特色和优势学科②。

---

① 徐川:"羲和驭天马桃李散芬芳——记原南京航空学院副院长、原上海交通大学校长范绪箕"。崔锐捷编:《足迹与风采——南航校友访谈录》,航空工业出版社,2012 年,第 49 页。

② 徐川:"羲和驭天马桃李散芬芳——记原南京航空学院副院长、原上海交通大学校长范绪箕。"崔锐捷编:《足迹与风采——南航校友访谈录》,航空工业出版社,2012 年,第 51 页。

制定新的教学计划和教学大纲

1956年10月,在范绪箕的组织下,南航开始对教学计划进行修订,10月25日,范绪箕在校刊上发表文章"本院在改进教学中的情况"。文章谈道:教学计划的修订原则是在不削减主要专业课程的前提下,加强基础;对于辅助性课程加以调整,或归并,或删减;教学计划则参考本科相应专业的要求修订。对于新旧教学计划的不同,教务长唐树艺说:"当时苏联专家非常重视专业课,且实习的时间很长,学制一共只有2年4个月,这样培养出来的学生出来就能做操作工作,这实际是技工学校的教育模式;范院长则强调加强基础理论,相对地把专业课压缩到2至3个学期。这样培养的学生适应性强,在工作岗位上依靠扎实的基础理论,一通百通,很快就能上手。"①

同时,范绪箕对于课程设置也提出了新的要求:①加强基础,保证基础课质量;②加深专业课程,使理论更严谨,系统性更完整,并能密切联系和不断充实最新科学成就和生产技术发展的新内容;③根据因材施教的原则,开设选修课;④根据专业性质,在课程安排上有主有次。一系以工艺及其工具装备设计为主,同时在必修及选修课程中包括有关产品的设计知识,使得学生将来也有可能从事设计方面的工作;二、三、四系以产品的构造设计、装配试验为主,同时在必修及选修课程中包括产品的有关工艺知识,使得学生将来也有可能从事制造方面的工作。

以1957级飞机设计专业(五年制)的教学计划与课程设置为例:

表6-2 1957级飞机设计专业(五年制)教学计划安排

	理论教学	教学实习	生产实习	毕业设计	考试	假期	总计
时间安排	150周	23周	9周	23周	18周	33周	256周
百分比	58.59%	8.98%	3.91%	8.98%	7.03%	12.89%	100%

由上表可见,飞机设计专业教学计划中约60%的内容为理论教学,同时约有22%的时间用于实践锻炼,包括教学实习、生产实习和毕业设计,理论

① 唐树艺访谈,2011年8月25日,北京。资料存于采集工程数据库。

教学与实践锻炼的比例约为 3 ∶ 1。这样的教学计划夯实学生理论基础，同时保证学生动手实践能力的培养。

飞机设计专业的必修课为 29 门，总学时数为 3485。其中基础课、飞机设计专业课、发动机专业课、飞机设备专业课和飞机工艺专业课的课程和学时数见下表：

表 6－3　各教研室课时安排情况

开课单位	课 程 名 称	学时数	比例
基础教研室	中国革命史、马列主义基础、外语、体育、普通化学、画法几何、机械制图、高等数学、应用数学、普通物理、理论力学、材料力学	1794	51.48%
三系（飞机设计）	空气动力学、飞机结构力学、飞机力学、飞机构造及设计、强度计算、总体设计	645	18.51%
二系（发动机）	热工及航空发动机	82	2.35%
四系（航空特设）	飞机设备、电工学	197	5.65%
一系（航空机械工程）	机械零件、互换性及技术测量、金属切削加工、金属学及热加工、压制工艺、飞机装配工艺、非金属材料及工艺、工厂实习	767	22.01%

南航的必修课中，基础课占了一半的比例，保证了学生基础知识的学习和思维能力的培养都能达到本科层次；三系教研室的设计课和一系教研室所开的工艺课比例都为 20%左右，工艺课比例稍高，旨在确保学生兼具专业理论深度与专业实践能力；同时，二系和四系各开设一至两门课程使飞机设计专业的学生对航空发动机和航空特设的设计知识具有一定的了解。

各系各教研室在较短的时间里，克服了师资少、教材缺等困难，按教学计划开设了 100 余门课程，其中有 23 门是新开设的。同时还开设选修课 31 门。范绪箕亲自给本科生教授工程数学等基础课程。据范绪箕的秘书罗雪回忆，为了调整教学计划，范绪箕每周都要开一次系主任会议，以反馈、交流各系教师的课程教学和科研工作情况，评估教学计划的执行情况，并结合系主任的意见，决定教学工作改革的方向。甚至教务处的骨干人员也都由范绪箕亲自指导。

当时南航图书馆的藏书很匮乏，尤其是国外的航空、力学及机械制造等期刊，范绪箕在南航图书馆建设上花费了很大精力。在国家困难、经费十分有限的情况下，选择最合适的参考图书是一项十分艰巨的工作。范绪箕让各系教师列出各专业所要购置的图书清单，并亲自过目，选择较为合适的图书、安排购置计划。从1956年开始，范绪箕列出清单让图书馆工作人员搜集从1930年开始的航空航天专业重要期刊。至1958年，所有清单上的图书和期刊都搜集齐全，这些图书丰富了教师的教研与学术生活，成为他们编写教材、开展科研最依赖、最有效的资源，同时也拓展了教师的国际视野。1959届毕业生，空军工程大学陈廷楠将军还记得："当时图书馆是通宵开放的，上晚自习的学生有的要到两三点才回去休息，而早起的学生三四点就开始到自习室学习。加夜班的和赶早班的正好接了起来，从傍晚到第二天清晨始终都灯火通明。"这幢由范绪箕亲笔题字的"荟萃楼"成为学生们眼中最繁忙的地方。①

图6-2 由范绪箕亲笔题字的"荟萃楼"(摄于2012年)

1958年1月29日、30日，范绪箕主持召开教学质量辩论会，他在会上表示：经过一年半的建设，南航的师资、实验室设备和教学效果都已达到国内普通大学水平，在全院师生的努力下，有望在三四年内赶上国内较为先进的

① 杨波："母校给予了我成功的源泉——记55级校友，空军工程大学陈廷楠将军"。崔锐捷编：《足迹与风采——南航校友访谈录》，航空工业出版社，2012年，第30页。

航空院校(指北京航空学院和西安航空学院)①。

以任务带动科研发展

1958 年,建院改制工作进入平稳期之后,范绪箕思考最多的是南航未来的发展问题。相比北航、西工大(原华航),南航的基础与实力无法与它们相提并论,但校际间的竞争却无法避免。范绪箕认为要在特色上下功夫:人无我有,人有我专。只有不断发展自己的优势专业,才能在竞争中求得一席之地。为此他在以下方面投入精力,强化和发展南航。

注重师资培养,打造科研团队

从转制建院时起,培养师资力量就是建设发展南航过程中最迫切的工作。据校部《关于目前师资培养工作情况》记载:截止到 1956 年 11 月底,“南航共有教师 344 人,与在校学生人数之比为 1 ∶ 10.6,其中六级以上的 38 名,占教师总数的 11%,三级以上的教师 5 名,占教师总数的 1.4%,这说明在建院后教学及科学研究等方面,都还缺乏一定的骨干力量;教师中专毕业生共计 80 名,其中未经补习进修的约 60 名,占教师总数的 20%,承担本科教学亦存在困难。针对师资的现状,范绪箕从以下两个方面采取措施以增强师资力量。

第一,引进和选拔。对于教师缺员严重的现状,最快的办法是引进。从 1956 年下半年起,他从几个基础较好的院校、航空工厂引进了二三十名具有本科教学经验的老师和有实践经验的专家。又从北航、哈工大、复旦、华中工学院、浙大等校挑选了两批毕业生 150 多名。从 1958 年起,他开始从南航

① “全院教师举行关于教学质量的大辩论,我们的教学质量是高还是低? 如何提高?”,《南航》报(第 118 期),1958 年 2 月 1 日。

应届毕业生中选拔，1958 届就有 65 名毕业生留校任教。南航原科研处处长彭永龄回忆说："那时候南航的教师，基本是 58、60、61 三届的，我们这一届，一共留了二十几个人。"此外随着苏州航专的并入，也大大加强了教师队伍力量。

范绪箕对青年人才的引进十分重视，对要引进的教师，总是一一把关，所有引进教师的档案信息，从毕业院校、历年来的学习成绩，到所学专业，他都要一一过目。陶宝祺院士当年被引进南航时还有一段特别的故事：1958 年，北航毕业的陶宝祺即将被引进到南航工作，但因妻子无法调动，他对到南航工作产生了动摇。范绪箕在看过陶宝祺的资料后，认为他是南航需要的优秀人才，于是他想办法将其妻子安置在南航校属幼儿园工作，解决了陶宝祺的后顾之忧。后来陶宝祺一直留在南航工作，为南航的发展做出了重要贡献，1999 年，陶宝祺作为中国航空智能材料与结构研究的开拓者，被评为中国科学院院士，成为南京航空学院历史上 5 位中科院院士之一。

第二，全员进修与尖子计划相结合。彭永龄回忆说："首先范院长抽调一批人到国外进修，1952 年从清华大学、交通大学分来一批毕业生，他先把这批人派到苏联去学习；其次是国内培养，国内培养主要是学新兴专业。"① 鉴于只能安排部分教师外出进修学习，范绪箕决定在学院中实行全员进修计划。他要求每位教师制定好自己的发展规划，并要求各教研室建立有效的辅导机制，提高教师的学术水平和教学水平。教师每年提出进修计划，经系主任和教研室主任审查通过后可施行。他在教务处设立"师资培养科"，专门负责收集教师的进修计划，并对教师的进修计划进行追踪和评估。教师进修以自修为主，也可以跟班听课或参加学院举办的课程补习班。学习结束后，"师资培养科"通过教师的学习笔记或组织考试进行评估。为方便掌握教师的培养情况，教务处还为每个教师建立了进修档案。"英语是老师的必修课程，"南航原教务长唐树艺说："范院长认为，不学英语就不能了解国外的学术动向，所以除了政治教员，其他老师都要学，如果考试不及格则明年要再考。"②范绪箕当时的科研助手，南航 1958 届毕业生孙良新回忆：

---

① 吕樟权、孙良新、罗雪、彭永林访谈，2012 年 3 月 14 日，南京。资料存于采集工程数据库。

② 唐树艺访谈，2011 年 8 月 25 日，北京。资料存于采集工程数据库。

“他要我准备一个本子，把每天的工作、学习计划都写下来。每个礼拜给他看，他说要起个带头作用，要抓得比较紧。每个礼拜至少要跟他谈一次进展情况。下面要看什么书，下面怎么讲解法。”①

1963年，范绪箕大胆实施“尖子教师”培养计划——即从全校范围内选定6名1963～1965年期间重点培养的“尖子教师”。这样的培养方案与20世纪90年代开始兴起的“学科带头人”方式相类似。他先从各系选定了35名教师作为重点培养对象，培养对象都由范绪箕亲自挑选。他将全院教师的名单和相关资料编成一本厚厚的卡片，时常翻阅，以便快速熟悉全院的教师情况；根据教师读书时的学业表现、工作后的进步速度、知识接受能力几个方面进行评估，最终确定6名校“尖子教师”。他们是：飞机设计系的杨祚生、王明恪，自动控制系的郭锁风，无线电系的马福民、邹深昌，数学教研室的周树荃。几名尖子教师专门从事项目研究工作，不再担任其他行政职务。他亲自给尖子教师制定发展计划，安排学习和进修课程，并在工作任务安排上保证其能够集中精力进行科研工作。在提倡平均主义的时代，范绪箕培养尖子教师的做法遭到了很多干部的反对，但范绪箕顶住压力，保证了几名

图6-3　2002年10月，范绪箕（右五）参加南京航空航天大学50周年校庆，与老同事在图书馆前合影

① 吕樟权、孙良新、罗雪、彭永林访谈，2012年3月14日，南京。资料存于采集工程数据库。

尖子教师的顺利成长。后来这批尖子教师中的大部分都在相当长时期内成为南航各学科的优秀带头人。

以任务带科研——无人机的研制

1958年,学院的转制工作进入平稳期,在师资水平不断提高的情况下,范绪箕认为各方面条件正在趋于成熟,学院的科研工作也要逐步开展起来。正在此时,中国科学院提出了"以任务带科研"的口号,范绪箕便借此机会开始深入思考如何引领学校实现以科研带教学的方针,进而提升办学水平。[①]"大跃进"运动开始后,各兄弟院校为响应中央号召,纷纷打出了研制飞机与导弹的科研旗号,如北航与北京工业学院就分别提出以研制"北航一号"飞机和"京工一号"火箭弹来献礼。面对来自兄弟院校的竞争压力,范绪箕决定研制无人机。他说:"当时考虑的是,北航、京工等高校研制的是载人飞机和导弹,关系人身和地区安全,存在一定的危险性,而无人机则无人驾驶,没有风险。况且,无人机研发关系到航空科学的方方面面,如无线电控制、自动驾驶、计算机应用等,国际上也属先进领域。靠这样一个项目任务可以带动南航学科的全面发展。"[②]正是依靠对航空科技发展的敏锐洞察以及对南航学科发展的整体把握,才让范绪箕做出了如此具有前瞻性的抉择,也因此成就了南航无人机事业的斐然硕果。范绪箕的这一想法得到了时任国防部第五研究院院长钱学森的认可和支持,他说:"你来得正好!我们正在研制一个(导弹)型号需要一个靶机,你的无人机计划可以结合我们的任务来搞。"[③]因为靶机研究涉及发动机,范绪箕又向时任国防部第五研究院发动机研究室主任梁守磐征询意见,当时梁守磐正在研究冲压发动机,这种新型发动机亦属于国际尖端技术,范绪箕认为,这样的前沿技术很适合在靶机这样一个载体上进行试验,这一想法也得到梁守磐的肯定。

① 徐川:"羲和驭天马桃李散芬芳——记原南京航空学院副院长、原上海交通大学校长范绪箕"。崔锐捷编:《足迹与风采——南航校友访谈录》,航空工业出版社,2012年,第50页。

② 范绪箕访谈,2011年8月23日,上海。资料存于采集工程数据库。

③ 范绪箕:"纪念钱学森同志百年诞辰",2011年3月10日。资料存于采集工程数据库。

图 6-4　2007 年 12 月，范绪箕(右)与梁守磐合影

从此，范绪箕带领南航踏上了无人机的研制之路。这条路，他走得异常艰辛曲折：技术上，可参考的资料有限，他们只能靠自己去摸索；物质上，他们没有足够的资金和完备的设备，只能自己创造条件；环境上，他们常常被突如其来的运动所干扰和冲击，有时甚至停滞……每前进一小步都要克服巨大的困难。

1958 年 7 月，“南航一号”靶机开始研制，11 月试飞成功(由“轰五飞机”拖曳)。真正意义的无人靶机是“南航二号”的研制。“南航二号”的研究设想是以冲压发动机推进的高空高速无人驾驶飞机，可作试验机用，也可作为鉴定导弹的靶机。1958 年，发动机系开始研制超音速冲压发动机，这是当时最前沿技术课题，南航的研究团队在缺少成熟、完整的理论指导的情况下，将这一项目的研制由理论上升到了试验水平，于 1959 年 2 月试制成功 2 台，经过 80 多次地面试验，确认性能良好。1964 年 11 月，南航向全国冲压发动机学术交流会提交“单推进气道锥面转接曲线对总压回复的影响”、“冲压机预燃室试验研究”等 4 篇研究报告，被认为对解决冲压发动机研制中的关键技术具有实际指导意义①。

在研制冲压发动机的同时，“南航二号”在 1958 年 8 月开始设计，其控制系统(如水平陀螺仪等)也由南航自动控制研究团队自主研发。样机于 1959

① 孙平凡：《南京航空航天大学校史(1952～2002)》，航空工业出版社，2002 年，第 52 页。

年3月完成，可当时缺乏必要的试验条件，因此没有进行试飞。在研制过程中，范绪箕每个月都组织各专业的相关教师召开若干次会议，以保证项目的顺利进行。1959年，南航正式启动了超音速靶机(10号机)项目，该机能够模拟美国某型主力轰炸机。“长空一号”的总设计师吕清风教授也参加了研制工作。他回忆说：“时任南航副院长的范绪箕教授亲自主持了这项工作，可由于试验条件有限、工程经验不足、资金短缺，飞机总体设计完成后只做到风洞试验就无法进入到下一步了。但研制工作却带动了全院空气动力学、飞机设计与制造、自动控制和无线电等专业的研究。”他不禁感叹，“现在回想起来，当年学校领导是站在教育家高度来看问题的。”①

图6-5 “南航二号”超音速靶机样机(摄于2012年南航航空博物馆)

“南航二号”机和10号机的研制虽然未能获得成功，但为后来“长空一号”系列无人机的研制工作奠定了坚实基础。应该说“南航二号”和“10号机”即是“长空一号”的前身。无人靶机的研制工作同时带动了南航所有专业教师科研能力的提升，锻炼出了一支实力强劲的科研队伍，飞机型号研制所需的各种实验设施(如风洞、三轴飞行模拟转台等)也都基本完成。鉴于南航在无人机研制方面已积累了一定经验，1968年4月，国防科委向南航下

① 周新华、李晓明：“忆南航无人机事业的峥嵘岁月——访我国无人机领域著名专家、我校无人机研究所前所长吕庆风研究员”，《南航》报，2012年5月30日。

达无人机“长空”的研制任务。

在“长空一号”靶机的研制中，南航完全依靠自己的实验设备和研究团队，完成发动机试车、转台地面模拟实验、驾驶仪实验等，解决了飞行轨迹设计、供油系统设计、爬高改平后的振荡、发动机中小转速下工作的试验和分析、高机动靶机飞行控制系统设计、高机动靶机供油系统设计等技术关键。1976 年，我国第一架自行研制的无人机——“长空一号”中高空靶机(CK-1)通过国家技术鉴定，批准设计定型；1978 年，“长空一号”核试验取样机(CK-1A)完成；1978 年范绪箕调离南航后，“长空一号”又发展了 3 个型号。

图 6-6 “长空一号”无人驾驶靶机样机(摄于 2012 年南航航空博物馆)

在 1978 年 3 月召开的全国科学大会上，南航无人机研制组荣获为“全国科技先进集体”。1977 年春，无人机研究室成立；1979 年 6 月 8 日无人机研究所(362 研究所)建立并承担完成了一系列无人机研制和研究任务；1993 年起，南航又承担了云笛无人机系统任务(国家重点型号工程项目)，并于 1999 年设计定型。

经过范绪箕及几代人的不懈努力，南航无人机事业已经形成了独有的风格和独特的技术亮点，逐步形成从高速到低速，从高空到低空，从定翼机到旋翼机，从金属材料飞机到复合材料飞机的系列产品；拥有一个组织健全、运转灵活的研制机构和一支素质良好、专业配套、能打硬仗的研制队伍；建成了一整套先进的科研设施和工种齐全、专业配套的生产线。走出了一条具有中国特色的发展无人驾驶飞机的道路。

"除了无人机,我们还大胆尝试了很多新项目。包括导弹、火箭等领域都有涉足与创新,我们甚至在南京城外和连云港建起了火箭试验基地。可惜的是1962年,国家科委(现科技部)要我们的新专业'下马'。否则,我们在新学科和火箭相关的新技术方面也将在全国高校中处于领先地位。"[①]谈起这段历史,范绪箕仍觉得十分惋惜。

建成风洞等关键实验设备

在加州理工学院的学习经历使范绪箕意识到:没有好的实验室,不可能有好的大学。同时他认为,"实验设备的研制工作不仅涉及多专业理论的综合运用,还要面对许多实践操作中才会出现的问题。因此,实验室设备研制工作的完成,不仅可以进一步提高实验课教学质量,更可以为今后的科研工作打下必需的基础。这些工作对教师们来说将是很实际的锻炼。"[②]因此他从在浙大担任航空系主任时起,就一直非常重视实验室的建设。1958年,为了完成国家的靶机型号研究任务,范绪箕再一次带领团队开始实验室建设,随着风洞、三轴飞行模拟转台等关键实验设备的建成,为型号任务的顺利完成奠定了坚实基础。

(1) 风洞建设

风洞一直是航空院校标志性的教学和科研设备,但风洞的建造并不是一件轻而易举的事情。一是国内当时没有完整的参考资料,二是国家正处于困难时期,缺经费、缺材料。幸好范绪箕在浙大航空系时就曾亲自设计,亲自组织施工建造过风洞,积累了不少经验。在范绪箕的主持下,学校从1958年起,陆续建成了椭圆界面开口回流低速风洞(该风洞后被长期用于教学工作)、直流暂冲式高速风洞(1959年6月建成,1978年获江苏省科学大会奖)、NH-1

---

① 徐川:"羲和驭天马桃李散芬芳——记原南京航空学院副院长、原上海交通大学校长范绪箕"。崔锐捷编:《足迹与风采——南航校友访谈录》,航空工业出版社,2012年9月,第50页。

② "教研室积极开展实验室设备的设计工作",《南航》报(第90期),1957年11月2日。

三音速风洞(1964 年建成)和小型气动力加热模拟试验设备(1965 年建成)。

NH-1 三音速风洞是为配合靶机项目而建造的。钱学森对这一风洞的建设非常支持,为了节省时间,他为范绪箕提供了苏联的 AT-1 风洞图纸及 100 吨苏联"沸腾钢"。所谓"沸腾钢"即是钢材中的残次品,其中含有气泡,必须经过检验、处理后才能使用。当时国家正处于三年困难时期,这 100 吨钢材让范绪箕如获至宝。在和施工人员研究讨论后,范绪箕带领大家对所有钢板逐一进行超声波检测,并将检测出的气泡全部用电焊补上,让"沸腾钢"变成了"好钢",并把其中大部分用在三音速风洞高压储气罐的制造上。由于当时南京没有大型卷板机,钢板如何铸成罐状又成了一道难题,经过研究,范绪箕决定采用球形的贮气罐,便于钢板成型。此外他还提出把 AT-1 风洞由回流改成直流,这样在制造上可以节省大量钢材。从 1964 年建成后,NH-1 三音速风洞便一直作为南航重要的实验设备为教学科研服务,那个颇经一番周折制成的贮气球直到 2012 年才"退役"。

图 6-7　南航 NH-2 亚音速风洞(摄于 2012 年南京航空航天大学)

经过几十年的发展,目前南航的风洞已完成配套化,成为具备现代化测试手段的我国空气动力学研究的试验基地之一,至今仍在为航空航天事业的发展发挥着重大作用。

(2) 三轴飞行模拟转台及模拟计算机的研制

飞机、导弹等飞行器在试飞之前必须进行地面物理仿真试验,飞行模拟转台就是这项试验的必备设备。正是因为没有这一设备,“南航二号”无法进行试飞,无奈成为“概念机”。

1958 年,为了配合无人机研究,教师郑衍杲通过对美国“本尼克斯转台”文献的学习,向范绪箕提出研制液压式三轴飞行模拟转台设备的建议。飞行模拟设备有电动和液压式两种,液压式具有更大优点,但制造上难度很高,在国外也属于前沿领域,范绪箕明白它对飞机型号研制所起到的决定性作用,于是决定研制该项设备并采用液压式。1960 年,南航三轴飞行模拟转台(TC)项目正式启动。项目启动之初,只有 3 名成员,后来发展到 10 余人。范绪箕为保证转台项目的顺利进行,从六院申请了编制,于 1964 年 8 月专门成立第四研究室四分室(飞行仿真研究室),并特批此研究室不承担教学任务,专门从事转台项目工作,此外在经费上也一直给予保障。即使在 1966 年“文革”开始后,范绪箕仍想方设法保护转台和计算机研究团队不受干扰,使其研究工作一直保持正常进展。

TC 三轴飞行模拟转台所使用的飞行数字仿真技术,使范绪箕认识到计算机技术有着巨大的发展空间,在国家开始发展计算机专业初期他就抽调 5 名教师外出学习以建设南航的计算机专业。1962 年,国家实施紧缩专业的政策调整,要求南京航空学院停办计算机专业,范绪箕顶着压力将计算机系教师编入其他系,嘱咐他们继续开展计算机研制工作,他用这种方式将南航的计算机专业完整地保存了下来。直到“文革”结束,南航的计算机专业才得以恢复和发展。

为了配套三轴飞行模拟转台所需要的模拟计算机。范绪箕两次去上海科学仪器厂(嘉定)考察,于 1962 年决定与该厂合作研制转台专用的“121B”电子模拟计算机。南航 8 名教师参与了合作研制,1965 年,“121B”电子模拟计算机完工,为 TC－1 三轴飞行模拟转台的成功研制提供了保证。1965 年,TC－1 转台台体研制成功,同年,我国川西的 618 所也研制成功了电动模拟转台,但其动力、精度都与南航的 TC－1 液压模拟转台有较大差距。1966 年 4 月,国防科委在南京航空学院组织了飞行仿真技术论坛暨 TC－1 转台项目验收会议(“664 会议”)。南航的 TC－1 转台获得专家一致认可,会议最后决定由南航分别与北航、618 所、612 所、部队 23 基地 4 家单位联合研制 4 台液压模拟转台。在 664 转台的研制中，南航给予了兄弟单位很大程度的技术协助。1966～1969 年间，南京航空学院一边继续研制转台的控制柜，一边完善转台台体，研究团队也得到了稳定发展。

1969 年，转台控制柜研制成功，并与转台台体顺利联接；此时南航自行研制的"121B"型电子管模拟计算机研制完成，并与转台顺利联接，经调试可以使用。至此，南航研制生产出了全国第一台大型地面飞行物理仿真模拟设备，在技术上填补了国家空白。TC－1 转台的研制起点只是源于一篇介绍本尼克斯转台的文献，而所有部件都是由南航研发团队自行设计，由浏阳机械厂加工制造。这台设备在南航的多个型号研制任务中都起到了关键作用。1978 年，TC－1 三轴飞行模拟转台获全国科学大会奖。

图 6－8　我国自行设计、研制的第一台液压三轴飞机姿态模拟转台——TC－02 三轴液压转台全貌图(摄于 1979 年前后)

研究生的培养

进入 1960 年代，南航的教学和科研工作都步入了正轨。1960 年 5 月 18 日，南航被第一机械工业部确定为部重点高等院校。这一荣誉让更多的人认识到南航在范绪箕的规划之下，有着怎样的发展与蜕变。范绪箕从完善高等学校人才培养体系的实际出发，开始构思成立研究生部。当时南航刚刚转制建院不久，招收研究生对于学院来说还是件新鲜事，为了让更多的教师，特别是一线教师了解、参与研究生培养工作，尽管范绪箕每天行政管理工作繁忙，仍身体力行，成为研究生导师。在他的带动下，学院所有四级以上教授都带了研究生。从 1962 年开始，南航 4 个专业开始招收研究生，当年录取 6 名，学制 3 年。范绪箕把自己的研究方向定为热弹性力学理论和应用研究，又分别确定了其他各位导师的科研主攻方向。从 1963～1965 年，陆续招收研究生 3 届共 18 名。可惜的是，"文革"开始后，研究生停招，直到改革开放后才得以重新恢复。

1987 年，范绪箕已离开南航，当他听说南航又重新恢复研究生培养，和 25 年前一样，他以 74 岁的高龄再一次做起了博士生导师。南航航空航天大学的现任副校长许希武就是他培养的博士生。谈起和导师学习的感受，许校长说："他是真正的教育家，他的出发点就是要把学生培养成为对国家、对社会、对科学有用的人。他就是从这样的视角出发去看、去做的。对于这一点，我一直铭记于心。"①

图 6-9　2002 年 10 月，范绪箕（左四）参加南京航空航天大学 50 周年校庆，与南航校友在大桥纪念馆合影

① 许希武访谈，2012 年 3 月 15 日，南京。资料存于采集工程数据库。

风雨中的坚持

从 1956 年到 1978 年，范绪箕在南航担任教学副院长共 23 年，这是他所有工作过的单位中时间跨度最长的一段经历。在南航工作期间，也是他本人事业的黄金期，他年富力强，精力充沛，可他的经历也和当时国家的政治形势紧紧联系在一起，在风雨中坚持，在艰难中前行。

范绪箕第一次受到运动的冲击是在“大跃进”期间。1958 年 8 月，范绪箕带着靶机研制任务，兴冲冲地回到南航，没想到一进校门就挨了一顿痛批。范绪箕说：“他们说，现在要大炼钢铁，师生们都得参加，你搞靶机项目就是冲击毛主席的大炼钢铁。我和他们讲道理说，大炼钢铁是一项群众运动，航空院校的跃进不应体现在小高炉炼钢上，结果一批干部就认为这是资产阶级思想，是和毛主席的大炼钢铁口号唱反调。于是白天晚上批，吃过晚饭还得回去批，一直批到十点钟，这样连批了两天。”①

图 6－10　1959 年 3 月，范绪箕带队赴苏联考察

在“大炼钢铁运动”中，南航的“钢铁民兵团”为了完成炼钢指标，甚至把学院的暖气管、大门都拆下来用来炼钢。为了保护学院的资产，范绪箕将全校仅有的 2 台电动计算机和准备用于建造风洞的钢材藏了起来，结果可想而知，又是一场更严厉的批判。好在一次及时的出访任务让他躲过了一劫。原来教育部要他带队访问苏联的航空学院，在苏联的 2 周时间

① 范绪箕访谈，2011 年 8 月 23 日，上海。资料存于采集工程数据库。

里，范绪箕获益良多，通过参观3个航空学院及2个综合性大学（莫斯科鲍曼国立技术大学和列宁格勒工学院），并与2个飞机设计公司设计师交流，他了解到了苏联飞机设计的一些方法和经验，另一方面，也认识到当时苏联航空学院的学术水平并非人们想象的高不可攀，这使范绪箕更坚定了教学要与科研相结合，以及坚持无人机研制的信念和决心。①

从1965年开始，政治运动越演越烈，范绪箕被剥夺了领导权，身心均受到迫害。1965年和1969年，范绪箕分别被派到极其贫穷的江苏徐州铜山县和江苏句容县参加“四清”及拉练，被迫离开工作岗位分别长达1年半和1年之久。

“文革”期间，范绪箕被迫接受工宣队“教育”，他说：“我们每天要打扫学生宿舍、清理厕所、背‘红宝书’（《毛主席语录》），晚上还得写交代；天天要挂着‘资产阶级知识分子’的牌子。也就这个时期，我把自己保留的一切东西都烧掉了，包括很多珍贵的照片、书信等。记得在夜深人静时才敢烧，烧时又怕冒烟被人发现，一烧完就赶快用水浇灭，然后扔到马桶里头冲走。”②

“一天晚上，工宣队突然在夜里把我叫去，让我交代在国民党航空委员会的航空研究院那一阶段是否是特殊党员。我回答说不知道什么叫特殊党员。他们上来就扇我一巴掌。那时正是冬天，南京正下着雪，他们让我到外面清醒清醒，于是我在雪地里站了一两个钟头。后来有人告诉我，他们去调查过，知情人说我不是什么特殊党员。这样才解除我的嫌疑。”③

在那个荒唐的岁月里，也有一些师生仍保持着清醒的头脑，他们尊重和信任这位把自己的心血都投入到南航建设和发展中的好院长。1968届毕业生赵国桢回忆说：“‘文革’期间，当看到德高望重的范绪箕教授也在批斗之列时，我作为班长，主动请缨，名义上把范绪箕安排到自己班上揪斗，实际上是冒着风险，偷偷把范院长保护起来。”④师生们的暗中保护给处境艰难的范

① 徐川：“羲和驭天马桃李散芬芳——记原南京航空学院副院长、原上海交通大学校长范绪箕”。崔锐捷编：《足迹与风采——南航校友访谈录》，航空工业出版社，2012年，第51页。

② 范绪箕访谈，2011年8月23日，上海。资料存于采集工程数据库。

③ 范绪箕访谈，2011年8月23日，上海。资料存于采集工程数据库。

④ 耿瑞：“大道至简顺时而动——记62级校友，原江苏省国际信托投资公司总经理赵国桢”。崔锐捷编：《足迹与风采——南航校友访谈录》，航空工业出版社，2012年，第83页。

绪箕带来慰藉，也让他更有信心期待重返工作岗位的那一天。

1978 年，曾与范绪箕在华航搭档的邓旭初诚邀他去上海交通大学工作，范绪箕欣然接受。刚刚恢复工作的吴继周听闻后非常着急，致信给已经去上海的范绪箕，希望他能继续留在南航，并请时任三机部部长吕东写信给范绪箕请他考虑回南航工作。但此时，中央组织部下达了范绪箕调任上海交通大学的任命书，回南航一事只能作罢。

尽管范绪箕最终调到上海交通大学工作，但他仍时时关心着南航的发展。南航的师生也从未忘记过他曾为南航发展做出的贡献。1984 年 5 月，南京航空学院授予范绪箕“南京航空学院名誉教授”称号。

如今的南航已更名为“南京航空航天大学”，成为一所以工为主，理工结合，工、理、经、管、文等多学科协调发展，具有航空航天民航特色的研究型大学。它于 1978 年被国务院确定为全国重点大学；1981 年经国务院批准成为全国首批具有博士学位授予权的高校；1996 年进入国家“211 工程”建设；2011 年，成为“985 工程优势学科创新平台”重点建设高校。

图 6-11　2012 年 10 月，范绪箕(右二)受邀参加南京航空航天大学成立 60 周年庆祝活动

在南航工作期间，范绪箕曾当选为中国航空学会第一届理事会常务理事，中国力学学会第一届理事、第二届理事，江苏省航空学会第一任理事长。此外，他还曾当选江苏省人大第一、第二、第三届代表，全国人大第三届

代表[1]。

对于南航，范绪箕怀有特殊的感情和眷恋。他说："虽说建校不像华航那样，从'根'建起，但这一'改造'项目，没有先例可循，因此倾注了全部心力。进校时，'九月事件'已经发生，当时群情激愤，原领导已失去威信，学生们把希望完全寄托在我的身上。在了解了情况后我认为关键问题是学校是否承认现在的教学为中专水平，如果承认，为何冠以高等专科学院的名称，这是否为'欺骗'。原南航某些同志一再提醒我'不能承认'，因为他们只相信苏联，并不知中专与高专的区别。在审查了学生们带来的讲义后，我认定为属于中专水平，于是顶着压力决定对学生坦诚相对，'实话实说'。另一方面，还要尽快想出补救的办法。经过一个星期日日夜夜与学生们接触谈话，最后形成了对这一事件的处理方案。我带着方案先与江苏省文教局领导胡叔度商议，在认定可行后报备教育部，随后教育部副部长曾昭伦来到南航，他同意了这一处理意见，终于使这一'九月事件'圆满解决。这是我一生工作中最为紧张的时刻，一群群的学生拥上门来倾诉，他们的表情不一，有的激愤，有的委屈，有的观望，面对这一群热血青年，我有百分之百的同情，虽然他们的行动有些过火，但年轻人要求上进的表现是可以理解的。我很欣慰自己当初所采取的一切'化解矛盾'的办法。虽然在以后的反右运动中，有人认为我的做法包庇了'右派'，我很庆幸这些人大多数未被殃及，而自己也只受到了轻微的批判。'只要把问题讲清楚，群众会理解的。'谭震林同志的话又一次得到了验证。"

---

① 徐川："羲和驭天马桃李散芬芳——记原南京航空学院副院长、原上海交通大学校长范绪箕"。崔锐捷编：《足迹与风采——南航校友访谈录》，航空工业出版社，2012年，第46页。

第七章
组织领导上海交通大学教育改革

调任上海交通大学

改革开放晨曦中的上海交大

十年浩劫，让上海交通大学这所著名的高等学府历经了风风雨雨。1976 年 10 月，“文化大革命”十年浩劫结束，上海交大师生员工和全国人民一样，欢欣鼓舞，激动万分。1977 年 6 月 12 日，上海市委正式任命邓旭初为上海交大党委书记，在学校新一届党委的领导下，广大教师提出了突破“两个估计”的建议，彻底除掉强加在教育战线知识分子头上的“紧箍咒”。

图 7－1　范绪箕在上海交通大学老图书馆（摄于 1980 年前后）

1977 年 8 月 4 日至 8 日，邓小平邀请 33 位科学家和教育工作者在北京举行科学和教育工作座谈会。上海交大教师吴健中作为代表赴京参加会议，会上他直接点明教育工作中急需解决的问题是要否定“两个估计”。8 月 8 日下午的会议总结时，邓小平发表了著名的“八 · 八讲话”，将否定“两个估计”作为座谈会提出的第一个问题，对教育战线中大问题的路线是非、思想是非进行了拨乱反正。1979 年 3 月 19 日，中共中央正式发文，彻底冲破“两个估计”的思想禁区，粉碎长期禁锢广大知识分子的精神桎梏。

随后，上海交大根据党中央部署，落实知识分子的政策，从 1977 年起积极稳妥地复查“文革”以来的积案，为受“四人帮”迫害的师生员工平反。使他们重获尊重，再次焕发活力，全身心投入到学校的各项工作中来。这一时期学校领导班子进一步调整，1978 年 7 月 12 日，中共上海市委决定任命朱物华为上海交大校长，结束了“文革”中产生的校革命委员会体制，实行党委领导下的校长分工负责制。

1978 年 9 月 29 日，上海交大在中央领导的亲切关怀下，通过在美交大校友会的联系和安排成功组建了新中国成立以来第一个高校访美代表团——“上海交大赴美访问团”，顺利出访美国。这次访美在教育界起到了对外开放的先锋作用，访问团由校务委员会副主任、党委书记邓旭初带队、副校长张寿等 12 人组成，成员以留美老教授为主体，历时 47 天，访问 29 个城市，27 所高等院校，14 个科学研究所和工厂等单位。交大访问团在美受到了热烈欢迎，和美国一些大学及研究机构签订了 10 多份合作协议；与美国密歇根大学、加利福尼亚大学伯克利分校、加利福尼亚大学圣地亚哥分校、乔治 · 华盛顿大学 4 所大学结为“姐妹学校”①。

从此，中国高校与海外学术界恢复了交流。访美经历还使交大人开阔了眼界，找到了差距，学习了美国高校在学科建设、人才培养、学校管理等方面的先进经验。国外发达的科学技术和先进的设备以及新兴学科、交叉学科的蓬勃发展，带给每位成员强烈的震撼，交大人意识到要打开国门，奋起直追，学习西方的先进科学技术和管理经验，把“文革”中的损失弥补回来。

---

① 盛懿、孙萍、欧七斤编著：《三个世纪的跨越——从南洋公学到上海交通大学》，上海交通大学出版社，2006 年，第 314 页。

担任上海交大校长

1977 年,邓旭初被任命为上海交大党委书记后便一直思考“文革”后交大改革创新的出路,他认为:“建立一支敢于进取、路线端正、结构合理、团结实干的班子是关键。这个班子应自觉与党的十一届三中全会路线保持一致,锐意进取、经验丰富,而绝不能‘叶公好龙’,只会空谈。另一方面必须具有政治勇气,勇于对事业负责任,对学校负责,坚忍不拔,不畏难,不怕苦,不为闲言碎语所动摇,此外班子成员必须同心同德,互相支持,互相体谅,肝胆相照。在工作顺利时能够互相提醒,互相督促,处于逆境时互相勉励、同舟共济。建设这样一个班子是改革成败的关键。”①

在搭建新领导班子时,邓旭初想到了自己的老搭档范绪箕。1953 年,邓旭初任华东航空学院政治辅导处主任,主管学校师生的思想政治工作。当时学校初创,与他合作分管行政和教学工作的就是范绪箕。范绪箕为人正直,待人诚恳,勇于开拓,工作极其负责。在他们的带领下,全校员工都为筹建华东航空学院尽心竭力,筹建工作开展得十分顺利。1954 年春,邓旭初调任上海交通大学工作,两人合作虽然不到一年,却在工作中结下了深厚的友情。

谈起调任上海交通大学,范绪箕还记忆犹新:“我是 1979 年 3 月从南京航空学院调来上海交通大学工作的,当年被任命为副校长,第二年担任校长,直到 1984 年我 70 岁的时候退下来。记得我还没来交大,就接到老同学钱学森从北京打来的电话。他说‘你是不是要到我的母校上海交大去了?’我说:‘是啊! 你是怎么知道的呢?’他说:‘我刚参加了罗瑞卿同志的追悼会,会上洪学智(时任国务院国防工业办公室主任)跟我说,你的同学范绪箕要调到交大了。’钱学森是我在加州理工大学留学时的同学,导师都是冯·卡门教授。他说:‘我一听到这个消息后,感觉很诧异。因为在我看来,你已经在南航 20 多年了,怎么会突然离开呢?’我说:‘是的,是有这么回事,这也是我愿意走的。’当时交大的党委书记邓旭初,是 20 世纪 50 年代我在华东航

① 刘子勋、许寅:《敢为天下先——邓旭初传》,上海交通大学出版社,2004 年,第 219 页。

空学院的同事，我们之间合作得很好。'文化大革命'刚刚结束，老邓还没复出，就带着女儿来南京散心了，我就陪他们逛了一圈。他说这几年交大被造反派搞得很乱，自己一再被打压，心里很不舒服。我说我也一样。不久老邓就恢复了交大的领导工作，他向主管部门六机部（第六工业机械部）提出来要调我来交大，这样我也就调过来了。因为当时六机部和三机部同属国防科委领导，所以洪学智主任也知道了此事。"①

经过邓旭初推荐，1979 年 3 月 23 日，市教委组织部致函六机部，同意范绪箕教授调上海交大工作，任副校长一职。范绪箕与朱物华校长也是老相识，在安排办公室时，朱物华还特别提出要和范绪箕在同一个房间里办公。

1980 年 4 月 19 日，中央组织部通知，中央书记处第 14 次会议批准上海交大 5 人的职务任免，范绪箕任校长；朱物华任顾问，免去其校长职务。5 月 9 日，中央六机部党组转发中央组织部的通知。经调整后，交大领导班子的平均年龄为 52 岁，是全国高校最年轻的班子。

图 7-2　1981 年 9 月，范绪箕（左三）等校领导与来校访问的美国前总统吉米·卡特一行合影

在此后的几年中，他与领导班子一起以"敢为天下先"的气魄，创造了高校中的许多第一。波澜壮阔的中国高等教育改革从此拉开了序幕。

① 范绪箕访谈，2011 年 9 月 14 日，上海。资料存于采集工程数据库。

图7-3　1982年，范绪箕（左一）在上海交通大学“包兆龙图书馆”奠基典礼上

范绪箕回忆说：“我来交大的时候，党的十一届三中全会刚开过不久，国家的科教事业迎来了发展的春天。在这个背景下，我们交大大胆解放思想、锐意改革，打破大锅饭思想，率先进行校内管理体制改革，探索新型的教学模式，取得了显著的成效，在全国反响也很大。全国来了解情况、学习取经的高校有不少，络绎不绝。当时我们还受邀到处去讲经验，尤其到了1982年前后，这个大学请你去讲，那个大学也请你去讲，我还到部队里去讲过一次。记得有两个记者，一个是《光明日报》的，一个是《文汇报》的，他们俩天天来交大。我一上班他们推门就进来了，问道：‘范校长，今天教学上又有什么新动作啊？’我主要是负责教学科研、人才培养这些方面的工作，在这些领域做了些探索尝试，也取得了一些成效。”①

上海交大的高等教育改革，吸引着全国乃至世界的目光，也一直受到邓小平、王震（兼任上海交通大学校务委员会主任）等中央领导的关注、支持和肯定。范绪箕在主持上海交大行政领导工作的几年中，始终把主要精力放在人才培养、学科建设（特别是新兴学科）、师资队伍这三件学校最根本的事上。

① 范绪箕访谈，2011年9月14日，上海。资料存于采集工程数据库。

图 7－4　1984 年，范绪箕（右一）参加上海交大校务委员会会议（右二为王震）

图 7－5　1982 年 2 月，邓小平（左一）接见上海交大教师代表（右二为范绪箕）

全面开展教学管理改革

建立具有中国特色的社会主义高等教育体系

范绪箕自小受到中西合璧的教育，大学在俄国教育模式下的哈尔滨工业大学就读，研究生在美国加州理工学院完成，他对西方教育制度和模式有深入的了解。回国后他将所知所学应用到国内大学建设中来，包括在浙大创建航空系、创建华东航空学院、主持南航的建院改制等。担任上海交大校长，则让他站上了更广阔的平台，他把在浙大、华航、南航实践过的教育理念注入上海交大这一全国名校，使其焕发出更绚烂的光彩。他说："我的总体想法是在专业设置上以工科为主，以理科来推动工科的发展，应该恢复理工，走理工结合的路。我是这样考虑发展理科的，而不是以理科为主，让理科任意发展，以工科为辅的高校。各自自由发展也是不行的，那成不了大气候。我主张的办学思想，是从根本上着想的，专业设置、学科发展、教学思想这些方面，都跟我的办学思想有关的。我既受过俄式的教育，也受过美国式的教育，但我并不想按一种模式照搬照抄，随波逐流，而是想把外国教育中一些我个人认为好的方面移植过来，再结合中国自己的具体情况办理。那时候我们国家刚刚重新走向世界，西方国家在科技教育等许多方面，要比我们先进得多，我们一定要学习，但不能盲目照搬照抄。我们曾经全面学习苏联，这就是一个沉痛的教训。我们要取人之长、补己之短，要结合具体的国情、校情来走自己的大学发展路径。我就是这样想的。"①

近四十年的教学管理工作，让范绪箕对于我国的高等教育模式也有了进一步的思索。他认为，中国近代高等教育虽只有百年历史，但由于政治局势动荡，相对稳定的时间短，因此高等教育制度变化也很大，并且总是跟着外国走，没有形成自己的体系。我国应该结束抄袭外国高等教育制度的历史，真正建立起有中国特色的社会主义高等教育体系。1985 年他在上海高等教育研究所《情报与建议》刊物上发表了《范绪箕教授谈建立我国高等学校体系问题》一文，在文章中他提出了以下观点：

第一，要"客观教育"，不要"主观教育"。办教育非常注意高等教育与本国经济、科技发展之间的匹配关系，而且建立起一种反馈渠道，使社会对于各类人才的需求信息能够及时反映到学校里来，自动地调整与改革教育结构，使人才的培养与需求之间能够经常保持动态的平衡，类似自然界的"生

---

① 范绪箕口述："我与上海交大的教学改革"。《思源》，2014 年，第 4 期。

态平衡”。合理的高教体系是在学校和社会之间反复反馈调整的结果，而不是由少数人设计出来的。我国是一个幅员辽阔、经济文化发展很不平衡的大国。国家对高校应该从宏观上进行大体的预测和规划；要让学校直接面向社会，要多放权给学校，特别是在完成国家计划培养任务之外，接受地方和部门委托培养的权，参与毕业生分配的权。有权就有责，学校就要对培养人才的质量负责，对学生的分配使用负责。学校办学既受到了社会需求的制约，就一定会依据社会上人才需求的信息，主动调整改革教育，以求得人才供求之间的平衡。在新专业的设置上不必统得过死，既然是新专业，就不是定型的东西，其课程设置、学习年限就可以边试边改。新专业的设置与发展，不能根据领导部门的统一设计，而是要由学校根据社会实际需要去掌握。

第二，教学要搞活，要不拘一格培养人才。要精选教学内容，改革课堂讲授，下决心把必修课的时数压下来。与此同时，要实行“两个开放”：开放课堂、开放实验室，为学生主动猎取知识，发展能力提供条件。只要教室容纳得下，就要尽量允许选修和旁听。实验室应该成为学生自己的家，起码研究生应该可以随时进去做实验，随时到小工厂做试件。精密的仪器设备要控制使用，一般的设备则要尽量让学生用，与其因技术老化而报废，不如在大量使用中报废，充分发挥其教学效益。中国的家庭对孩子历来管束过多，不利于他们主动地发展。这种传统也反映在对大学生的管理上。只需在生活上学习上定个大框框，使学生有个基本的道德规范和行为准则，具体规定不必太细太繁琐。要放心让学生独立地、创造性地去安排自己的学习和生活，从中锻炼社会活动能力。

第三，学校搞科研一定要把出成果与出人才结合起来。科学研究之所以放到高等学校来搞，就是可以把出成果出人才结合起来，这也是高等学校的一个优势。要使两者结合，就要使科研与学科的发展相联系。通过科研，开辟了新的学科领域，把学科的水平推进到前沿，就一定会同时出人才。而培养了大批优秀的人才，就会出更多的有学术价值和经济价值的成果。

科研要面向经济，科研成果最终要转化为生产力，这个方针肯定是正确的。但是在对待科研与经济的关系问题上，要有战略眼光，既看到近期的经济效益，又考虑到远期的基础性研究对于国民经济的深远影响，考虑到通过科研培养的人才对社会主义建设的价值。为一些企业提供一些技术服务，从中创造一点收益是必要的，目前企业技术力量比较薄弱，也欢迎高校这样做。从长远看，学校科研的主要方向应该放在发展学科和培养高层次人才上，如果学科基础不厚，没有高水平人才，在一些重大科技领域里就不能独立，到头来还要靠引进。这是说，在科研上即要抓“下里巴人”，也要抓“阳春白雪”。对于基础性的研究，一定要有基金资助，在政策上不要使他们吃亏，这是领导上必须认真掌握的。①

脚踏实地开展教学调研

范绪箕初到交大工作，为尽快熟悉工作，首先对教学开展了细致深入的调研。1979 年 12 月 28 日，上海交大向市教卫办、高教局、国防工办教育局、六机部教育局上报《1979～1980 学年第一学期期中教学情况调查》显示，10 月 20 日～11 月 26 日，学校组织力量采取领导与群众相结合，点与面相结合，调查与总结、改进工作相结合的办法，进行了全校范围内的期中教学质量调查，调查工作由副校长范绪箕、副教务长奚心雄主持，组织了由校系教学法委员、教研室主任和富有教学经验的教师共 229 人参加的调查队伍，各系也成立以主管教学工作的副系主任为组长的领导小组，深入地调查了 22 门课程的教学情况，各系分别调查本系 1 门专业课与 1 门基础技术课，组织学生填写《教学情况调查表》。

调查情况显示，自“文革”后学校重点转移以来，学校注意恢复和发扬老交大“起点高、基础厚、要求严”办学传统，较好地发挥广大教师搞好教学的主动性和创造性，更新了教学内容，加强了教学法活动，促进了教学质量的提高，主要表现在：

第一，教学内容得到了更新和提高，1977 级大部分课程，1978 级、1979 级几乎全部课程采取了“文革”前的教材和 1978 年以后的新编教材，还不断

① 上海交通大学校办简报第 34 期，1985 年 1 月 7 日。

加进了能反映近代科技成就的新内容,更新了部分教学实验。

第二,大部分教师教学效果良好。全校主讲教师 359 名,其中 268 名教师(占主讲教师的 74.7%)的教学效果好。

第三,教学法文件建设与教学辅助环节得到了加强。

第四,学生的学习质量有了提高,学习积极性高涨。

调查也显示出当时的教学体系、方式上都存在一定问题,包括:专业设置划分过细,教学内容陈旧,教学方法单调。教师照本宣科,课上“满堂灌”,课下师生缺少交流。除上课外缺乏实验、设计等内容;教学要求不高,学生只要能够弄懂讲解的内容、会做规定的习题就是优等生。在此调查结果的基础上,范绪箕积极推动交大开展一场有的放矢的教学改革。

为了吸取先进的海外办学理念,范绪箕于 1980 年 11 月 13 日至 12 月 17 日,亲自带队考查了联邦德国、英、法三国的近 30 所高校、研究所和工厂,包括著名的联邦德国阿亨工业大学、慕尼黑大学、英国的剑桥大学、法国的巴黎综合工业大学等。回校后,范绪箕介绍了这些学校在办学方面的一些共同特点:①学校着重培养学生的自学能力。②学校教育与生产结合。③科学研究方面,教师既抓教学又搞科研,教师的科研工作大多通过研究生进行,教师进行引导、指点。教师的教学、研究、行政工作的时间各占 1/3,一

图 7-6 1980 年,范绪箕(左二)出访西德康斯坦斯大学,与该校签定合作协议

位教师指导 4～5 名研究生，他们实行弹性工作制，为开展研究常常不分昼夜。④每所学校都有一个庞大的计算机中心。这些都是交大教学改革努力的方向。

拓展、重建已有专业

谈起上海交大当时的教学模式，范绪箕说："当时交大和全国绝大多数大学一样，都延续了二十世纪五六十年代学习苏联后形成的办学模式，大学都是按照苏联的样子来搞的，突出的特点就是理工分家，专业划分过细。老交大以理工最为见长，经过二十世纪五六十年代学苏联、搞院系调整，被改造成一所多科性的工科大学。改造之后又分为上海交大、西安交大两家，机械、电机专业的主体部分搬到西安去了，上海这边变成以造船为主。我来的时候也还是个造船的底子，专业设置是按照苏联的模式来搞的，学校也归主管造船工业的六机部领导。"

对于交大的教学改革，范绪箕回忆说："我想交大无论从过去的传统或国家的需要考虑，都不能只围绕造船来转，这太狭窄了。那么怎么改呢？我想还是应该按照一个理工的模式来办，要花精力把当时很专的专业方向改成往宽里拓，比如说船舶什么专业的，就要把船舶两个字去掉，把专业的范围扩大，让它应用宽泛。从学校的体制和专业设置着眼，我想还是应该恢复理工，以工为主，走理工结合的路。工科专业的拓展，着重点放在发展电子计算机上。当时国际上计算机工程教育已经普遍，电子芯片、人工智能、遥控遥测都是国际科技的前沿，作为学校领导我们应该多花点力气在这些方面 。"①

除工科外，范绪箕认为："理科是工科的基础，发展工科的同时，理科也应该相应地发展。我们加强了数学和物理，都是为了把工科的基础加强，专业拓宽。50 年代院系调整把交大的理科都调整出去了，这时候需要从无到有，恢复重建。我们先后成立了应用数学系、应用物理系。"②

---

① 范绪箕口述："我与上海交大的教学改革"。《思源》，2014 年，第 4 期。

② 范绪箕口述："我与上海交大的教学改革"。《思源》，2014 年，第 4 期。

“文革”后，交大英语教师多由俄语老师转行担任，教学中拘泥于使用外语只要读懂科技书刊即可的最低要求。范绪箕觉得“仅仅读一些科技字词，不掌握语言，就不能灵活运用这些字词，更不要说参加国际学术会议和与外国专家交谈了。学外语不应该仅仅是科技词汇，而且要广泛学一些文学课文，才能够基本掌握语言。”①，尤其是英语已成为世界文化交流的共同媒介，只训练学生阅读科技外语书籍，不引领学生进入外来文化领域，加强会话能力，势必既限制了学生的国际交往能力，也违反了语言能力应在听、说、读、写中互相促进互相强化的规律。

1979 年，在范绪箕的倡导下，整合师资力量，重新组建外语系，1980 年正式招收英语专业本科生，同年，上海交大率先出版了第一套包括听说读写各项技能训练的新型教材，在方法上首创将录音机引入教室，同时引进了一套以获取信息为主要目的阅读教学方法，把英语教学的水平提高到一个新阶段，领先于全国其他工科院校。

大力培养师资队伍

抓好教学工作，关键在教师。上海交大的教师队伍经过“十年动乱”，存在知识老化，结构失调等问题。一部分老教师知识陈旧，更新知识存在一定困难，中年教师很难在短时间内双肩挑起教学和科研重担，多数人往往只具备一方面的经验和能力。青年骨干教师人数较少，人员结构出现断层。提高师资队伍水平是交大面临的大问题。

“文革”后，交大的教师队伍吸收了部分 1969、1970 届和 1973～1975 届的毕业生。他们因受“文化大革命”的影响，业务基础不够扎实。为了提高他们业务水平，在范绪箕的主持下，学校为 1969、1970 届毕业的青年教师 80 人举办了为期一年的“回炉班”，为 1973～1975 届的青年教师举办为期一年的进修班，进修物理，高等数学和外语等课程，参加学习的有 309 人。

截止到 1980 年，学校共组织开办外语班 35 个，参加的教师有 1 235 人

① 范绪箕口述：“我与上海交大的教学改革”。《思源》，2014 年，第 4 期。

次;参加数学班的有 1 047 人;参加校、系两级开办的计算机班有 1 227 人。全校 50%的教师都能看懂计算机程序,并上机操作。从 1983 年起,学校还派遣青年教师 50 多人参加教育部统一举办的助教进修班,有计划地安排一批青年教师在校内外进修硕士学位的课程。

为了提高教学质量,学校提出“严把任课教师关”的要求。1980 年 2 月《文汇报》刊文“保证教学第一线教师的质量,交大向主讲教师颁发教学任务书”,报道交大教务处深入各系,通过试讲等方式,逐一选配、审核主讲教师,学校统一颁发教学任务书,收到任务书的教师才有资格上讲台任教。

注重基础教育——启发式教育

为了改变“满堂灌”、“抱着走”的教学方式,将课堂教学转移到对学生能力的培养上来,范绪箕倡导,从高等数学、普通物理、工程热力学等课程入手,以启发式教学方式代替传统教学方式。1982 年学校提出了“克服因循守旧思想,继续改革教学方法,提高教学质量”的学期工作要求。其后,学校共有 22 门课程、36 位教师进行了启发式、讨论式的教学试点,并召开了课堂教学方法改革讨论会,归纳了几个改革的特点:把课堂教学这一环节由教师向学生灌输知识的过程,改为在教师的引导下师生共同探索的过程;把讲课的过程由书本阐述问题的顺序,改为按初学者探索问题的顺序;把讲授内容由书上有多少教授讲多少,修改为教师举“一”,学生反“三”;把讲课的重点由知识本身转向知识获得的方法;把课堂教学由“一言堂”,改为讲授中适当穿插讨论。

为了推行启发式教学,范绪箕偕同副校长林栋梁,在全校基础课中树立“授课样板”,并亲自听课,督导在基础学科中的启发式教学。担任数学、物理样板课的教师分别是程极泰和张馥宝。

程极泰教授讲课十分受学生欢迎,他将教书和育人有机结合起来,课堂上积极地启发、引导、鼓励学生,课堂下密切关注学生的反馈情况。他所教的部分同学在三年级时就写文章投寄国内外杂志发表,并参加全国学术会议。

1982年6月19日，校报刊发化学教研组的文章“出题—设计—讨论—实验”，介绍了该教研组为培养大学生治学能力所进行的成功探索。此次的尝试探索有以下优点：①开阔思路，用活理论；②自己设计，自己验证，做起来特别认真；③有成有败，给学生印象深刻。校报还刊发“聚变”一文，介绍高等数学第8次讨论课——级数敛散性的论证，记述了该课的学生和老师思辨过程，以启发学生独立思考能力的情况。

除了大力宣传启发式教学，范绪箕本人还将多年来从事教学改革工作的经验和体会，整理撰写了多篇与教学改革相关的论文，其中“改革理工科高等教育的一些问题，高等工程教育要实行多层次化”、“对我国当前高等工科教育中一些问题的看法”等文章分别获得教育部和上海市教育研究优秀论文奖。

治学理念——因材施教、导师制/班主任制和学分制

在范绪箕看来，培养学生最重要的是根据爱好和个人特长发挥学生的才能，因材施教。“材”有两种解读，一是爱好，二是特长，个体的爱好与特长并不都吻合。教育就是要根据不同人的特性将他们的才能与特长发挥到最大。在推广启发式教学的过程中，范绪箕发现“在教学计划中，必修课程满满的，学生按表听课，做作业还来不及，哪里还有时间和精力去涉及其他感兴趣的问题呢？”他回忆说：“为了让学生在学习上有一些自由度，我就提倡选课制、学分制、导师制。先是下决心把必修课课时压下去一些，增设一些选修课，鼓励学生根据自己的特长和兴趣，去学习一些东西。只要教室容得下，就尽量允许学生去选修，去旁听。要搞选课制必然要有导师制，因为你选了课就要选老师。”①

范绪箕认为“满堂灌”教学方法的一个重要原因是新中国成立后17年来中国高校照搬了苏联经验，“把教学计划当做法律”，教师只要完成规定的教学任务就行，而不顾学生的爱好及特长。因此要实行因材施教、学分制，倡导实事求是。为了解和发现学生的爱好和特长，他还在低年级的学生中实

① 范绪箕访谈，2011年9月14日，上海。资料存于采集工程数据库。

行了导师制。

他认为必须特别关注两类学生，一是直接从中学考上来的听话学生，很用功，但是灵活应用知识的能力较差；另一种是头脑很灵活，接受能力和反应能力都比较强，但是由于对课程缺乏兴趣，不太肯钻研。对于这两类学生，范绪箕建议教师们从实际出发，培养他们的学习兴趣，发展他们的自学能力，打破旧观念，变“抱着走”为“扶着走”、“自己走”，只有这样才能培养出社会需要的人才。

学生学习的过程也是发现自己特长与爱好的过程。如果中学没有发现自己的爱好和特长，进入大学后才发现，则应设法加以调整。因此，大学应建立导师和班主任制度，每个老师负责 5 个学生，在刚入大学的半年之内了解清楚他们的特长和爱好。如果了解到有些学生的爱好与特长与所学专业不符，可以换专业。半年内调整后，第二年进行第二次调整，这次调整是在本门学科内调整。到三年后可以根据爱好进行选课，如同吃“自助大餐”。

在当时的教育制度体系下调整专业是难以做到的，国内高校当时是用分数而不是特长来确定专业。为了贯彻因材施教，提高教学质量，从 1980 年的第 2 个学期开始，上海交大已经全面试行学分制教学。为此，学校根据各年级、各类学生的不同要求设置选修课，学生可以按一定程序跨系、跨专业、跨年级选修课程表上安排的任何课程和专门开设的选修课。学生选修、免修规定的实行，受到广大学生的热烈欢迎，全校有近 700 人次选修了学校开设的各类选修课程①。在 1980～1981 学年的第一学期里，学校为加快实行学分制，在公共课，基础课和基础技术课中新开 30 多门选修课，并编制了《1980～1981 学年本科各年级（专业）课程目录汇编》，列出了下一学年学校将开设的各类课程 43 门，供学生跨系、跨专业、跨年级选修。

班主任工作是提高教学质量的又一重要环节，范绪箕在全校范围内多次召开班主任经验交流会，请优秀班主任介绍工作经验和体会。1980 年 1 月16 日，《文汇报》刊文“发挥教师在教学中的主导作用，上海交大工程力

---

① 《上海交大纪事（1896～2005）》（下卷），上海交通大学出版社，2006 年，第 739 页。

学系理论力学教研室教师既教书又育人”，文章介绍了该教研室主讲教师接受任务后，深入学生宿舍了解学生情况、特长和其他课程成绩，为因材施教做好准备。教学工作中，注意引导学生树立正确的学习目的，帮助学生树立良好的学风。

1980年4月25日，《解放日报》报道了上海交大校长范绪箕在全校教师大会上谈教学改革的意见，他的主要意见是：第一，实行导师制，要掌握学生在德智体方面的发展情况，了解学生的特长、兴趣和才能，以便因人而异地进行培养；第二，允许学生调换专业或改变方向，对个别在某些方面确有特长和才能的学生，经导师推荐和必要的考查，可以允许其调换专业或改变方向；第三，增加选修课，建立校、系两级必修课和选修课的体系，要编出全校本科生和研究生课程目录，供导师和班主任指导学生选课；第四，改革课堂教学，课堂上教授要给学生留有活动的余地，引导学生自己看教材，自己提问题，开展讨论，自己寻找知识；第五，改革考试方法，考试方法应有利于发现人才，鼓励创新，考试命题除必要的基本题外，要出一些难度较高的题目。做出基本题，只计中等成绩，做出难题才计优良成绩，对少数拔尖学生可以允许他们自拟题目，进行口试答辩；第六，开展多种形式的课外活动，如组织专业介绍和参观，举办科普讲座，放映科教电影，组织科研小组，兴趣小组，参加学术报告会等。他说：“这些意见贯穿一个中心思想，就是贯彻因材施教，搞活教学的原则。”

1980年11月24、25日，学校分别召开各系总支书记会议，汇报实行学分制，培养业务优秀生、尖子生工作的情况。学校1977届、1978届共有学生2 590人，各系从中选拔出业务优秀学生250人，占学生总数的10%，其中尖子生32人，占1.2%，进行因材施教、重点培养，着重在业务知识和动手能力上加强和提高，落实培养计划，聘请副教授以上职称教师作为优秀生的导师。同时在各方面关心这些优秀学生，通过做深入细致的思想政治工作，引导他们全面发展。

1980年《交大简报》12期载文，二系党总支一年多来在1977届、1978届两届学生中发现和培养了10名优异生，占同届学生总数的2%。他们学习成绩优异，综合能力突出，这些学生的共同特点是：①自学能力、理解能力

强;②思维敏捷,反应较快;③学有余力,除学好课程外,仍每天坚持体育锻炼,每周参加文娱活动。二系培养优异生的做法为:

第一,改变选优标准及方法。首先从学生的智能结构即智力、活力、动力三个方面挑选优秀生,不仅看高考成绩,还参考在中学期间的表现和成绩;此后根据进校后一二年级的成绩,从优秀生中选取有抱负、事业心强、思想品质好的学生作为优异生重点培养。

第二,根据特长,因材施教。方法上注重培养自学能力、动手能力、组织能力。具体做法上做到"五落实":导师落实,方向落实,教学计划落实,时间落实,图书资料实验室落实。

为了鼓励教师担负起教书育人的责任,1979 年学校还修订了《上海交通大学班主任工作条例》《班主任优秀工作奖评选办法》等文件和规定。对在班主任工作中认真履行班主任职责,关心学生全面发展、开展多种形式思想政治教育工作,努力做好教书育人工作的优秀班主任给予奖励,评选每年一次,1980～1984 年期间分别有 86、59、51、33 和 48 位老师获奖[①]。

图 7-7　1982 年,范绪箕(右一)在上海交通大学 1982 届毕业典礼上讲话

---

① 《上海交通大学志》,上海交通大学出版社,1996 年,第一章本(专)科教育,第 321 页。

拓展学科发展

兴建新兴学科

范绪箕深知工程技术离不开科学之源，而科学的发展须遵循“分则深、深则通、通则合”这样的规律。他认为新中国成立后，我国高等教育照搬苏联高等教育的模式，在院系调整中将文、理、工分校，这种“分”严重阻碍了高校的发展。到上海交大工作后，他看到交大这样一所早在1930年代初就融理、工、管为一体的著名学府，被拆解得只剩下工科，深感痛惜。在校任职期间，他一直致力于理工结合、文理渗透、学科交叉等工作。

1985年7月，生命科学与技术系成立，它完全是一个新兴的技术学科。早在1982年，由范绪箕主持召开的第三次校长办公会议上就曾讨论并决定建立生物科学学科。同年10月，范绪箕批准在精密仪器系设立生物技术研究室，在应用化学系设立分子生物学研究室，分别开展生物学中模拟生物圈综合应用和分子水平的研究。在他的大力支持下，学校建立了生命科学与技术研究所，后来发展成生命科学与技术研究院，成为学校的强势学科。

当时正在筹建生物医学工程新专业的朱章玉教授至今仍对范绪箕校长支持新学科建设念念不忘：

我和范校长第一次见面是在1979年，他主持召开成立‘生物医学工程跨系委员会’的筹备会议，当时范校长刚到校不久，他在会议上对学科交叉、融合和发展的讲话给我留下了深刻的印象。过了不久，范校长在主持分配教育部世界银行贷款专题会议上，再次代表学校对新学科、新专业给予了大力支持。会上他宣布，学校决定给生物医学工程专业40万美元额度用于购置先进仪器设备。我们经过调研、论证，根据自己

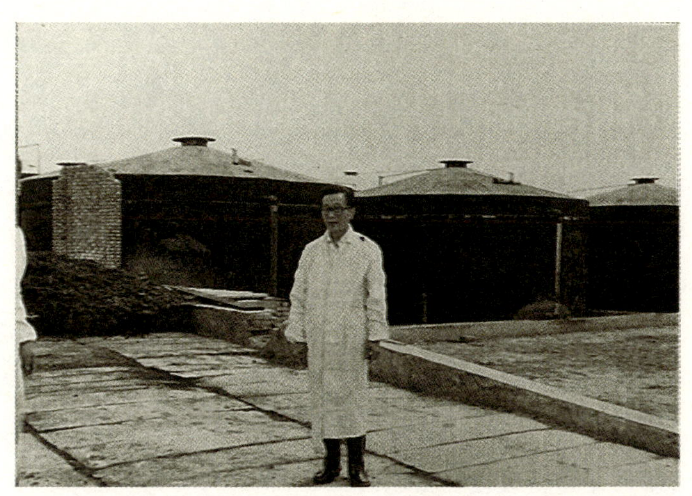

图 7-8　1984 年，范绪箕参观新型生物试验农场（东风农场）

的专业特色，用这笔贷款订购了一台世界上先进的、国内高校还没有的专用医学图象处理设备。多年来，庄天戈教授等人充分利用这台医用图象处理装置，进行了大量的医学研究，取得了一批重要成果，培养了许多优秀专业人才，庄天戈为此所开设的专业课还评为教育部精品课程。

1983 年范校长在澳门出访期间，接触了 Austgen Biojet 公司技术主管郑清福博士，得知该公司拥有世界上先进的 ICEAS（周期循环延时曝气）生物废水处理技术，认为很适合在中国开发应用。回国后，立即向我们介绍了有关情况，并建议我们设法邀请郑博士来校访问、交流。郑博士 1984 年 7 月应邀第一次来华，范校长亲自主持了郑博士在学校的学术报告会。在范校长主导下，双方都对进一步合作表示了极大的热情和诚意。郑博士此后往返沪、澳多次，将合作逐步推向实质阶段。

ICEAS 系统技术先进，又省地、省电，但许多人由于受到习惯思维的影响，总认为在国内未有已建工程，对它不了解、不熟悉，加上要配备专门的电控装置，不如传统手工操作的机械装置可靠，因此在国内应用阻力很大，甚至要说服环保局、建委、科委都很困难。直到 1990 年，地处闵行区黄浦江边的上海中药三厂，因车间生产的废水颜色深、浓度高，很难处理，直接影响市民饮水质量，多年一直未能找到有效的处理方法，工厂压力很大。市政府为了限期治理，专门将其列入当年的“实事工程”，若工厂再不解决废水处理问题，就得停产搬厂。我们获悉后，即取水样到实验室在 ICEAS 系统模拟装置上进行小试，反复摸索处理工艺和相关参数，结果比较满意。1990 年春天，我们与工厂正式签订了技术服务合同。经过精心设计、精心施工，最终仅花了半年时间就完成了工程建设，并配上我们自己研制的电气控制台和上海生产的“滤水器”，按设计要求进行认真调试、启动，废水处理结果达标。我们和工厂一起采用 ICEAS 系统圆满完成了市政府下达的这一实事工程任务。为此，市政府于 1991 年初专门在现场召开了竣工验收会，范校长亲自出席。项目负责人李道棠教授因出色的工作，被评为当年“上海实事工程先进个人”。上海中药三厂废水处理工程也成为 ICEAS 系统在国内率先使用的样板工程（至今仍运行正常）。此后我们在全国各地先后建立了几十个大大小小的 ICEAS 系统废水处理工程。该技术 1996 年被国家环保总局确定为“最佳实用技术”予以推广。1998 年 5 月，李岚清副总理在昆明参观该项技术建立的大型城市污水处理厂时说：“这是一项非常出色的工程。”经过多年的实践和理论研究，我们团队中的李道棠教授已成为国内外很有影响的一位生物废水处理专家。

ICEAS 系统在国内的推广应用也大大带动和促进了人才培养和学科建设。以 ICEAS 技术的理论和实践为基础，我们持续为本科生和研究生开设了专业课，培养和指导了一批研究生，他们已在国内外废水处理领域发挥了很大的作用。在有关部门的配合下，我们还适时在我校创建了环境工程、环境科学的硕士点、博士点，推动了新兴学科在学校的发展。1994 年生物科学与技术系搬迁到闵行生物楼，我们利用“昂立 1 号”的获益，建立了相应的教学、科研实验室，并从国内外引进了一批骨干教师，全系各项工作出现了新面貌。不久我和总支书记罗九甫专门陪当年给我校生命学科很多指导的沈善炯院士夫妇参观了新的生物楼和闵行校区。沈先生曾应范校长邀请（他们同为加州理工学院同学）带了几名骨干到校帮助建立分子生物学研究室，在我校开创了生命学科的基础研究。1997 年 2 月 19 日，在沈善炯院士所在的中科院上海植生所的支持和配合下，我校与中科院上海分院联合建立了生命科学技术学院，覆盖了生、农、医、药及环境等领域，形成了早在 1992 年钱学森学长给我写信所期待的“一个大的专业学科”，也实现了 1994 年钱老再次给我来信所预言的“老交大的理工面貌要换新颜了，理、工、生的上海交通大学！”进入 21 世纪，上海交通大学与上海市第二医科大学实现了强强联合，从此，生命医学真正成为了学校的一个支柱学科。我和同事们几十年为之奋斗的梦想总算成真。回想过去，一路走来，历届领导都将生命学科放在重要位置，特别是范校长，他为生命学科在交大的创立奠定了基础，几十年来，他一直给予了极大的关心和具体的指导。对此，我们永不忘怀。①

范绪箕一直关注科技发展的最新动态，他认为电子工程的发展是关键。他回忆说：“我当时就觉得电子是我们国家的弱项，必须重点发展。而且，加强计算机大家都不会反对的，因为计算机应用是普遍的，计算机程序设计可以带动整个工科的发展，所以我们们首先要抓计算机和普及应用计算机，要到国外购置一台大型计算机，成立一个跨学科的计算中心。关于买一个什么类型的计算机作为计算中心的主要设备，当时就讨论了很多次，最后决定买 IBM 的，买来后就改建了一栋楼，成立了计算机中心。”②就这样，在邓旭初和范绪箕的推动下，上海交大率先建立起高性能的计算中心，并向全校开放，从硬件上促进了各学科与现代信息技术的融合。他还主张对学生“计算机教学不断线”，不断改善计算机实验条件，增加学生上机操作训练的时数，使得计算机教学和在科研中的应用水平得到迅速提高。

成立跨系委员会

高等院校应积极开展科研工作，这不仅是从提高教学质量、培养高质量

① 朱章玉：“往事记忆——我对范绪箕校长的印象”。
② 范绪箕访谈，2011 年 9 月 14 日，上海。资料存于采集工程数据库。

人才出发，也对迅速发展科学技术有利。范绪箕认为，高等院校师资力量雄厚，学科多，如果科学技术越趋于综合性，在高校的科研优势就越突出，因此要打破系与系、教研室与教研室的界限，建立研究中心或实验中心，提倡科研的合作精神。

自从 20 世纪 60 年代起，工业发达的国家先后出现了能源危机和严重的环境污染问题，从而导致了许多新的边缘学科的出现，例如能源工程、环境工程和生物工程等等。电子计算机的出现大力推动了边缘学科的发展。范绪箕出访美国后发现在加州大学伯克利分校有 30 多个系，而跨系组织就有 40 多个。发达国家跨学科教育如雨后春笋般发展起来。进入 1970 年代末期 1980 年代初期，随着分子生物学的发展，化学、生物学与工程的结合日益广泛，范绪箕认为跨学科的科研是科学技术重要发展的标志之一，他为此致力于上海交通大学的跨系委员会的建立。

图 7－9 1980 年，范绪箕（左二）在实验室与师生一起工作

1982 年，校长办公室发出《关于成立跨系学科组织的通知》，除已经成立的系统工程等跨系学科委员会（1981 年 4 月成立），还将建立能源工程、环境工程、海洋工程和人体科学等跨系学科委员会。同时，对生物医学工程跨系学科委员会进行调整，并指定各跨系学科组织的临时召集人，负责筹建各有关跨系学科委员会，通知并附发《跨系学科组织的机构和任务》。先后成立

的生物医学工程、系统工程、热传导和热应力、人工智能、环境保护、能源6个跨系委员会堪称上海交大学科体系走向“合纵连横”的先导，其中有的现已发展为专门的学院或系。

朱章玉回忆说：

在范校长在办学理念和学校发展思路上，一直坚持自己的观点。譬如：当时他一再强调，交大应走高质量、高水平的发展之路，而不要过分强调规模发展和扩张。他多次谈到加州理工学院规模不大，学科也不齐全，但在理工、生物学科方面水平很高，始终处在美国和世界前列，我国财力有限，我们不一定要仿效清华大学，在规模上与它比拼。范校长在主持上海交大行政领导工作的几年中，始终把主要精力放在人才培养、学科建设(特别是新兴学科)、师资队伍这3件学校最根本的大事上。当时他就提出了因材施教、导师制、学生跨系、专业选修课程等一系列举措。范校长特别强调教师应将教学与科研、研究生与本科生组成“连环套”相结合、互促进的教育方式，并指出这是提高教师水平、培养优秀学生的最有效途径。范校长大力推动成立的6个跨系学科委员会，大大促进了各学科和各专业老师之间的合作和交融。①

范绪箕认为现代科学的发展需要理、工、文的相互渗透，提倡高等工程教育要实行多层次化发展，建立我国自己的高等教育体系，主张把出成果和出人才结合起来。

教学及科研相结合，推动学科发展

范绪箕说：“要发展教学和学科，就必须发展科研，而且要所科学和科研很好地结合起来，提高教学的科技水平。出了科研成果，可以开辟出新的学科领域，把学科的水平推进到科技前沿。因此，教学与科研分离是不对的。

① 朱章玉：“往事记忆——我对范绪箕校长的印象”。

我们考虑搞一个学科建设，首先就要考虑到它的发展前景，考虑科研的发展方向。我们提倡交大老师要身兼两职，首要的当然是教学，为国家培养专业人才；第二就是要搞科研，出研究成果，这才能适应大学老师的要求。不然的话，新知识、新技术难以引进到教学中去，就是吸收进来也为时已晚。反过来，搞科研的人也非教学不可。老师搞科研就需要带研究生，带研究生搞科研的老师，往往比教师单个搞科研的成果要来得大、来得多。带研究生不是要自己先把课题做一遍，再叫研究生依样画葫芦去模仿。导师主要是指点研究的路子和方法。导师和研究生共同探索新知识、新技术、新问题来提高整个学校科研队伍建设和研究氛围。我平时就是抱着这样的思想来带学生的。”

“大概是 1984 年，我去了斯坦福大学、麻省理工学院、密西根大学，还有其他的一些学校，看到当时美国大学很突出的科研是芯片设计。我个人觉得斯坦福大学做得最好，应该按照这个模式去学。正好斯坦福大学的前航空系主任是我认识的一个俄裔教授。这位教授年轻时曾到我读书的加州理工学院进修过，所以和我有些认识。我去斯坦福访问时，他告诉我斯坦福大学正在建一个芯片设计中心，并介绍我去参观。于是我去看了，受到热情接待，并且，他们把计划详细地介绍给我听。当时他们正在建设一座楼，这个楼里有一套完整的制造芯片的设备，最让我感到特别的是这里不但有许多设计室，而且有许多为生产商准备的工作室。他们告诉我说很多工厂会进驻，我们都会提供给他们一个房间，让他们看我们学生设计的芯片。他们觉得哪个产品好，哪个学生适应他们工厂的需要，就选择这些产品并招聘这些学生，所以还没到毕业的时候，就连产品和人才一块儿招到手了。我当时觉得这个模式非常好，这就是生产与科研、教学相关联系的一个最好的典型。回国后，我跟邓旭初书记商量研究，也照斯坦福大学这个办法建立一个芯片研究设计中心，于是就派了 1 名副校长去做详细调查，我还给斯坦福大学写了介绍信。但调查回来后却改成做光盘了。对此事，我至今仍感到遗憾。”①

---

① 范绪箕访谈，2011 年 9 月 14 日，上海。资料存于采集工程数据库。

增加理工科学校的文化艺术元素

范绪箕认为:“文化艺术是大学生培养高尚道德情操的源泉。学校对学生只进行政治教育是不够的,没有文化修养,没有艺术熏陶,就不可能成为科学家、工程专家。所以,我觉得理工科大学的学生要加强文艺修养,当时我们就搞了文学艺术类教学,成立了中文、美术、音乐 3 个教研室,为理工科学生开出了一些选修课。文学、绘画、音乐课都开设了,选修的学生还不少,很受学生欢迎。我们也聘请了一些文艺专家来交大,来教绘画、钢琴,也搞起了一些学生乐队。我们弄了一点文学艺术,主要是为了业余欣赏,就跟艺术一样的。因为让学生知道一些过去的人物、中外的历史文化,以及历朝历代怎么样的状况,使学生的精神境界得到提升,就不至于搞庸俗的东西,综合素质自然就提高了。

在发展艺术修养方面,我们在教二楼搞了一个绘画室,请了画家夏葆元主持。当时 还招了学生,开了绘画班。……现在我们学校里搞艺术的詹仁左老师,也是我介绍来的。他当时很年轻,是原中共上海市委书记魏文伯介绍给我的。詹仁左是很上进的,后来一直在交大从事绘画和美术教学工作。1998 年美国总统克林顿访华时,詹仁左应邀当场画牡丹赠送给他。”①

“世行生”——人才培养试点

严格选拔

世界银行贷款是中国第一个大学发展项目,中国政府于 1981 年 11 月

① 范绪箕口述:“我与上海交大的教学改革”。《思源》,2014 年,第 4 期。

4日批准,1982年11月4日生效,旨在帮助全国28所重点高校的发展,提高它们的教育水平和学术研究能力。项目实行国家教委和院校两级管理。项目中有114万美元用于出国进修及培训费,受这个项目资助出国学习的学生被称为"世行生",上海交大便是这批资助的获益学校之一。

范绪箕最初的想法是派送本科毕业生出国进修,攻读研究生学位。他的想法遭到了许多人的反对,反对他的人认为应用这笔贷款资助教师出国学习,派遣本科生出去学习是浪费资源,因为本科生出国学成后大多不会回国工作,以世界银行贷款资助他们等于打了水漂。而范绪箕认为,派送教师出去的功效不大,因为这些教师大都已经成家,同时年龄偏大,并不是获取知识的最佳年龄;同时这些教师没有学业压力,他们大多只能走马观花地浏览国外的教学管理体制,无法深入地学习。而青年学生有强烈的求知欲望,体力和精力都处于最佳状态,再加上有获得学位的压力,他们获得的成就将远远超过出国进修的教师,即使他们出国后不会立刻回国工作,但是从长远来看,是为中国培养大批在国际舞台上发挥重要作用的人才。

范绪箕回忆说:"当时学校出国深造的都是专业老师,根据经验,我感觉进修教师出去是没有压力的,在国外学习如何,没有人关心,外国学校根本不负责,你爱学不学,随你的便。当时听说很多人去国外进修,不上课,也不怎么做科研,买了一辆自行车,到处游逛,买些二手货带回来,就完成了任务。这样送出去一点作用都没有。所以,我就决定不派进修教师出去,而是送研究生出去,交大是第一个送研究生出去学习的。对于这一主张,当时人事处也是有意见的,他们认为把好学生都送走了,以后不回来,就等于给外国人培养人才了,我认为不回来是个别现象,大多数是会回来的。即使不回来,也会对祖国有帮助,中国人总会帮中国人,这是历史上证明了的。这样,我就主持选拔了38个成绩优异的学生出国学习深造,以后又陆续送了两批。"①

"世行生"的选拔首先要经过各个系组织严格的笔试和面试,以考察学

① 范绪箕访谈,2011年9月14日,上海。资料存于采集工程数据库。

图 7-10　范绪箕亲自挑选的“世行生”合影(摄于 1982 年 12 月 10 日)

生的基础知识、政治思想素质和外语水平。之后,范绪箕和每位候选学生面谈,了解他们的求学动机、志向,对所学学科的理解和今后的发展计划,从中挑选出思维敏捷、学风严谨、独立工作能力强,胸怀抱负的学生作为世行生人选。

在这群学生中,姚一心同学给范绪箕留下深刻印象,他工作了几年后重新参加高考,年纪比同年级同学偏大一些,他为人沉稳,有耐心,对今后个人发展有着明确的规划,在学习中有种锲而不舍的坚持。在他们的谈话中,范绪箕提到了姚一心感兴趣的液压传动学科,当时浙大著名教授路甬祥正在研究这一课题。姚一心听后十分兴奋,专程赶到浙大拜访路甬祥教授。若干年后姚一心果然不负众望,成为美国哥伦比亚大学机械工程系教授、系主任。

精心培养

申请美国留学需提供托福成绩,1980 年代初的上海交大尚无人参加过此类考试,大家对这类考试的情况还一无所知。此时,外语系凌霜老师主动找到范绪箕,自告奋勇要求带学生们复习英语,准备考试工作。在交谈中,范绪箕了解到，凌霜在中学时就开始学习外语，在大学时代攻读的也是英文专业，在武汉工作时曾研究过托福考试。当时交大外语系教师大多是由学俄语转学英语，所教授的课程也都是科技英语，他们对应用性极强的托福英语都不了解。凌霜的经历在外语系十分少见，他的自荐也给“世行生”迈出国门带来了一线曙光。

为了让凌霜安心工作，范绪箕专门为他分配了一套住房，这在当时的交大还掀起了不小的波澜。范校长的关怀温暖着凌霜的心，他决心把自己的全部精力贡献出来，让学子们在托福考试中取得优异成绩，实现他们走出国门的理想。1982 年暑假，学校专门在交大附中开设外语班，集中封闭性学习。范绪箕为每位学生配备了在当时还不常见的录音机。这不仅给“世行生”们的学习带来了便利，也在用行动支持他们：学校在尽全力创造良好条件帮助他们出国完成学业。最终这 38 名研究生都一次通过了 TOEFL 考试。

海外联络

1981 年至 1982 年，为了落实“世行生”攻读学位的学校，范绪箕专程访问了美国、英国和德国等高校，帮忙落实导师。每个学生最多联络 3 个学校。范绪箕也十分乐意为学生们写推荐信，帮助学生介绍适合的导师。他回忆说：“我以交大校长的身份去了美国普渡、麻省理工、威斯康星、哥伦比亚大学，给这些‘世行生’落实就读学校，挑好专业，选好导师。”①

为了跟踪“世行生”的学习进展和成长过程，范绪箕专程到他们进修的学校考察他们学习的情况，并专门成立了教师培训科，与培训科联络的负责人是在他们中年纪较长的姚一心。

对于“世行生”未来的发展，范绪箕本意是通过跟踪联络了解他们的学业情况和发展需求，学成后可动员他们回国成为学校相关学科的骨干教师，即便他们决定在海外留下来，也可以在当地扩大上海交大的影响，对上海交

① 范绪箕访谈，2011 年 9 月 14 日，上海。资料存于采集工程数据库。

大加强海外交流也大有帮助。但由于之后学校管理部门的变动，“世行生”跟踪考察和联系工作在持续了2年后便没有再坚持下去，以致学校与派出的留学人员失去联系，范绪箕至今仍深感遗憾。

硕果累累

许多“世行生”毕业后已成长为业界精英，其中有海外知名大学的学者：美国斯坦福大学教授陆盈，美国哥伦比亚大学教授姚一心，美国密西根大学教授倪军，美国艾奥瓦大学教授白尔维，澳大利亚技术科学与工程院院士、悉尼大学信息技术学院教授及主任、生物医学工程与技术研究院主任冯大淦；有活跃在工程界的精英：美国摩托罗拉公司资深工程师张民宪等。此外由范绪箕帮助联络出国留学的还有 LE PONT DES ARTS 副总裁何路等。这些学生至今仍然十分感激范绪箕。微软亚洲研究院副院长的赵峰就曾在采访中提到：“我在交大学习时，对我影响最大的是范绪箕校长，他很注重跨学科复合型人才的培养。为了建设一流的学校，他在交大成立了一个班级，把全校各院系的尖子生集中到一起，而我有幸在这其中，这样我就有机会和

图7-11　1999年，范绪箕与“世行生”姚一心及夫人在美国合影

各种专业的同学在一起交流学习。”①

当年的“世行生”已毕业30年，虽然他们中一些人留在国外发展，但仍然心系母校，报效祖国。机械制造及自动化专家倪军便是其中的一位。1983年5月，他作为上海交大首批世界银行贷款留学生，赴美国威斯康辛大学攻读研究生。学成后倪军留在美国发展，现为美国密西根大学吴贤铭制造科学冠名教授。2000年，他积极推动上海交大与密西根大学全面合作，并获教育部及国务院学位办批准，在中美高等教育界首次实现了学分互认，相互授予学位。在此基础上2006年“上海交大密西根学院”正式成立；倪军受聘成为首任院长。2009年受聘上海交通大学校长特聘顾问。他充分发挥了其个人的独特作用，不仅推动交大机械学科发展，也因此辐射到整个学校的学科建设、国际合作交流及联合研究的开展。倪军所领导的密西根大学吴贤铭研究中心近20年共接纳了百名来自教育部、科技部、基金委、国内高校和企业等的教师和技术管理人员进修和合作研究。十几年来倪军为中国高等教育的改革和发展倾注了无限热情和心血，做出了积极贡献，是“世行生”的优秀代表。

2012年4月6日，上海交大116周年华诞，也正值这批“世行生”毕业30周年。时隔30年之后，他们齐聚母校，参加母校116周年校庆，场面温馨感人。他们忆及当年母校在留学路上对他们的深切关怀，多次由衷地鼓掌感谢。他们纷纷向母校汇报30年间各自的工作经历及取得的成绩，并以“饮水思源，为母校做贡献”为主题，积极为母校发展建言献策，还表达了结合所在行业和工作情况，寻找合作机会，为母校发展贡献力量的美好心愿。

2013年1月5日，范绪箕教授迎来了百岁寿辰，上海交通大学举行简朴而热烈的庆祝会，向依然工作在教育和科研一线的范绪箕教授表示热烈祝贺和崇高敬意。部分“世行生”为感激范绪箕特设立了“上海交通大学范绪箕奖励基金”，以传承范绪箕教授的事业，让更多的交大学子受益，为国家培养更多人才。会上举行了捐赠仪式，张杰校长代表学校接受捐赠，并为“世

① “航空专家启动高等教育改革”。《新闻晚报》，2012年11月19日，第5072期。

图 7-12　2013 年 12 月 7 日，范绪箕（二排左四）参加首届上海交通大学范绪箕奖学金颁奖仪式

行生”代表黄元庚、华平等颁发了捐赠证书，感谢他们和所有“世行生”秉承学校和师长教诲的“饮水思源，爱国荣校”精神。范绪箕当年培养“世行生”的设想，如今已成为现实！

谈起在交大的4年工作时，范绪箕说：“这是我人生中展开的另外一页。交大是一所有着悠久历史的学校，遵循‘基础厚，要求严’的方针，声名远扬，成绩显著，人才辈出。然而面临新时代的进步，学校要发展，不能死守祖训，故步自封，要放眼世界，克服自满，追求卓越。这就是我来交大担任校长后观察并拟定的工作计划。当时恰逢十一届三中全会后，工作重心是贯彻改革开放精神。开放就是要走出去了解西方发达国家的教育情况，我国和他们隔离已久，要了解他们有什么新发展，尤其是计算机发展带给教育的变化，从而确定自己的改革方向。因此我认为让老教师再充电，同时培养年轻教师是当务之急；另一方面，在教学方法上也需要有所改进，即改变教师只面对黑板而不面对学生的状况，同时也要适应新形势，提倡跨学科发展和灵活地选课制度。从表面上看，这些措施都似乎与老交大传统有所抵触，引起一些‘涟漪’也在所难免，而在执行一项改革时也难免有超出现实的情况发生，只要理解改革的精神，不断总结经验，随时联系群众，就可以沿着正确方向改革下去。”

第八章
回归科研

1940 年,范绪箕回国工作后,始终坚持理论联系实践,孜孜不倦地致力于飞行器设计领域理论和实验的研究工作:从归国最初的结构强度研究论文“三边固定一边自由之薄板受中心压力之弯曲”在兰州全国工程师学会获奖,到在浙江大学成功建造第一台风洞,再到 1970 年代以后开始重点关注热应力领域的研究,一直到 1996 年以后研究航天飞行器的热防护系统,范绪箕对航空科研的脚步从未停歇。

航空热应力研究探索

气动加热模拟设备研制

20 世纪 50 年代,随着飞行器飞行速度和高度的提高,飞行器表面与空气的摩擦生热成为了航空工程结构强度研究领域面临的新课题。正在全面负责和推动南航的教学、科研等建设工作的范绪箕也敏锐地发现了这一发展趋势。他一方面受到 3 篇国外相关研究文献的启发,另一方面他也认为,气动加热模拟试验设备是研究飞行器热结构的基础，可以带动很多学科的建设，于是他决定在南京航空学院建立气动加热模拟实验设备，从此开始了对飞行器热结构强度的探索。

气动加热模拟试验设备（即07号大型设备）的目标是模拟导弹在高速飞行时发生的气动加热情况，进行高速飞行器的结构热强度研究。其原理为：飞行器在高速飞行时，外部受气动力加热，随着壳体温度升高将导致其材料的机械强度下降，气动加热模拟试验就是为了考察在气动力加热条件下飞行器结构的安全性，并与理论计算相互验证。原计划的07号设备是以德国二战期间的V－2导弹为对象，但由于热模拟用电量巨大，当时南京市电力系统尚无法承受，只好将07号设备缩小为小型热模拟设备。此设备的控制系统由电工教研室设计完成，热工教研室研制了热流计，其性能均达到当时国内先进水平。该项目是涉及多个教研室和教师的研究任务，在范绪箕直接领导下，包括飞机系、特设系、负责基础课的电工教研室、热工教研室等的诸多教师共同参与。小型气动模拟设备建成后曾进行过多种飞机、导弹部件的热强度试验。

可惜的是，“大跃进”运动后国家实行“调整”方针，范绪箕的研究项目被迫中断。尽管07号大型设备项目被取消，但南京航空学院建成了小型气动模拟设备。范绪箕对飞行器热结构设计研究有了一定的实践认识，成为我国热结构应力研究的先行者，为他以后在上海交通大学开展气动加热研究和建设打下了基础。

火箭发动机热应力研究

（1）组建跨学科的热应力研究团队

由于航空航天技术的发展与力学学科的发展关系十分紧密，范绪箕认为，航空结构力学是一个越来越需要多学科知识和视野参与才能适应其发展的研究领域，如20世纪80年代开始飞速发展的计算机技术和90年代开始兴起的纳米技术等，都在航空航天结构力学的发展历程中扮演了重要角色。要更好地进行航空结构力学研究，必须组建一支开放的、具有多学科研究背景和潜力的团队。1981 年 12 月，在范绪箕的组织下，成立了热传导和热应力等 6 个跨系学科委员会。其中热应力委员会的科研队伍由上海交通大学及上海地区有关研究所的部分科研人员组成，最早以讨论班形式进行，后逐步开展专题研究。具体研究机构包括 101 热应力研究室和 1011 热应力实验室，以促进上海交大的“热科学”学科发展。当时，范绪箕对“热科学”学科的定位是“热学和固体力学相结合的边缘科学”，即应用现代实验技术进行理论分析，研究内容包括热构性、热传导、热弹性力学、热塑性力学、热断裂、热疲劳、热冲击、热振动、寿命分析等。他认为，发展热科学不仅具有重大理论意义，且能促进发展我国航空航天工业、兵器工业及其他民用动力机械、化工设备等，并解决新能源开发、石油煤炭的综合利用、新材料研制等一系列与国民经济紧密结合的重大实际问题。

（2）火箭发动机温度场研究

1981 年，范绪箕承接了某型号火箭发动机设计项目。该型号火箭点火时，尾喷管的石墨衬套曾发生爆裂，为了提高火箭发动机的工作可靠性，需要深入研究石墨喉衬的温度场和热应力。范绪箕研究项目任务是设计衬套，使其在火箭点火及工作时保持完整。

在设计阶段，范绪箕课题组所做的主要工作包括对应力场和温度场的耦合问题、横向同性材料轴对称问题的研究，以及快速测量系统研发 3 个方面[①]。范绪箕从边界条件、耦合效应、瞬态温度场和热效应 4 个方面导出了固体火箭发动机喷管石墨喉衬的温度场和热应力的计算方法，采用有限元方法，编制了计算程序，对分别为 Φ184 和 Φ205 的 2 种型号喉衬进行了数值计算，取得满意的结果，这在当时国内尚属于先进的设计方法。

在该项目工作中，除了成功解决型号发动机尾喷管设计问题外，范绪箕还带队前往实验基地参加火箭试车并开发出一套“MDS－1 型微机控制数据采集系统及动态测温装置”，该快速测量系统以上海交通大学生产的 mic－80 微型计算机为主体研制而成，适用于瞬态物理量的测量和控制，尤其适于在工作时间很短的固体火箭发动机上进行多参数、多点的测量。它被成功

① 范绪箕：“热应力学科的现状及发展”。《热应力》，1991 年，第 1 集，第 1～12 页。

图 8-1 范绪箕在工作(摄于 2006 年 3 月 30 日)

地用于以毫秒级速率测定固体火箭发动机喷管壁面瞬态温度,解决了当时许多研究部门的需求,曾为航空航天及船舶总公司等有关试验研究单位所采用。1983 年 4 月 1 日,该技术通过航天工业部 8252 研究所鉴定,获得上海市高教局颁发的证书,并于 1993 年 12 月 20 日入选香港新华通讯出版社的发行《世界优秀专利技术精选(中国卷)》。

歼击机型号零部件热光弹性测量研究

歼击机在国防航空中有着极其重要的地位,20 世纪 80 年代在航空工业部的组织下,我国开始组织自己的力量研发新的某型第三代歼击机。该型号是我国自主研发的首款大范围采用复合材料制造的战斗机,因此其设计难度不仅体现在宏观结构设计上,更体现在诸多细节结构设计以及结构力学角度的设计方案。当时范绪箕已年逾七十,仍活跃在热应力研究领域的前沿。不断发表高水平学术论文,并积极承接了第一个国家任务:战略性歼击机型号零件的热应力测量。

范绪箕建设成了比较完整的包括激光测试和计算机数据采集在内的实验室;为了配合瞬态热应力的理论分析研究,他采用了焊接中移动热源对瞬态温度场进行模拟,取得了一系列成果。他根据耦合理论测量温度,将温变因素加入模型中,以光弹性法测量飞机零件在特定温度下的应力情况,即在进行热光弹性实验获得数据的基础上，在建模计算中加入温变因素成为理论。将初步获得的理论通过实验加以验证。这一任务是范绪箕与同研究室的李邦义教授共同完成的，研究结果获得了成都飞机设计研究所的充分肯定。此外，他与研究室助教沈崇辉研制成功材料热膨胀系数微位移激光扫描试验技术，相关论文于 1988 年在美国召开的国际热物理会议上宣读，受到广泛关注。美国国家计量局于会后具函向他请求将这一成果纳入美国出版的关于材料热膨胀系数测量一书中。

范绪箕在歼击机型号热应力研究的同时，还对当时航空领域热门的座舱盖鸟撞问题进行了研究。基于南航已成熟的经验，范绪箕及其研究团队采用明胶模拟鸟的实体，用空气炮发射打击到型号机的风挡上以模拟起飞时的鸟撞现象，并对座舱盖风挡材料的应力状况进行测量。在此项测量研究任务中，找到符合实验要求的压力传感器成为实验中的首个难题。范绪箕了解到国内尚无法生产这种压力传感器，便在访美参加学术会议期间，前往新墨西哥州的美国原子能研究机构 Sandia，通过艰难交涉，从其配套公司——K - Tech 公司洽购了高端科技产品，即能承受巨大冲击力、由高分子材料制造的 PVDF，从而解决了这一难题。

除了 PVDF 压电传感器的应用之外，实验还应用高速摄影技术测量三维位移的方法测量了材料的应力变形过程，从所拍摄的胶片中可以观察鸟体的变形及流动情况，还可观察到裂纹在风档上产生和扩展的过程。该项目于 20 世纪 90 年代初顺利完成，其成果包括研究报告《非线性黏弹性鸟撞击动响应分析》和研究生谢兰生的学位论文等。范绪箕还撰写了有关软体撞击压力问题的论文，该篇论文于 1995 年在由美国机械工程学会上召开的“撞击、冲击波和断裂”学术会议上宣读，获得有关专家的关注，范绪箕在会上接受了众多专家咨询，学会将论文刊登于该会议出版的专刊上。

导弹气动加热研究

(1) 导弹气动加热计算

从 1989 年开始，我国航天部各研究院开始自行试制航空飞行器的型号。

在苏联解体前期，时局动荡，苏联国内开始大量出口航空工业技术，当时航天部研究院内很多人希望直接购买苏联的技术来研制导弹，而庄逢甘等科技委专家则认为，我国正处在独立设计导弹型号的关键阶段，必须依靠国家自己的力量独立设计型号。在这样的背景下，航天工业总公司二院二部将其正在研发的某型号导弹的防热设计任务交给了范绪箕，并以"导弹气动加热计算与防热设计"课题下达给上海交通大学。当时上海交大在航空航天的研究才刚刚起步，研究实力有待加强，而该项目的涉及面广，包括气动力计算程序、气动加热、热防护等计算程序设计防热涂层烧蚀和烧蚀对结构的影响的分析等，需要多人参与，于是范绪箕联合了南京航空航天大学多位教师共同承担项目的设计研发。

图 8-2　1996 年，范绪箕(前排右三)在南京航空航天大学空气动力研究所参加项目验收会

导弹型号的独立研发是我国在 20 世纪 90 年代开始挑战的一个新高度，其整体的防热设计对于范绪箕而言也是一个高难度的崭新课题。范绪箕紧扣国际前沿展开研究，刻苦钻研国外文献，根据理论结论制定研究方案进行团队分工：转捩(导弹飞行中从低速到跨音速的转捩段)的计算是气动力学上的一大难题，由范绪箕自己带研究生楼卓时负责研究；南航研究员程克明及交大研究生董威负责气动编程和计算；南航研究生刘洪、许希武分别负责

气动计算的网络生成和烧蚀计算。该项目于 1996 年 6 月 13 日通过验收。其整套成果包括指定型号导弹的气动加热、烧蚀防热结构的热响应与热应力分析计算报告及计算程序,弹体表面突起物对表面换热影响、舵与弹体间缝隙传热分析报告及计算程序等。

(2) 气动加热程序软件包研究

1997 年 3 月,中国航天工业总公司三院三部向上海交通大学下达“中远程超音速飞航导弹气动加热计算软件研制”项目任务。这一任务源于范绪箕,曾向航天部科技委建议,我国应开展导弹的计算机程序设计工作,改变依靠向国外购买的状况。范绪箕的建议得到了科技委的支持。随着研制项目的下达,范绪箕组织了一个设计团队,包括南京航空航天大学教师 6 人、上海交通大学二系 1011 研究室教师及研究生 6 人。该项目顺利完成软件研制及型号计算,并于 1998 年 12 月 14 日通过验收。当时很多人对通过计算程序设计型号的方法仍持怀疑态度,项目组通过对指定算例的 KP－1 导弹飞行试验数据结果进行验证。结果表明,该算法结果的最大温度误差可以控制在 30 摄氏度左右,计算精度符合导弹初步设计需要,可以作为选择指定研究型号结构材料的依据。

该项目成果的全套计算软件系统包括:气动加热热流计算模块(采用有限体积方法数值求解 Navier-Stokes 方程的方法来模拟导弹表面周围的流动问题)和全弹结构温度场计算模块(采用改进的有限元计算软件 ADINA 计算实际导弹这种复杂外形、复杂结构的温度场)。项目计算报告包括:导弹气动加热计算报告、导弹气动加热瞬态温度场计算报告、舵与弹体间缝隙流传热分析报告、弹体表面突起物对表面换热影响的分析。

范绪箕认为,在计算机技术飞速发展的背景下,用数学方法来对飞行器的气动问题进行数值模拟已成为一个重要研究领域,不仅可以节约大量人力物力,还可以模拟许多实验条件下无法进行的流动现象,甚至可以对流动细节进行数学和物理上的分析。因此在完成三院的项目后,范绪箕又领导 1011 研究室全体教师和研究生承担了航天部二院的一项科研任务,继续对导弹型号气动布局进行进一步研究,探索型号设计的通用算法,并开始“复杂外形不同马赫数飞行器气动特性的通用计算方法”项目研究。经过缜密的研究，他决定用嵌套网络制定计算程序，在选用研究生进行该项工作时，一再遇到挫折，最终由南航硕士生刘洪圆满完成了任务。

项目于1999年1月10日通过航空工业总公司科技局验收，鉴定委员会主任庄逢甘院士对项目成果予以充分的肯定，认为本项目创造性地提出了与网格尺度和网格形状相关的精度计算关系式及网格初始动边界确定的限制条件；成功地解决了国内外公认的难点——边界层换热计算问题；研制成功了通用的气动特性数值计算程序；通过采用平行分解及流场区域分解技术实现飞行器数值模拟的网络化平行运算；在流场和结构的耦合计算中提出一种简便准确的结构化网格与非结构化网格一体化生成方法，为航空航天部门计算研究复杂的结构流场相互影响提供了简便可行的计算方法。范绪箕还将该项目成果在美国NASA召开的会议上宣读、展示，获得良好反响。美国航天科学研究院（The Aerospace co）CFD研究高级专家、加州理工学院计算机科学系兼职教授Johnson C. T. Wang受邀来到中国，对该项研究成果进行评审，并给予了极高的评价，认为其中部分成果“取得了有贡献的突破”。该项目制定了网格设计程序，采用了先进的并行运算方法进行气动计算，是我国第一个自主设计的相关程序。该项目于1999年4月14日获中国航空工业总公司科技进步一等奖第一名。该方法已应用到中国航天工业总公司二院和三院的几个型号设计中。范绪箕在文章“关于进行‘复杂外形不同马赫数飞行器气动特性通用计算方法研究’的研究过程及指导思想”中写道：“我们在分析了自己的人力、计算机条件及完成时间要求等诸多因素后，决定在气动加热计算方面用工程计算法及CFD法同时进行。虽然知道我们的计算机条件还不够好，用CFD法进行会有困难，但我觉得总要花点力气摸一摸……我们在1995年计算条件已有了改善，这就为我们承担三院的课题提供了条件。三院的型号外形较为复杂，但课题的范围比较小。在进行研究过程中，我们根据进展情况把要求提高和拓宽，发展成为复杂外形不同马赫数的气动特性的通用计算方法。”

值得一提的是，范绪箕每年都坚持与国内外知名大学、学者进行学术交流，关注和探讨在新时代背景下（计算机时代）的学术走向。经日本的热应力领域著名教授竹内洋一郎推荐，范绪箕及其研究团队的研究论文，刊登于

图 8-3　1999 年 1 月 10 日，范绪箕参加“复杂外形不同马赫数飞行器气动特性的通用计算方法”项目鉴定会(第一排左二起至右：庄逢甘、梁守磐、范绪箕)

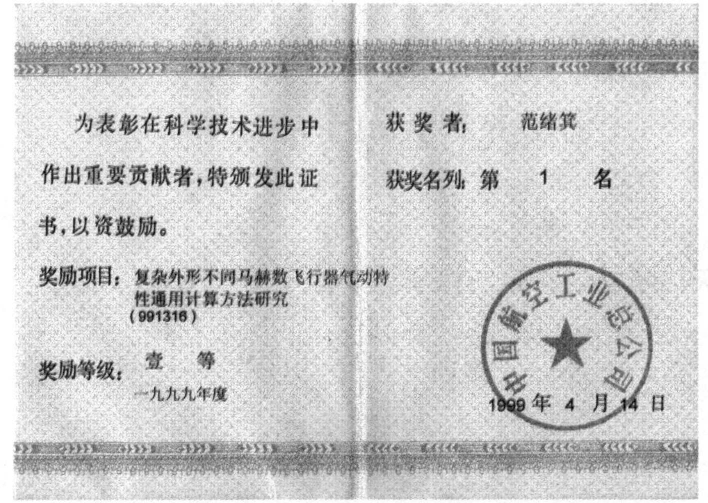
为表彰在科学技术进步中作出重要贡献者，特颁发此证书，以资鼓励。

奖励项目：复杂外形不同马赫数飞行器气动特性通用计算方法研究
(991316)

奖励等级：壹　等
一九九九年度

获奖者：范绪箕

获奖名列：第　1　名

中国航空工业总公司

1999 年 4 月 14 日

图 8-4　“复杂外形不同马赫数飞行器气动特性的通用计算方法”项目获 1999 年度部级科学进步技术奖

由美国纽约州立大学著名热应力教授 Hiitnarski 主持出版的热应力期刊 *Journal of Thermal Stress* 上。1983 年，范绪箕应邀在第十四届国际激波管会议上作了题为“中国在激波管方面的研究状况”的大会报告；1985 年，他被推选为该会第 16～17 届顾问委员会委员。他还先后应邀在澳大利亚国家航空研究院作了题为“中国的航空工业的发展”的报告；应邀赴美国麻省理工学院、明尼苏达大学、普渡大学和新南威尔士大学作“热应力的状况及发展”的专题报告；1984 年，他到加拿大曼尼托巴大学热应力实验室进行研究，工作了 3 个月，与徐泰然教授共同提出培养计算机集成制造人才的倡议，并前往加拿大及美国几所大学进行了该方面的调研。

1990 年，范绪箕带领研究室成员参加在厦门大学召开的光弹性力学会议，并提交论文。会后，东南大学徐铸教授建议联合东南大学、上海交通大学、西南交通大学、南京航空学院 4 所高校召开会议进行近代热强度理论及应用的探讨。著名力学家孙训方及 4 校从事热应力、热强度、热物理等方面研究的 16 位教授、专家参加了会议，会议决定由东南大学出版论文集《热应力 1》。第一集共收录 66 篇论文，其中包括范绪箕及其研究团队 20 世纪 80 年代发表的论文 13 篇。此外范绪箕还应邀为论文集撰写了开篇论文“热应力学科的现状及发展”。

航天飞行器热防护系统研究

航天飞机热防护系统探索

1996 年 3 月，范绪箕访问成都飞机研究所(属成都飞机工业集团有限责任公司)，承接了高速飞行器设计的预研任务，包括航天飞行器的气动设计及热防护系统设计和空中投放计算等。范绪箕注意到中国在设计自己的航天飞机时遇到气动加热的问题，需要对热防护系统进行深入研究，于是从那时起直到现在，他的研究重点转至航天飞机的热防护系统。

在航天飞机的结构设计中，气动加热是一个重要问题，尤其是在航天器的再入阶段，机头前缘表面温度可达 2 000 摄氏度，这样的要求是常规飞行器结构材料无法承受的。因此在主要承力结构部分外加防热结构(热防护系统)成了主要解决方法。热防护系统的研究是建立在气动热的基础上的。航天飞机再入大气层的气动加热随载入轨迹、飞行高度和速度的不同而异，因此其飞行器绕流气体特性是变化的，其计算极为复杂。而新一代飞行器的发展以及我国的航天飞行计划等，都要求有准确、高效的气动加热计算方法和更加先进的热防护系统的研发技术作为必要的保证。

范绪箕从事热防护结构研究是从飞行器开始的，目标针对航天飞机机翼的热防护系统，这是一种复杂的多层隔热结构。为此他建立了专门的实验装置。并构建了多层隔热结构的瞬时耦合辐射和传导热传递的数值模型，为金属热防护系统的隔热纤维提供了广阔的选择余地。

图 8-5　范绪箕(左一)在实验室(摄于 2008 年 8 月 19 日)

新型热防护材料性能研究

哥伦比亚号航天飞机失事之后，航天飞机的使用价值开始受到质疑。航天飞机的热防护系统过于复杂，成本高昂，且修复不便是其致命的弱点之一，故飞船逐渐受到国际航天工程界的关注。飞船的“重复使用”性也是对其研究的一项要求。范绪箕鉴于美国 NASA 关于金属壳(Metalshield)的概念，在热防护层研究上，把目标转向航天飞行器(主要是飞船)的防热材料性能研究，为此他专门到航天工业总公司的材料研究所开展调研，并走遍了江南一带的有关材料生产厂家，瞄准了纳米防热材料，开始对其防热性能进行研究。目前我国神舟飞船使用的是烧蚀热式防护系统，它通过烧蚀的过程把热量带出去，这种方法让飞船落地后看上去返回舱表面像被火烧过一样。范绪箕目前研究的热防护系统采用的是先进的纳米材料，可以通过吸收和反射来隔热，它的最大意义是可以重复使用，从而节省成本。

新型的纳米多孔材料以其重量轻、强度高备受航天工程设计人员的青睐，尤其作为隔热材料使用，是航天工程热防护系统的热门材料。多孔介质在辐射热传递方面具有吸收、发射和散射的功能，在受到外来热流的作用下，其内部可达到热能量平衡。范绪箕运用分离变量法和迭代运算方法以及红外光谱仪的测试方法求解热能量平衡方程，进而找出辐射热流在材料中的分布状况。2012 年，范绪箕先后参加了在香港和南昌召开的学术会议，2 次发表航天飞行器隔热材料研究论文。

此外，在传热学的理论上，范绪箕也带领研究生花了不少时间来挑战材料灰体假设的限制，将隔热材料视为非灰体，研究其传热计算方法。

多年的科研工作中，范绪箕一直注重深入开发新的实验工具、计算软件或研究方法，注重研究成果的实用价值和创新价值，因此获得多项科研成果：他认为，大学中的研究工作不应以盈利项目为目的，而应更看重研究成果的实用价值和创新价值。1994 年，汽车等民用制造产业正值迅速发展阶段，军工产业需求相对低迷，航空工业等军工产业集团为此开始转移生产战略，即从精细化个体军品生产向批量自动化民用汽车行业生产转变，将部分军工技术向民用产品领域推广。范绪箕于是尝试将自动化测量技术用于汽车生产，其成果于 2011 年荣获上海市优秀产学研工程项目一等奖、上海市科学技术进步奖二等奖；2000 年，范绪箕的论文“激光扫描测量位移法求材料热膨胀系数新技术”获得世界华人科学技术推广普及联合会优秀论文奖，该项研究结合了控制与激光技术动态测量材料的损态和应力变化，为美国国家计量局作为计量标准方法采用。

范绪箕在致力于科学研究的同时，始终坚持亲自指导学生实验和论文写作，注重将人才培养与科研发展相结合，培养和造就了大批专业人才。1984 年从交大领导岗位退居二线后，范绪箕仍孜孜不倦地致力于人才培养

图 8-6　1990 年,范绪箕(左二)在遵义参观某汽车车间

与科学研究工作:他曾专程赴美为 6～7 名研究生联系导师,其中包括普渡大学、南加州大学、加州大学洛杉矶分校和欧文分校等,还访问了香港各大学并为上海交大化学系联系捐赠实验设备等事宜;承接了国内航天工程开创性的计算机程序设计的科研任务,培养了数十名研究生,完成了《气动加热与热防护系统》和《高速飞行器热结构分析与应用》两本著作和关于飞行器高超声速不平衡气体流动的数值模拟等一系列相关论文。

图 8-7　范绪箕的三部著作

中国科学院院士、中国科协原副主席庄逢甘评价范绪箕为“我国热应力理论和工程应用研究的奠基人和开拓者”、“我国空气动力学研究的先导者之一”、“学风正派、治学严谨、诲人不倦、甘为人梯”①。1989 年，范绪箕获上海市力学学会表彰。2001 年，范绪箕由陈士橹院士推荐，荣获香港何梁何利基金“科学与技术进步”奖。

图 8-8 2001 年，范绪箕(第二排右六)荣获何梁何利基金“科学与技术进步”奖，图为颁奖大会合影

在总结自己的人生时，范绪箕说：“我的人生实在太幸运了！在遇到困难时总有新的机遇到来使我摆脱困境。在回国时，买不到船票，有人送票送钱；1944 年在贵阳转车赴昆明时，因钱用光而挨饿，正走投无路时在街上遇到哈工大的同学，他时任贵阳氧气厂厂长，我于是乘上了该厂送氧气的汽车(不是木炭车，而是正牌的卡车)顺利到达昆明，这甚至成了我在抗战期间多次在内地旅行中最舒适的一次；‘大跃进’期间，在挨批判过不了关时，有出国的任务来‘救场’；‘文革’中还常受到学生们的暗中保护，免受了不少折磨；在退休后，又得到浙大校友汤永谦先生的资助，使我得以继续从事所喜欢的教学和研究工作，一干 13 年，这一时期是我教学、科研生涯中，个人收获最大的阶段。”

---

① 庄逢甘：《范绪箕论文选集》(序言)，航空工业出版社，2001 年。

在谈到他的事业有无遗憾时，范绪箕说：“我的第一个遗憾就是在浙大创建航空系时费了不少力气，但没能扎下根，以致所建立的一些实验装备未能发挥其应有的作用，在院系调整中曾在浙大的一切努力付诸东流；其次是所创建的华东航空学院也因开发西北而夭折，所争取的一块‘宝地’（著名园林专家刘敦桢语）及其建筑规划（著名建筑学家杨廷宝先生设计）也落了空；第三个遗憾是未能在南航为我国首个自行设计的导弹提供所需的靶机；第四个遗憾是未能达成给上海交大建立一个一流水平芯片设计中心的愿望，延迟了电子科学以及相关专业的发展。”他说：“经历了一次次的困难和挫折，但我从未气馁过。虽然当时有一些遗憾和怨言，但过后就不再留连，因为我知道人生所做的事终归要成为历史，人生就是创造历史。”

正如他的高校管理工作岗位频频变换一样，他的科研工作也从冷结构力学到热结构力学，从气动加热程序到热防护系统设计，继而又转至热防护材料的性能计算和测试。范绪箕认为，作为飞行器设计者就是需要涉及的面广些，设计需要什么就要研究什么，如同开掘人工湖，随着对水量需求的增大就需要扩大开掘面，而进行学科研究则如同掘井，随着水流的减少则需愈掘愈深……。

目前，他又将接受新的科研任务，他将和他的研究生、其他教师一起承担，为实现“中国梦”，也是他自己的航空梦做新的一搏！

第九章
老骥伏枥

上海交通大学张杰校长在 2012 年 5 月上海交大“大师讲坛”上这样描述道：“范校长对于我来讲，有很多让我感叹以及让我百思不得其解的地方。最不可思议的是他身体硬朗，还在做创新型研究。我可以感受到一位 99 岁但仍非常年轻的学者，他就是一部历史，一部传奇。”

来自《新闻晚报》的程绩记者这样描述他与范绪箕教授的第一次见面：

图9-1 2012 年 5 月 16 日，范绪箕作客上海交大“大师讲坛”

在我 7 年的记者职业生涯里，范绪箕教授是最年长的一位采访对象。印象中的百岁老人，大多说话和行动都离不开照顾，所以当我见到范老的第一面，当他独自一人在办公室里，并且亲手为我开门时，我心里默默感叹：“这位老先生，老当益壮。”他朴素但极整洁的衣装，不快但极稳健的步履，脸上平和略带慈祥的微笑，眉宇间透露出不凡的睿智和执着，都无不彰显一个老科学家安宁与淡泊却又孜孜不倦的人生态度。

老先生关心的东西很杂，除了自己的专业，他也关心社会的热点话题。早起看电视新闻是他雷打不动的习惯。关于今年的伦敦奥运会，他不仅每天能准确说出谁又为中国拿了金牌，还知道奥运冠军孙杨游得那么快是因为在国外训练，叶诗文只有14岁却游得比男运动员还快，震惊全世界。这个研究飞机的老人，研究空气动力的老人，依然用飞快的速度紧跟着这个时代，从未被抛离。①

从以上的文字中，我们可以感受到一个年近百岁的老人却有着似年轻人一般的生活状态。正像何友声院士所说的，他正挑战人生的“两个极限”：挑战从事科研工作的年龄极限，挑战人类生命的极限。

潜心科教

1984年3月，范绪箕正式卸任上海交通大学校长一职，开始了退休生活。

谈起范绪箕的退休生活，或许要从他事业中的遗憾说起。他说：

我的事业往往在最紧要的时候，因为外部原因而被迫放弃。1945年我在浙大筹建航空系，经过4年多的艰苦建设，终于建成了较为完整的实验室，当时自己的干劲很足，可一解放我就被任命为浙大的总务长，负责学校的行政工作；一年后全国院校大调整，我又去筹建华东航空学院，刚刚选址准备盖教学楼了，又被调到南京航空专科学校去搞“政院”工作了。接着就是各种各样的运动……最后到了上海交大。所

① 程绩：“航空专家启动高等教育改革”。《新闻晚报》，2012年11月19日，第5072期。

图 9-2 2012 年，范绪箕与上海交大部分校领导合影（从左至右：马德秀、谢绳武、何友声、范绪箕、翁史烈、王宗光、张杰）

> 以在我事业的黄金年代，一直没有一个很稳定、持续发展的工作，且每一次的工作变化总是从头开始。幸运的是我一直没有离开教育工作的岗位，其中有许多帮我，和我一起在艰难的岁月里奋斗的人让我怀念！①

老牛亦解韶光贵，不等扬鞭自奋蹄。在退休之后，他终于有机会去弥补从前"未能坚持把对的事做到底"的遗憾。从他 71 岁那年开始，范绪箕数十年如一日，每天和上班族一样，带着简单的午餐，早晨 8 点半赶到办公室开始工作，他曾对劝他回家安享晚年的同志说："职务上已经退休是当然的，但我的工作则刚刚开始。"现在他终于有了充分的自由与时间开始他的科研探索。

范绪箕的科研之路，始于 1937 年在美国加州理工学院师从航空科学泰斗冯·卡门。导师为范绪箕选择了飞机结构方向，研究的是板壳的弯曲理论，在当时属世界最前沿的研究课题。此后，随着他所身处的环境以及航空科学的不断发展，他的研究工作也随之发生了若干次的转变，这些转变始终与世界最新的航空技术研究方向和国家航空最急需的技术研究方向息息相关。

---

① 程绩："航空专家启动高等教育改革"。《新闻晚报》，2012 年 11 月 19 日，第 5072 期。

范绪箕的第一次科研转变，始于1943年，战乱中的中国一穷二白，他深知，没有完整的航空实验设备做基础，航空科研、航空制造都将是“空中楼阁”，于是他开始潜心研究风洞，在1945年主持设计制造了3英尺低速风洞；1958年在钱学森的支持下，他参照苏联的AT－1型风洞，又主持设计制造了直流暂冲式高速风洞，这两台风洞都经历了几十年风雨岁月，一直在航空教学中发挥着作用。值得一提的是在1958年，范绪箕率先提出研制无人驾驶飞机。当时，美国和德国也只是刚刚研制出“无人机”，在世界军事领域上这还是一个绝对的新鲜事物，而当时新中国的第一批战斗机刚刚试飞成功，如果能够再接再厉研制“无人机”，无疑将大大提升空军的实力。钱学森认为“无人机”的构想非常好，但最好根据国家现实的需要，结合当时导弹研制计划所需要的靶机来研制。为此，范绪箕抽调人员组织成立了靶机研究室。虽然在“文革”中靶机计划“搁浅”，但因南航靶机研制已有一定的基础，国防科委最终还是在“文革”后期把靶机研制任务下达给了南航，经过科研人员的努力，先后研制成功“南航一号”拖靶机和“南航二号”超音速靶机，并在此基础上研制成功“长空一号”无人驾驶靶机，以后又设计制造了多种型号的无人机。①

第二次科研转变是在1978年。一直关注世界航空最新前沿技术的范绪箕注意到，随着飞行器飞行速度和高度的不断提升，由此而产生的“热障”问题成为急需解决的新课题。于是他开始空气动力学的研究。在此期间，他在国内率先开始热应力理论和实验方面的研究，并在高温应力、蠕变、焊接相变以及断裂疲劳、振动、损伤等诸多方面均取得了卓越的成就②。1984年他退休后，开始直接领导热应力研究室和实验室开展研究工作。除了热应力的研究，他还注意到随着计算机的发展，中国研制导弹的气动加热计算也开始通过程序化完成，于是他在气动热程序计算软件方面也展开了研究。此项目成果受到国内外同行的充分肯定和高度评价，并获1999年中国航空工业总公司科技进步一等奖。

第三次的转变则始于1996年，范绪箕注意到中国在设计自己的航天飞

① 程绩：“航空专家启动高等教育改革”。《新闻晚报》，2012年11月19日，第5072期。

② 庄逢甘：《范绪箕论文选集》（序言），航空工业出版社，2001年。

机时,遇到气动加热的问题,需要对热防护系统进行研究,于是他的研究重点再一次发生了转变。从那时起直到现在,他的研究重点仍是航天飞机的热防护系统。目前我国神舟飞船使用的是烧蚀热式防护系统,它通过烧蚀的过程把热量带出去,这种方法让飞船落地后看上去返回舱表面像被火烧过一样。范绪箕目前研究的热防护系统采用的是先进的纳米材料,可以通过吸收和反射来隔热,它的最大意义是可以重复使用,从而节省成本。

从卸任后他便 30 年如一日,一直坚持每天工作 6 小时以上,查找资料、做实验、撰写论文、参加学术会议、与学生们讨论科研问题、参加学术活动,与青年学子分享自己的科研心得等等。他所培养的研究生已近 30 人,现在都已成为航空领域的骨干和中坚力量。2012 年,99 岁高龄的范绪箕又向所在的上海交通大学机械与动力工程学院提出申请:“本人曾培养出多名博士生,所带领的课题组一直承担着多项科研项目,目前身体状况良好,还希望指导博士生”。生命不息,治学不止,范绪箕以自己的行动为后辈们树立了榜样。

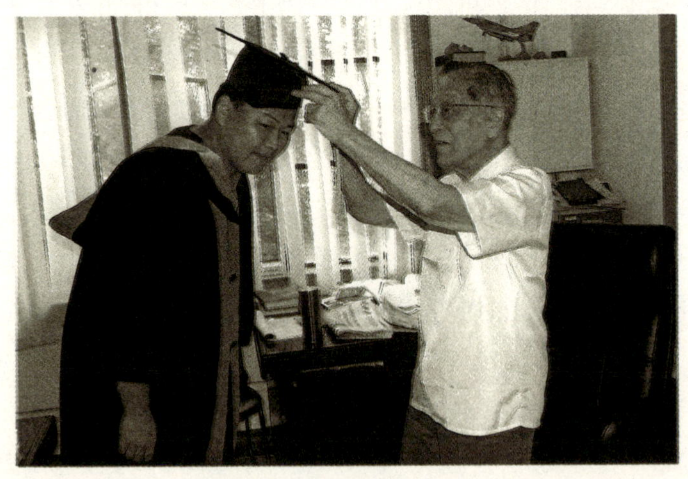

图 9-3　2011 年,范绪箕(右)为他指导的学生戴上学士帽

范绪箕认为,一个合格的科研工作者应该持有这样的治学原则和理念:

① 理论联系实际:导师冯·卡门的言传身教让他从研究生学习阶段就感受到理论联系实际的重要性,在他所经历的科研实践中更充分地体会到了这一点。

② 创新精神：范绪箕认为，要造出“伟大的产品”，一定需要创新理念的支持，创新是一切工作的灵魂。

③ 辩证思维：范绪箕认为在科研过程中，不能片面地、死板地看待问题，正确和错误并非一成不变，在适当的条件下，它们可以相互转化。

④ 合作精神：他赞成斯坦福大学工程系主任特曼(F. E. Terman)所说，大学不应是学术金字塔，而应成为科研和开发中心。大家通过分工合作，扬长避短，达到 $1+1>2$ 双赢效果。

⑤ 科研道德观：范绪箕认为科研工作绝不能弄虚作假，无论有意无意，科研工作者都应该遵守科研道德观，远离弄虚作假。他说：“要发表高质量的论文，就意味着你必须在这方面做很多研究。不要为了写文章而写文章、做科研，要有所发现，有所心得，才写下来告诉自己。”

在指导学生上，范绪箕受加州理工学院及导师冯·卡门的影响，推崇灵活多样的教学模式，主张按照学生的爱好和特长来进行教学，即因材施教。他希望能打破老师讲学生听的固有模式，通过师生间的互动使学生们在吸收新知识时能够自己思考，主动参与。

他曾这样说：“我最佩服四个人：第一位是我哥哥范绪筠，著名物理学家，半导体物理的创始人之一；第二位是钱学森；第三位是孙运璇；第四位是黄玉珊。他们的共同特点是学业上都极为出色，只是表现方式截然不同。如果这 4 个人参加同一场考试，最先交卷的一定是黄玉珊，他的特点是思维敏捷，答题超前，试卷上可能有巧妙的跃级之笔，可是他不拘小节，一定会有些错误；第二个交卷的应该是孙运璇，他反应快，做事麻利认真，也会有一些小错误；第三个交卷的是我哥哥范绪筠，虽然他性情急躁，但做研究工作却非常仔细，一丝不苟，他的天分或许不如另外 3 位，但在学术上要求极为严谨；最后交卷的应该是钱学森，他的思维深入周密，他的答卷下笔可能较慢但整洁清楚，层次分明，一丝不苟并富有创新，甚至会超出考题的范围在深广度方面延伸。”[①]遇到出色的学生，范绪箕常与这 4 位比较，看他和哪一类型最为接近。

① 范绪箕访谈，2011 年 8 月 2 日，上海。资料存于采集工程数据库。

桃李不言，下自成蹊。1984 年 7 月，南京航空学院授予范绪箕为“南京航空学院名誉教授”。1987 年 1 月 8 日，他被国家教委批准列入《中国名人词典》(教育界部分)。1989 年 9 月 20 日，上海市力学学会颁发荣誉证书，以表彰他对学会工作做出的卓越贡献；1990 年 12 月，国家教育委员会颁发荣誉证书以表彰他从事高校科技工作 40 年，成绩显著。2001 年，他荣获香港何梁何利基金“科学与技术进步”奖。

所有的荣誉都表达着人们的敬意，而他在航空科研、航空教育方面的贡献却远不是那些荣誉所能涵盖的。他的科研成果在航空领域乃至更广阔的领域里被广泛应用，为民造福；由他创建的航空高校为国家培养了大批专业技术人才；由他培养的一批批学生们传承着他的事业与精神，为中国航空航天事业的发展做出了不可磨灭的贡献。

长寿之道

对于长寿之道，范绪箕这样总结：简单生活，淡泊名利。他说，“我一直这样要求自己，不要有私心杂念，我的座右铭是：‘抛却过多的欲望，保持内心的平衡’。我的主要精力就是在我的工作上，所以我的生活，我的想法会变得非常单纯。有人问我，你的工资有多少？我说我不知道，因为我的工资都在卡里，只要卡里有钱，我就过得去，就不会关注它。”①在他的内心，自己就是一个“认认真真的工作者，诚诚恳恳的工作者，任劳任怨的工作者”。②他享受在探索中的种种体验，在苦苦探求后最终找到造福于人的“利器”及惠及后人的“财富”。也正因为如此，他心无旁骛，从不在事业之外的事情上浪费自己的时间和精力，包括所谓金钱、名位等等。除此之外，我们或许还

① 范绪箕访谈，2012 年 5 月 16 日上海交通大学第 005 期大师讲坛，上海。资料存于采集工程数据库。

② 程绩：“航空专家启动高等教育改革”。《新闻晚报》，2012 年 11 月 19 日，第 5072 期。

能从以下关于他的描述中，找到关于长寿的秘诀：

无论顺境、逆境，都以积极的心态去面对。在他的教育生涯中，曾遭遇过许多次的挫折与不如意，可他并不报怨，而是尽力去承受、去坚持，并以他豁达、乐观的态度向周围传递着他的正能量。提起过往的种种磨难，他最常说的就是“我其实还算是幸运的……”。

乐于学习吸收新鲜事物，总是以主动、开放的态度去关注、去参与、去影响他周围的人和事。他是从退休后才开始学习使用电脑的，如今，可以和青年人一样每天用电脑上网浏览、收发邮件、查找资料；与他交流，他所谈到的常常是时下最流行的话题。从他的身上，人们可以最直观地感受什么叫做“与时俱进”。

直到现在，范绪箕仍保持着在加州理工学院求学时的生活状态，坚持自己能做的事情自己做，自己做饭，自己洗衣服。在他看来，自立，也是非常重要的一种生活态度。

从少年时起，范绪箕就喜欢运动，且多才多艺，他会拉小提琴，最喜欢的运动有网球和游泳等。后来走路成了他主要的运动项目，久而久之，他练就了一套厉害的“走路功夫”，甚至在退休后，那些和他一起外出的学生仍要加快步幅，紧紧跟随，他们常一边暗暗叫苦，一边感叹老人家的功夫了得。

关于家庭，或许很多人为他惋惜没有组成自己的家庭，可他对此却非常淡然：“那只是个人选择的一种生活方式罢了。”尽管他也曾遇到自己心仪的姑娘，可命运弄人，他们最终还是失之交臂。虽然未能收获完满的爱情，他却在事业中找到了自己的最爱，找到了自己人生中最重要也最珍视的东西。他说，“选择这样的生活方式，对于我的事业来说，或许是件好事，我可以不受家庭所累，随遇而安。”①实际上，“家”在他的心目中，有着另一番意义：这个大家庭中，不仅有他的家人，还应包括他的学生以及和他一起开拓事业的同事们。在早些时候，每年的新年，他的家里一定是欢声笑语，热闹非凡，和他一起欢度节日的少不了他的学生们。

值得一提的是 2012 年 5 月，在他实验室工作的小符师傅因为患了严重

① 范绪箕访谈，2012 年 5 月 16 日上海交通大学第 005 期大师讲坛，上海。资料存于采集工程数据库。

图9-4 2013年，范绪箕（前排左二）在百岁生日会上与家人、朋友合影（后排左至右：殷宏章女儿殷蔚芷、范绪箕的侄孙 Regis Fang 夫妇、养子王健夫妇及外甥谢亚宁）

的肝炎，急需换肝。高额的手术费用、适合的肝源、医院紧张的床位……，就在小符及家人几乎要放弃的时候，范绪箕送去了他的所有积蓄，同时四处帮他联系适合的医院与肝源。最终小符及时、顺利完成了换肝手术，很快又回到了工作岗位。

关于他的长寿之道，《新闻晚报》记者程绩曾为此在2013年春节前做过一次专访①，从他们的一问一答中，我们可以清晰地了解范绪箕“坚持工作、独立生活、心态平和、饮食健康”的长寿之道。

记者：你这么长寿是因为身体素质特别好吗？

范：我小时候身体特别差，4岁得伤寒，几乎死掉。后来我又生过猩红热和斑疹伤寒等疾病，经长时间治疗才痊愈。我想可能是小时候病多了，老了倒反而免疫了吧（笑）。

记者：范老，你现在依然每天都到交大办公，你一天的时间是怎么安排的？

范：我现在每天早晨7点起床，8点半到办公室，工作到下午3点钟，中午不休息。我觉得我之所以脑子还灵活，主要就是我一直在工作。似乎有点条件反射，只要是上班时间，我在家就坐不住，但一到假

① 程绩：“百岁交大老校长范绪箕的长寿之道”。《新闻晚报》，2013年2月11日。

日，在家就心安理得，似乎养成这种习惯了。

记者：平时谁照顾你的饮食起居？

范：我自己照顾自己，有一个钟点工一个星期来我家一次，就一个多小时，帮我打扫卫生抹抹灰尘，其他也没什么事需要她做了，她要帮我倒茶，我说我自己来，因为我自己知道要放多少茶叶。我吃的药，也从来不让别人帮我拿，因为我知道什么药在什么地方，每次要吃多少。我每天离开家，都会记得检查电和煤气有没有关好，一天不落。在办公室，过去学校也安排一个工人帮忙打扫，后来我嫌麻烦就说自己来吧。

记者：你平时经常去医院吗？

范：我最不喜欢去医院，现在除了定期到华东医院做检查和拿药，我都不愿意去。我得过两次肺炎，每次都是在医院检查身体的时候得的，后来我总结了一下，检查身体的时候要我坐轮椅，从这个楼推我到那个楼，肺炎就是在这个中间得来的。除此之外，我住院时最不喜欢护工什么事都帮我做，我就讨厌别人伺候，我能做的都自己做，我的事情都让别人帮我做了，我就成机器人了。很多人现在迷信国外的医疗水平高，要去国外看病，我的亲身经历就是国外的医生也不怎么样。我现在听力不好戴助听器，是因为有一段时间经常坐飞机出国。有一次我去加拿大，一下飞机突然听不见了，就去医院，结果医生让我照X光，耳朵不好照X光有什么用？检查后告诉我说没毛病，我再到洛杉矶，美国医生还让我照X光，又说没毛病，我说那我怎么听不见呢？他说你过一阵就能听见了。我后来回国到了华东医院，医生用针一刺，耳朵里的积水都流出来了，因为在美国耽搁了治疗，之后我的耳朵就不大灵了。

记者：听说交大的不少年轻同事都特别“怕”和你一起出差，能说说原因吗？

范：因为我外出时喜欢到处走到处逛，92岁那年我到北京，早晨起来从航天桥坐车到圆明园，在圆明园里一直逛到12点，然后再坐车到颐和园，在颐和园里走到下午2点，再坐车到天坛，从天坛出来就是下午5点多了，再坐车到中关村我妹妹家早就天黑了。这一天走下来，我也没有觉得累。

我过去一直都从家走路到学校上班，直到前年我摔了一跤，晚上从学校走回家，走得很急，马路上施工，也没有警示标志，我就被暴露的水管绊倒摔得鼻青脸肿，从那之后左腿就不如以前了，从此每天就坐车到办公室了。

记者：平时在上海你也这么爱逛街吗？

范：我最爱逛的是金陵东路，我家门口有一辆26路公交车，能直接到金陵东路，非常方便，所以我每次都坐公交车去。那里有像广东地区一样的过街走廊，有遮挡，比较安全。我就喜欢在那边看看铺子，买点吃的。去年还去逛过，今年等开春暖和了我还会去逛，兴致好的时候，我会逛到西藏路，那边有个古玩一条街，我也经常去那边，有些老板都认识我了，我一去就给我打招呼"老先生您又来了"，每个铺子我都会去看看，有时也会买一两件看相好的"假古董"。

记者：你办公桌上有一个最新型号的平板电脑，你会用吗？

范：这是我学生送给我的，我正在学习，以后用来上网查资料。学起来也不难，有些功能用过一两次就知道了。

记者：你一天的饮食是怎么安排的？

范：早晨一两片面包，一瓶牛奶，这是早饭。中午我就随便了，在街上有卖荞麦煎饼的，我会带一个到办公室，不要油条，里面打一个鸡蛋，或是买一个包子再吃一个苹果或者其他水果，这就是午饭了。晚饭我自己做，我一般晚上煮稀饭，菜我是蒸的比较多，不是因为健康的原因，而是因为省事，我在电饭煲上搁一个蒸格，我在上面蒸条鱼，或放点肉，肉上再放点萝卜，这样素菜也有了，再来一个凉拌黄瓜放点麻油，这就是一顿晚饭了。

记者：你有特别爱吃的食物吗？

范：我一直爱吃甜食，甜的我都喜欢吃，喜欢吃糖。1984年我已经到交大了，有人送了我四盒月饼，一个礼拜之内就全吃完了，结果到医院一查说我有糖尿病了，后来我就禁糖，结果一两个月糖尿病就自己好了，以后我吃糖就必须要注意了。

但有一点我和别人可能不一样，我不懂什么是"鲜"。我只知道酸甜苦辣咸，所以我的养子经常说我，不懂味道。最近我喜欢自己做汽锅鸡，因为我在昆明住过，所以我买了一个陶制汽锅，从超市买鸡回来自己做，结果我的养子说，这不鲜，你要去买活杀的鸡，后来我就去买了，但我感觉味道是差不多的。

记者：您平时吃保健品或者是补品吗？

范：我从来不吃那些保健品因为我冠心病什么的已经需要吃很多药了，我不想再吃其他药了。至于补品，去年有人送我一个糖水燕窝，一直放在我家现在已经过期了。

记者：您是不是烟酒不沾？

范：不是。我戒烟的故事说来话长。我现在嗓子不好，都是因为抽烟抽的，我劝现在的年轻人千万不要抽烟。我开始抽烟是因为熬夜，因为我在美国作论文时需要作大量的计算，当时是用手摇计算机，经常熬夜，实验室里就我一个人，于是就抽上了。后来我回国了，而且抽烟更不得了，大家见面都发香烟，一天要两三包，当时我经济困难，抽不起好烟，抽剩下的烟头也不舍得扔，全都放在衣服口袋里，等到没钱的时候再把烟头掏出来抽。最后抽成了气管炎，说话都说不出来。1948 年的时候费大劲把烟戒了。后来解放了，我在浙大做总务工作时，来了个三反运动，叫我去接受教育，看“打老虎”，每天都是吃过晚饭 8 点开始一直要到第二天早上四五点，有时候半夜实在累了支持不下去了，就有人递给我一支香烟，于是就又抽上了。这一抽，就又是 10 年，气管炎就更加严重了，最后医生严重警告我，说你再抽就要得肺癌了，这才让我痛下决心戒烟，前一次戒烟吃糖吃瓜子效果都不好，这次我改吃安眠药，醒了就吃安眠药，吃完就睡，坚持了一个星期，结果就这样戒了，一直到现在就再也没有抽过。

至于喝酒，我从美国留学回国之后到遵义去工作，喝过两次茅台，当时也不知道什么是茅台，也很便宜，两次都喝醉了，喝完就到桌子底下去了，睡了一两天，我这辈子就醉过这两回。

记者：一直见您笑呵呵的，从没见你生过气，你是怎么做到的？

范：我也会生气，但从不记仇。就算是“文化大革命”的时候，受到侮辱，打嘴巴子，我也不会记在心里，打过就算了，过去就过去了。

记者：您是如何看待生死的？

范：我没家人的牵挂，对钱也不吝惜，只要自己够花就行，我现在就想，如果我死了，我愿意捐献器官，只要能用，我都愿意捐给那些需要肝需要肾的人，因为我听说现在有很多病人排队等待器官移植。但我不希望拿我的器官做实验。除了有用的器官捐献，其他的就烧成灰，种在一棵树底下，还可以养树。

记者：你的助手评价你淡泊名利、与世无争，你同意吗？

范：我这一生碰到好几个有名的人物，个个都比我强，我不能和他们相提并论，除了我哥哥范绪筠，还有钱学森、前台湾“行政院”院长孙运璇、黄玉珊等人。我大半生都跟着他们在一起，我再怎么努力也比不上他们，索性就不和他们比，但我也不自卑，感觉自己尽力干就行了，想到这里，也就心安理得了。可能正是这个原因，让我的心态相对比较平和。

百岁华诞

2013年1月5日，范绪箕迎来他的百岁华诞。在上海交通大学徐汇校区浩然高科技大厦会议室内洋溢着喜庆的气氛，浙江大学校长杨卫、南京航空航天大学校长朱荻、北京理工大学校长胡海岩、中国航天科工二院第二总体设计部党委书记罗霄、上海科协副主席李虹鸣、南京航空航天大学副校长许希武、中国航天科技集团公司第八研究院副院长孟光、哈尔滨工业大学原副校长兼党委副书记景瑞，哈尔滨工业大学、西北工业大学等兄弟院校的代表，“世行生”代表，范老家属及亲友代表，上海交通大学党委书记马德秀、校长张杰，原党委书记何友声、王宗光，原校长翁史烈、谢绳武，上海市教委原党委书记刘克，校党委常务副书记苏明、党委副书记潘国礼、常务副校长林忠钦、副校长黄震，老领导王守仁、孟树模、林栋梁、朱雅轩、盛振邦，学校相关院系、部门负责人和师生代表等相聚一堂，共话范绪箕教授的传奇人生，

图 9-5　2013 年 1 月 5 日，百余名嘉宾在上海交通大学祝贺范绪箕百岁生日

并祝愿范教授健康如意。

看着祖国的航空航天事业、高等教育事业蒸蒸日上，学生弟子事业有成，百岁寿星风趣而幽默地发表了生日感言①：

> 99 年前的今天，我出生到人间，到今天中午，我已活了整整 99 年！时间过得真快，真是“弹指一挥间”！前些时候我曾对我的人生作过一番回顾，经过反思和梳理，我感觉我的一生都是在世界风云变化，国内社会变革和一些机遇的巧合推动下走过来的，从前有句俗话说：“人生有如驴推磨”，就像对我的写照，虽然力所不能及，道路也多坎坷，经过了多年的风雨，我总算走过来了。但是，我这一生中却遇到了极大的幸运：
>
> 一是迎来了“改革开放”的春天，使我能够“大开眼界”，有机会触摸到一些科学发展的新动态和新方向；二是迎来了第三次工业革命浪潮的到来，也就是计算机信息化、新能源、新材料时代的到来。上个世纪

① 张文清：“上海交通大学隆重庆祝范绪箕教授百岁寿辰”。上海交通大学网站，2013 年 1 月6 日。

中期，计算机的迅猛发展使得数学模拟、程序设计成为新产品开发的重要手段，对工业生产起到了革命性的变化，对于航空、航天工程来说更是这样，从而使新型号、新设计接踵而来，我有机会学习和参加了一些工作确实感到“三生有幸”！三是蒙原浙江大学校友的慷慨赞助，使我能够在航天科技领域的自由天地里又“游荡”了二十几年，令人衷心感激和感谢！

目前我国已繁荣昌盛起来，我们的教育科技队伍已很庞大，每年达到退休年龄的人员恐怕要数以百万计了，这些人员和我们从前不同，他们是在改革开放春风下沐浴成长起来的，他们拥有现代高科技知识，众多的人积累起来就是一笔不小的能量，如果还能继续发挥作用将成为生产建设的正能量，如果放弃则成为损失，实在可惜！当前“社会老龄化”问题已成为世界性问题，许多国家也在想方设法破解这一问题，目的是找到一个国家与个人“双赢”的方案。我想我们如果能根据具体条件和自愿让其中一部分人“解甲不归田，优惠加奉献”则可能是个可行的方案。当然这也要组织上加以扶持和管理才能有效实施。党的十八大为我们提出了美好的前景，要实现“中国梦”也还要经济持续增长。党的十八大也提出了在2020年实现全面小康社会的目标，这是全国人民的憧憬和期待，我虽然已到晚年，来日无多，但仍希望能目睹这一时

图9-6 2013年1月5日，范绪箕在百岁生日会上发表生日感言

刻的到来，和大家一道进入这一美好的社会。

范绪箕的传奇人生以及他的一番感言在社会上引起了很大反响，各大主流媒体纷纷以大篇幅予以报道：

据东方网1月9日消息：活到100岁，始终活跃在学术研究的最前沿，发生在上海交通大学前任校长范绪箕教授身上的“百岁传奇”，连日来正在申城发酵，引发各界对“银发教授”的关注。记者调查发现，沪上高校活跃着一批退而不休的老教授：耄耋之年，身体健硕，有一颗比年轻人更加活跃、更加专注的治学之心。更为重要的是，“银发教授”用自己的身体力行解构着一项“科研迷信”：年轻人固然思维活跃，但年老并不是创新的阻力。相反，常年积累的知识、经验在很多领域有一种集成效应，厚积薄发。

在两个月后，范绪箕再一次以他传奇的经历及精彩、幽默的发言引起了广泛的关注。2013年3月31日，范绪箕所在的上海交通大学机械与动力工程学院也迎来了“机械工程教育”百年华诞，中国工程科技论坛“高端制造装备”暨交通大学机械工程教育百年纪念因此在北京人民大会堂隆重举行。全国人大副委员长、上海交通大学机械与动力工程学院原院长严隽琪，中国工程院院长、中国机械工程学会理事长周济，“两弹一星”元勋、中国工程院院士王希季，国家发改委原副主任、国家能源局原局长张国宝，解放军总装备部原副政委李栋恒，国防科技大学原校长温熙森，机械工业部原副部长陆燕荪，中国工程院院士、华中科技大学校长李培根，中国工程院院士、教育部科技委主任钟掘，上海交大、西安交大领导，全国85所大学的副校长、机械学院或动力学院院长，相关高校和研究所的知名学者，有关科技管理部门领导、合作企业领导、在京校友等700余人出席会议。

范绪箕作为上海交大的教师代表在大会上与来宾们分享了他与上海交大的不解之缘，他说道：

图9-7 2013年3月31日，范绪箕参加中国工程科技论坛“高端制造装备”暨交通大学机械工程教育百年纪念活动（从左至右：卢秉恒、马德秀、王希季、范绪箕、翁史烈、严隽琪、林忠钦、黄震）

我本人是学机械的，但不是交大毕业的，可是在我的这一生中跟交大结有不解之缘。我从大学毕业以后去读研究生，我最初接触交大就是通过钱学森，因为跟他共同学习和生活了几年，我感受到他睿智、多才、博学、善用，对他是非常佩服的，因此对他的母校也产生了非常羡慕、钦佩的感情。我毕业以后参加工作，我的第一个工作的位置在贵州遵义，在浙江大学的机械系任教。在那里，我们的系主任（机械系主任）钱钟韩先生就是交大毕业的，他也是所谓“学富五车，文贯中西”的一个才子，是钱钟书先生的堂弟，他跟王宏基先生（王宏基先生也是交大机械系毕业的）两个人是当时我们机械系的支柱。抗战复员以后，我们回到了杭州，又有柯元恒先生，也是交大毕业的，他是教我们机械系的主课“机械零件设计”，他的基础也是很雄厚，而且要求很严，确实是秉承了交大的校训，他不但教学效果好，而且师德也是我们大家钦佩的，是我们的榜样。以后，1942年我又到了前民国政府航空委员会的航空研究院工作，我们的结构组组长是林致平先生，也是交大毕业的，他的数学、力学的基础都非常雄厚；以后国民党退到台湾以后他当了航空研究院院长，后来到了美国佛罗里达州州立工科大学任数学教授，也是一位学术渊博的人。在全国解放后，我又跟交大的王宏基先生、曹鹤荪先生、季文美先生一块组建了华东航空学院，后来曹鹤荪先生调到军事工程学院去了，我就和季文美先生一起建设华东航空学院，搞了好多年，所以我这一生大半时间都跟交大的校友们在一起，受他们熏陶，我已可以称为半个交大人了，而不偏不巧，“文化大革命”后，我又调到交大工作了，从此可以说是“修成正果”了。

图9-8　2013年，范绪箕在百岁生日会与上海交通大学机械与动力工程学院部分历任院长合影(由左至右：奚立峰、林忠钦、范绪箕、苏明、孟光)

谈起机械科，大概是我们工程上最早成立的一个学科，它过去的主要目的是学习机器零件设计，辅助以金属材料和金属加工的知识。随着时代的变迁，到了80年代初，和新的学科比起来，它已经变得有些陈旧了。但在80年代中期，上海交大机械学院在严隽琪院长的主持下，进行了改革，引进了计算机程序设计和计算机集成加工生产，这样把目标瞄准了现代化的复合式机械，又建立了数学模拟的程序库，使古老的学科换了新颜，与新兴的学科走到同一个起点上了。后来，上海交大机械学院又与动力学院合并，现在拥有汽车工程、燃气轮机工程、新能源工程、核动力工程、制冷工程五大支柱，同时也带动了基础学科如工程热物理、振动冲击噪声等的发展。我想随着以后第三次工业革命的到来，信息工程、新能源新材料必将融入到我们的工业生产，对机械工程必将起到推动作用。

短短5分钟的发言，数次被掌声、笑声所打断，与会来宾以这样的方式向这位百岁老人表达由衷地敬佩。

图9-9 2013年4月6日，范绪箕(右二)在上海交大闵行校区参加机械与动力工程学院百年庆典活动，与学生们合影

他的精彩人生是传奇，更是后辈们珍视的精神财富。从他百年的坎坷人生中，我们可以看到，无论遭遇怎样的艰难困苦，他都坚守着航空救国、教育救国的梦想。他严谨治学、诲人不倦的学者风范，淡泊名利、甘为人梯的精神境界感染并影响着一代又一代人。让我们祝愿这位百岁的一代力学名师，在不断追求与探索中挑战极限，创造奇迹！

结　语

任何人的成长都与他所处的时代背景、人生追求密不可分。

范绪箕一生亲历了民国时期的军阀混战、抗日战争、解放战争，跨越了新旧中国两个不同社会以及新中国改革开放前后两个不同阶段，见证了中国航天事业发展的各个期间。他的成长经历和职业发展无不印记着家庭环境、个人经历以及他所经历的社会环境对他的影响。

从以上9章的学术成长报告中，我们了解了范绪箕学术成长的几个重要阶段：

良好的家庭教育、中西合璧的教育背景，奠定了范绪箕一生的事业基础。

范绪箕出身知识分子家庭，家庭条件优越。母亲出身名门，父亲则是中国最早的留学生之一。父母对孩子的教育都非常重视。父亲对两个儿子的要求非常严格，范绪箕曾说："父亲要求我们和他一样，在学校样样都要一流。父亲的严格要求，使我们养成了一个习惯，那就是只能向前，不能后退，现在想想，真是终身受用。"①因为父亲的原因，母亲对范绪箕的要求也很严

① 范绪箕：《范绪箕先生的回忆》。资料存于采集工程数据库。

格，事实上，范绪箕的成长受母亲的影响很大。母亲从小虽未上过学堂，但一直通过诸多家庭教师接受中西合璧的教育，她也把这种教育方式与范绪箕的学校教育完美地结合起来。通过家庭教师的辅助教育，范绪箕从小涉猎广泛，多才多艺，这让他对新鲜事物抱有很强的求知欲。此外，母亲对动手能力的重视也身体力行地深深影响着范绪箕。

范绪箕的教育背景中经历了中国私塾教育、英式教会学校、俄式高等教育、美式研究生教育，这几段求学经历与其生活环境、家庭因素有着十分密切的关系。其中北京的崇德学堂是当时北京最著名的4所新式学校之一，很多贵族子弟来此读书；在范绪箕随父亲迁居哈尔滨后，选择“哈尔滨工业大学”这所俄式的工科学校也变得顺理成章。此外父母对新式教育的不排斥，甚至推崇也使范绪箕的求学经历中有着多样的教育模式。除最初几年的私塾传统教育外，范绪箕此后又分别接受了英式教会学校、俄式本科教育、美式研究生教育。多种教育模式让范绪箕充分感受了各种方式的优势和问题，这对于范绪箕日后从事教育管理工作帮助非常大。在几种方式中，在哈尔滨工业大学及美国加州理工学院的时间较长，影响较大；特别是美国加州理工学院的留学经历对范绪箕影响最大，在这一阶段，范绪箕如愿以偿开始学习航空专业，并遇到了他一生中最重要的导师——冯・卡门。范绪箕在导师的安排下进行飞机结构的研究，并完成了硕士论文和博士论文，最后的毕业论文因母亲急召回国而未能完成，但由此论文主要内容而形成的论文“三边固定一边自由板在集中载荷作用下的弯曲问题”在他回国后获全国工程师学会第11届年会优秀论文奖。也是在这一阶段，他结识了钱学森等一批志同道合的同学，他们成为一辈子的良师益友。值得一提的是，通过这一段经历，范绪箕也形成了自己的教育理念。包括他一直所推崇和强调的科研要坚持创新、坚持理论联系实际、坚持因材施教、坚持多样的教学方式等理念。

尽管从小生活条件优越，但这并没有让范绪箕过分依赖物质生活，反而促成了他淡泊名利的人生观和价值观。家庭的潜移默化和众多家族前辈的成就也让他从小就意识到人生要有远大志向，未来成就一番大业。正因为如此，此后他立下投身航空、投身教育的志向，纵使经历千辛万苦，他仍百折不挠，执着追求。

归国初期在彷徨与迷茫中追逐航空报国的梦想。

1940 年，范绪箕在母亲的急召下仓促回国，当时中国正处在抗日战争的关键时期。怀着一腔热血和报国之心，范绪箕只在家停留了一周便奔赴内地，开始追逐他航空救国的梦想。1941 年他历经磨难到达已西迁遵义的浙江大学任教。因为在机械系教书无法实现他的航空救国梦想，一年半后他又辗转去成都加入“航空委员会航空研究院”，这是当时中国最具规模的航空研究机构。一年后失望的范绪箕再次离开成都，受聘来到已迁至昆明的“清华航空研究所”。范绪箕他在迷茫中寻找着自己事业发展的落脚点，他希望为建设中国的航空工业贡献自己的一分力量，然而处于战火中的国家千疮百孔，资源匮乏、技术落后都远超他的想象。在几年的彷徨之后他终于下定决心投身教育事业，通过培养更多的航空专业人才为中国的航空事业奠定坚实的基础。从此他数十年如一日，潜心教育，无论遇到怎样的艰难困苦、人生磨难，都不曾动摇过，也从未放弃过。在昆明的清华航空研究所期间，他潜心研究风洞，这一阶段的学习和研究为日后在浙江大学创建航空系积累了经验和知识储备。

范绪箕的事业发展与国家的命运息息相关，每当面对事业的选择，他总会服从祖国的需要：创建浙江大学航空系、组建华东航空学院、建设南京航空学院、担任上海交通大学校长，为这四所大学的建设和发展做出了重要贡献，是我国航空教育与航空科研的开创者之一。

1945 年，范绪箕受邀重返浙江大学，作为浙江大学航空工程系的首任系主任，开始了艰苦的创建工作。他首先大力聘请、培养师资，通过扩充专业教师师资力量使航空系在短时间内开设出完备的航空专业课程，并紧紧跟随当时航空发展的前沿技术，自己担任空气动力学、飞机结构力学等授课任务。此后范绪箕又把全部身心投入到实验室的建设工作上。他认为“航空学科是应用性很强的学科，人才培养离不开实验设备”，在条件极端艰苦、经费匮乏的情况下，他自己出资搞材料，发动大家自己动手加工，终于建成包括我国第一个自筹自建的3英尺低速风洞在内的完整的教学实验室。这个3英尺低速风洞后来随航空系一路从杭州搬到了南京（华东航空学院），最后在西安（西北工业大学）落户，一直到20世纪末仍在教学上发挥作用。解放前夕，范绪箕被军管会任命为接管小组成员，并担任浙江大学总务长。他通过完善操作流程和建立管理制度来规范学校财务及行政管理，取得了显著成效，得到了师生的一致好评，总务工作在他的管理下有了质的飞跃。

1952年9月，中央决定南京大学、交通大学、浙江大学三校航空系合并成立华东航空学院，范绪箕奉命任召集人，主持搬迁及筹备工作。在范绪箕的积极组织下，仅用了一个多月的时间，华东航空学院就在南京正式宣告成立。范绪箕任校务委员会主任兼教务长，负责华东航空学院的校址选址、校舍设计、基建等工作。在他的主持之下，新校区基建工程仅用了不到2年时间即告完工，主教学楼由中国著名建筑学家杨廷宝设计，目前该教学楼已被列为南京重要近现代建筑。他重视师资力量的培养、重视学科建设，特别是前沿学科的发展动态，使教学工作很快走上了正轨。尽管华东航空学校从成立到西迁更名为西安航空学院仅有近4年的时间，但它却永远留在华航学生们的青春记忆中，它的精神与传统为西北工业大学所传承并发扬光大。在华航期间，范绪箕于1955年被评为一级教授，他也是当时我国航空院校中唯一的一级教授。1956年1月，范绪箕光荣加入中国共产党。

1956年7月，在周总理的批示下，范绪箕被调任至南京航空学院任副院长，主抓教学与科研工作。上任伊始，即平息“九月事件”，顺利完成了建院改制，迅速将南京航空学院的教学水平从最初的苏式专科学校转制成为符合我国国情的大学本科。他从中国航空教育的实际出发，在南京航空学院的专业设置、师资培养、重点实验设备建设等关键性问题上，都起到了重要的组织和决策作用。1958年，他提出了无人机研究计划，获得钱学森的肯定，配合国家重点导弹型号研发任务，以他的“以任务带科研”的战略思想为指导，在南京航空学院建成了三音速风洞、我国第一台液压三轴飞行姿态模拟转台等关键实验设备，组建靶机研究室，先后研制成功“南航一号”和“南航二号”超音速靶机，为最终研制出“长空一号”无人驾驶靶机做出了重要贡献。范绪箕作为南航早期的建设者、精神文化的开创者和传播者，为南航的发展殚精竭虑，他在南航工作的23年间，南京航空航天大学从最初的苏式专科学校转制成为符合我国国情的大学本科，继而建设成为学科门类齐全，教学科研设施完善、师资力量雄厚的全国重点高校。

1979年，范绪箕调任上海交通大学任副校长，第二年任校长。他与校领导班子一起以“敢为天下先”的气魄，推动了高校教育体制改革，通过培养师资力量、倡导因材施教、启发式教育、重视新兴学科、学科交叉平台的建立以及走出国门，学习先进等措施，使上海交通大学快速发展并成为当时全国高校改革的标杆。他主张因材施教，提出实行导师制，通过发现学生的兴趣特长帮助他们找到最适合的专业。1983年范绪箕力排众议，利用世界银行对高校的资助资金，挑选了近60位成绩优异的交大学子出国深造，并为每位学生联系当时美国一流大学的知名教授作为导师。如今“世行生”已成为各个领域的佼佼者，为上海交大以及上海交大的对外交流发挥着越来越大的作用。

老骥伏枥，学无止境，挑战人类生命极限与从事科研年龄极限。

1984年3月，范绪箕正式卸任上海交通大学校长一职，开始了他的退休生活。他说：“职务上已经退休是当然的，但我的工作则刚刚开始。”从此他把所有的时间和精心都用在科研探索和学生的培养上。在科研上他与时俱进，一直关注世界航空最新的前沿技术，并不断根据由新技术产生出的新课题来调整自己的研究方向。他通过航空飞行器结构设计的热应力研究，完成我国若干战略性歼击机、导弹型号部件热应力测量研究任务；从1990年代开始，他开始攻关飞行器整体防热程序的设计研究，为我国若干导弹型号的自主设计和通用计算程序（1999年获中国航空工业总公司科学技术进步一等奖）的研制做出了重要贡献；进入21世纪，他开始了航天飞行器的防热结构研究，并在防护材料的研究中成功应用了非灰体理论。范绪箕说：“这一时期是我教学、科研生涯中，个人收获最大的阶段。因为我可以从事我所热爱的教学和研究工作。”这位百岁老人至今依然坚持每天工作 6 小时以上，查资料、做实验、写论文、指导博士生、参加学术会议……笃行不倦，孜孜以求，已成为中国科学界、教育界挑战人类生命极限与从事科研年龄极限的楷模。

纵观范绪箕人生的 4 个阶段，我们可以了解到他所处的年代正是国家最苦难、最动荡的时期，他的人生在挫折中起起浮浮，他说：

> 我的事业往往在最紧要的时候因为外部原因而被迫放弃。1945 年我在浙大筹建航空系，经过 4 年多的艰苦建设，终于建成了较为完整的实验室，当时自己干劲很足，可一解放我就被任命为浙大的总务长，负责学校的行政工作；几年后全国院校大调整，我又去筹建华东航空学院，刚刚选址准备盖教学楼了，又被调到南京航空专科学校去搞‘改院’工作。接着就是各种各样的运动……最后到了上海交大。我事业的黄金年代一直没有一个很稳定、持续发展的工作，且每一次的工作变化总是要从头开始。幸运的是我一直没有离开教育工作的岗位，其中有许多帮我，和我一起在艰难岁月里一起奋斗的人让我怀念！

面对事业的被迫中断，他总是服从大局，服从组织的决定。他不抱怨，不逃避，以积极乐观的态度去面对，并全力以赴投入到新的事业中去。而他的每一次经历，都为他今后承担更艰巨的任务积累了经验，成为他成长的养分，艰苦的环境更磨炼了他的意志。让他变得更加成熟、强大。

从范绪箕的学术成长历程，我们也发现了与许多其他科学家相似的性格特质，正是这些特质的毕生相随，才会造就他不平凡的学术成长经历和学术成就。

（1）毕生勤奋耕耘，治学严谨，年逾百岁仍保持旺盛求知状态

范绪箕生长在知识分子家庭，父母对子女的教育重视，要求严格，这使范绪箕从小就养成了勤奋刻苦的学习习惯。在范绪箕的求学经历中，哈尔滨工业大学的俄式教育是其中的重要阶段，俄式教育重视理论推导，重视制

图及现场实习，老师对学生要求严格，这使范绪箕在专业理论方面基础扎实。同时也养成了治学严谨的良好习惯。留学美国对范绪箕影响深远，美式教育注重课后练习，教学形式多样，其中启发式教学一直为范绪箕所推崇。在这一阶段，范绪箕跟随导师冯·卡门开始了他的航空专业学习和研究。此外范绪箕在求学的各个阶段都幸运地遇到了一批大师级的人物，他们的言传身教对范绪箕影响巨大。

在哈尔滨工业大学期间，他和孙运璇合作完成了毕业设计。他们相互影响，相互促进，孙运璇的精益求精和范绪箕的耐心细致不仅让他们合作默契，更让他们从对方身上受益良多。此外，在美国留学期间，范绪箕不仅师从"航空航天时代的科学奇才"冯·卡门，还结识了钱学森等一批有志青年，他们中的很多人都成为各自专业领域的"大家"。钱学森的努力钻研给范绪箕留下了深刻印象，也潜移默化地影响着他对待学术更认真、严谨。在美国求学期间，为了完成论文，他需要进行大量的计算工作，为此他常常一个人留在实验室，一做就是一整夜。工作后他更是把自己的全部精心都放在工作上。范绪箕的治学严谨，他的学生们体会最深。他的学生汪激、董威说："范校长是从来不在工作上讲情面的。""一次我们已经完成了一个项目，大家对结果都很满意，可当范校长无意间了解到如果计算机的系统升级，处理采集到的数据还可以提升，他于是坚持要我们系统升级后重新做。"①

范绪箕的另一个学生，现任南京航空航天大学副校长许希武回忆说："范先生对我说，你要坚持你的学问，毕业了，你也要坚持自己，要继续往下做。每年要为自己定一个任务。既要抓任务，但也不要单纯追求数量。一年发表 2 篇高质量的论文即可，你要想发表两篇高质量的论文，就意味着你肯定自己在这方面是要做很多研究的。但不要为了写文章而写文章，做科研，你要有所发现，有所心得体会，来告诉自己。"②

范绪箕自己也是这样做的。尽管范绪箕已经年逾百岁，"学习"仍然是

---

① 汪激、董威访谈，2011 年 12 月 15 日，上海。资料存于采集工程数据库。

② 许希武访谈，2012 年 3 月 15 日，南京。资料存于采集工程数据库。

他生活中的主题。在他的桌上,总是摆放着3本最常用的工具书:《辞海》、《英汉大辞典》、《计算机与信息技术术语新编》。每天坚持科学研究,时时关注科研动态,并不断有新的论文发表,"百岁科学家"以自己的行动告诉我们作为"科学家",要求知若渴,要勤奋耕耘,要精益求益,更要持之以恒。

(2) 志向高远,执着追梦,任重致远

范绪箕出身名门,家庭的潜移默化和众多家族前辈的成就让他从小就意识到人生要有远大志向。在他的少年、青年时代,中国正处在内外交困的苦难时期,正是看到中国的落后,看到日本对中国的欺辱,才促使范绪箕决心投身航空专业;未来成就一番大业。为了完成自己的航空救国梦想,他远赴美国,师从冯·卡门学习5年。学成归国后,他历经磨难,奔赴内地寻求航空救国的梦想,经过一段时间的彷徨求索,他最终确定通过教育完成自己的航空梦,此后纵使经历千辛万苦,他仍百折不挠,执着追求。他曾这样谈及自己事业上的遗憾:"我的第一个遗憾是浙大创建航空系时我费了不少力气,但没能扎下根,以致所建立的一些实验装备未能发挥其应有的作用,在院系调整中一切努力付诸东流;其次是所创建的新型的学院——华东航空学院也因开发西北而夭折,所争取的这一块'宝地'(著名园林专家刘敦桢语)及其建筑规划(杨廷宝先生设计)也落了空;第三个遗憾是未能在南航给我国首个自行设计的导弹提供所需的靶机;第四个遗憾是未能给上海交大

图结-1 2014年1月5日,上海交通大学领导到范绪箕教授家中祝贺101岁生日,范绪箕请林忠钦常务副校长转交党费

建立起一个一流水平的芯片设计中心，耽误了电子科学以及相关专业的发展。可经历了一次次的徒劳和挫折，我却从未曾气馁。”我们可以从他的话语中感受到他对事业的挚爱，也正是他强烈的责任感让他面对诸多不如意，仍能积极面对，从不言退。

(3) 淡泊名利，胸襟宽广，师德高尚的大家风范

范绪箕从小生活条件优越，但这并没有让他过分依赖物质生活，他从不会把对物质的追求作为人生目标。他说：“我一直这样要求自己，不要有私心杂念，我的座右铭是：‘抛却过多的欲望，保持内心的平衡’。我的主要精神就是在我的工作上，所以我的生活，我的想法会变得非常单纯。有人问我，你的工资有多少？我说我不知道，因为我的工资都在卡里，只要卡里有钱，我就过得去，就不会关注它。”①尽管范绪箕为国家做出了重要贡献，他却总是很平淡地说：“我没做什么特殊的工作，只是做了一些力所能及的事罢了。我就是一个认认真真的工作者，诚诚恳恳的工作者，任劳任怨的工作者。”②从这些朴素的话语中我们可以深刻地体会到范绪箕这一生为人为事的根本。浮生逾百载，功名对于他从不是心上事。唯有他的航空梦，才是他毕生的追求。

这位伟大的耄耋老人、中国航空航天教育和科研事业的开拓者，在抗日战火中回到祖国的怀抱、投身航空教育事业，沐浴了新中国成立的朝阳，历尽了文革的磨难，走在改革开放教育管理改革的前端。作为我国学术界罕见的“百岁科学家”，范绪箕一生经历过许多磨难和挫折，但他始终精神矍铄，睿智沉稳，坚持在教学、科研和管理一线，致力于人才培养和科学研究。2012 年 5 月，他精神抖擞地登上交通大学的大师讲坛，发表了题为“百年人生、科研心路”的演讲，引起了青年学子的强烈反响和共鸣。范老积极乐观、追求卓越的人生态度深深地影响着和感动着他身边的每一个人。

范绪箕的学术成长轨迹让我们看到了科学事业的开拓者们对事业执着

① 范绪箕访谈，2012 年 5 月 16 日上海交通大学第 005 期大师讲坛，上海。资料存于采集工程数据库。

② 程绩：“航空专家启动高等教育改革”。《新闻晚报》，2012 年 11 月 19 日，第 5072 期。

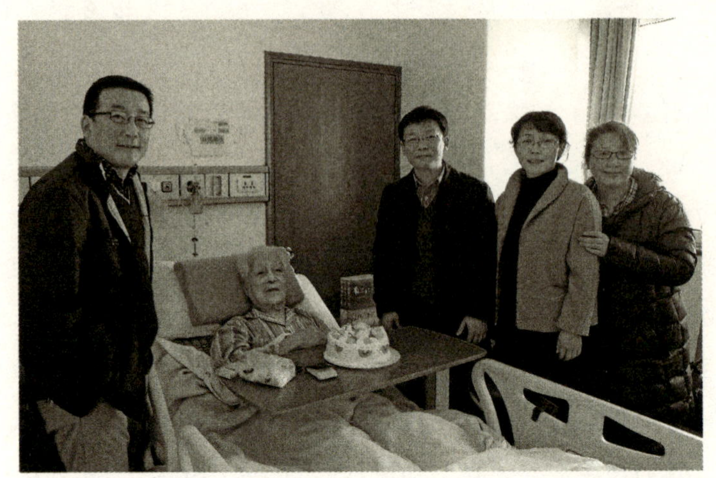

图结-2 2015 年 1 月 5 日，上海交通大学机械与动力工程学院领导、采集小组及范绪箕课题组老师在华东医院为范绪箕教授庆祝 102 岁生日（从左自右：汪激、范绪箕、杜朝辉、孟雁、吴志军）

追求的态度和勇于奉献的精神。在艰苦的环境下，他通过不断磨炼使自己逐渐成长起来，对待挫折和困难，他积极乐观，直面挑战，为国家的教育事业、航空科学做出了卓越的贡献。他的功绩应该为人们所铭记，他的精神应该被后辈们所传承并不断发扬光大，这也是“老科学家学术成长采集工程”的目的所在。

附录一
范绪箕年表

1914 年

1 月 5 日，生于北京粉子胡同五号，在家中排行第三，次子，兄弟姐妹共 4 人：范绪箴（姐）、范绪筠（哥）、范绪篯（妹）。

父亲范其光（1880～1951），字冰澄，原籍江苏江宁，毕业于北京同文馆，是清朝政府选派的第一批留俄学生，赴俄留学 18 年，学习铁路工程。回国后历任津浦路调查员、铁道技师等职，1924 年被调到中东铁路任中东铁路理事会理事；后受委派代任中东铁路局局长，中苏理事会理事。1933～1935 年曾兼任哈尔滨工业大学领导工作。

母亲李国奎（1886～1956），是李瀚章（李鸿章长兄）的长孙女，其父李经楚为清朝政府邮传部左丞，1908 年任交通银行首任总经理。

1919 年

与哥哥姐姐一起在私塾读书，师从阎荫桐先生学习四书五经及国文等知识。

1923 年

与哥哥一起入私立崇德学堂学习。因不能跟上课程进度，转学私立萃文中学学习。后因该校教学质量不如预期，又转回私立崇德学堂。

私立崇德学堂（现北京第三十一中学）为英式教会学校，学习的课程有英文、数学、国文等，分小学三至六年级及中学各年级。

1925 年

父亲于 1924 年 10 月被派驻哈尔滨任中东铁路中苏理事会理事，举家搬迁至哈尔滨，与哥哥一起转学到哈尔滨中俄工业大学校（现哈尔滨工业大学）预科班学习。

1926 年

转学到哈尔滨法政大学预科学习，该校为著名的法律学家雷殷先生所创办。

后因不适应法律课程，转回哈尔滨中俄工业大学校预科班学习。

1929 年

完成预科，入哈尔滨工业大学（1928 年更名）机电系机械组学习。

1931 年

因患病休学一年，赴上海治疗。

1932 年

参加夏季铁路实习 2 个月，随运货列车做检验工及司机助理，住在横道河子站，来往于横道河子及绥芬河站之间。

1933 年

夏初，在中东铁路总机修厂实习一个月，主要工作为修理火车头。

1935 年

2 月，从哈尔滨工业大学机电学院机械系毕业，获机械工程工程师学位。

与同学孙运璇合作完成毕业设计“某城市的发电厂设计”。

3 月，苏联把中东铁路经营权作价卖给日本。毕业后随母亲举家搬迁至天津。

11 月，在哥哥的资助下从天津转道南京、上海，赴美国留学。

12 月，在美国加州理工学院(California Institute of Technology)注册入学，攻读机械和航空工程专业。

1936 年

获得美国加州理工学院机械工程硕士学位。

夏，在美国洛克希德飞机制造厂实习一个月。

1937 年

师从冯・卡门(Theodore von Karman)学习航空工程专业。完成航空硕士论文“加强箸平板应力的光弹性测试”。

夏，在美国道格拉斯飞机制造厂实习一个月。

1938 年

获美国加州理工学院航空工程硕士学位。随导师冯・卡门进行第一篇博士论文“四边固定矩形板在均布载荷下的弯曲”。

夏，在美国波音飞机制造厂见习两周。

1939 年

随冯・卡门进行第二篇博士论文“三边固定一边自由矩形板在集中载荷下的弯曲”。

1940 年

通过美国加州理工学院航空工程专业博士学位全部课程的考试；完成大部分毕业论文的撰写，取得“候选博士”资格。

在母亲的电召下仓促回国。在上海停留一周后，乘船到香港，在香港乘飞机到重庆，从重庆乘车到贵州遵义。

1941 年

1 月，任国立浙江大学（西迁遵义）工学院机械系副教授。

9 月，任国立浙江大学工学院机械系教授。

1942 年

8 月份，由贵州出发参加在兰州召开的全国工程师学会第 11 届年会，其论文“三边固定一边自由板在集中载荷作用下的弯曲问题”获本届年会优秀论文奖（该论文为其第二篇博士毕业论文中的主要内容）。

9 月份，由兰州返回途中转道到成都。在成都航空委员会航空研究院任研究员。

1943 年

9 月，应清华大学航空研究所庄前鼎先生邀请，赴清华大学航空研究所（昆明）任教授。

1945 年

8 月，接受国立浙江大学的聘请，重返贵州遵义国立浙江大学任航空工程系教授兼系主任。

12 月 10 日，在“国父纪念周”活动中，作主题为“工程理论与实际”的讲演。

1946 年

夏，国立浙江大学迁返杭州，与另两位助教从遵义出发经黔东、湘西到达汉口，然后乘轮船到上海，乘火车到杭州。

9 月，国立浙江大学全部迁回杭州。任航空工程学系首任系主任，担任空气动力学、飞机结构力学的授课任务；聘请教师，筹建实验室。

1947 年

4 月，被国立浙江大学推荐上报国立中央研究院为院士候选人(由于种种原因，中央研究院这期未进行评选)。

6 月 19 日，列席参加第五十八次临时校务会议。

8 月起，开始定期参加校务会议。

10 月 1 日，在国立浙江大学第四十一次行政会议上，以 22 票当选校务会议及行政会议委员会会员(教授代表)。

10 月底，发生“于子三惨案”，国立浙江大学进步学生于子三被国民党杀害。31 日，参加国立浙江大学的 70 多位教授集会，一起通过并发表了《国立浙江大学教授会为于子三惨死事宣言》，抗议当局暴行，支持学生的正义行动。

1948 年

被学校的讲师助教会和学生会推举为反贪污委员会主持人。

6 月份，在《科学世界》三十七年第四、五月号发表论文“黏性流体之流动”。

10 月 22 日，参加航空学会在航空工程系实验室举行的迎新大会，并在会上发表讲话。

年底，建成了中国第一个自筹自建的 3 英尺直径试验段的低速风洞。

1949 年

4 月底，杭州解放前夕，受浙江大学应变执行会第四次主席团会议委托，率讲师来虔、会计张宗树到上海，去教育部上海临时办事处索要教育经费，顺利完成任务。

6 月 6 日，被浙江省军管会任命为浙江大学接收小组组员，负责学校行政工作，任总务长。兼任金华英士大学、之江大学的接管工作。

1952 年

9 月 15 日，全国开始进行高等院校院系调整，教育部召集南京大学、交通大学、浙江大学三校航空工程系代表开会，决定三校航空工程系合并，成立华东航空学院。与曹鹤荪、王宏基、谢安祜、黄玉珊、梁守磐共 6 人组成筹备小组，并任召集人，组织搬迁及筹建工作。

10 月 3 至 5 日，负责搬迁组织工作，在 3 日内即完成了人员的搬迁和安顿工作。

10 月 8 日，参加新校团结会师大会，会上，华东航空学院正式宣告成立。

10 月 26 日，华东航空学院正式开学。

11 月 19 日，被华东军政委员会教育部任命教务长，主要负责华东航空学院的选址、校舍设计、基建等工作。

1953 年

1 月，华东航空学院成立院务委员会，任院务委员会委员，暂代主任一职。

2 月，华东航空学院成立基本建设委员会，兼任主任委员，同时任下设的基本建设工程处处长。

1954 年

3 月 6 日，被江苏省委高等学校党委会任命为副院长兼教务长。

8 月，在他的主持之下，新校区基建工程完工。学院自南京城内四牌楼（南京工学院，华东航空学院临时校舍）迁到城外卫岗新校舍。邀请著名建筑学家杨廷宝设计教学主楼，园林设计专家刘敦桢设计校园，刘光华教授设计教职工及学生宿舍。目前该教学主楼已被列为南京重要近现代建筑（编号 2009029）。

8 月，参加江苏省第一届人民代表大会。

1955 年

新中国开始职称评定工作，被评定为一级教授（是中国航空院校中唯一的一级教授）。

6 月 8 日，国务院决定将华东航空学院内迁西安，改名为西安航空学院

(1957 年又与西北工学院合并成立西北工业大学)。

1956 年

1 月 14 日,参加中共中央关于知识分子问题的会议,会议在中南海怀仁堂召开。

2 月,加入了中国共产党,参加在江苏省委文教部举行的隆重的入党仪式,这是江苏省第一次为高级知识分子举行的入党仪式。

7 月 21 日,接到第二机械工业部任命通知,调任南京航空学院工作。

9 月到校时,南航发生“九月事件”,负责处理该事件。

9 月 15 日,参加南京航空学院第五届学代会,在大会上着重对“专科与本科”,“全面发展,因材施教与发挥专长相结合”,“学习生活的安排”等 3 个问题,作了深刻的分析和阐述。

10 月 15 日,经中央政治局会议批准,任南京航空学院教学副院长。

10 月 25 日,在校刊上发表题为“本院在改进教学中的情况”的文章。

12 月 9 日,参加南京航空学院航模俱乐部成立大会,并发表讲话。

12 月 18 日,参加南京航空学院科学研究部召开的关于怎样开展科研工作的会议,并发表题为“科研的内涵和外延”的讲话。为相关教师确定科研方向,同时确定自己的科研方向为热应力。

1957 年

任中国力学学会第一届理事。

2 月 15 日,向全院师生员工做专业设置问题的报告。

2 月 28 日,参加 1957 年上学期第一次院务会议,并作“关于如何提高师资水平,保证教学质量的意见”的主题报告。

5 月 28 日,参加南京航空学院六届二次学代会,并发表讲话。

6 月 4 日,接受“南航”校报的采访,回答同学“关于三院并二院”、“转学改行”等问题。

6 月 10 日,受邀参加三年级学生召开的代表扩大会议,并发表讲话。与学生代表等赴北京向高教部、二机部请示商谈关于教学等工作。

6月27日，参加院务委员会扩大会议，会上通报了北京开会的相关情况。

7月3日，高教部同意南京航空学院等五所院校部分学生转学，南京航空学院共向全国45所高等学校转出学生1 225名学生，300多名学生留在南航，“九月事件”平息。消除了解散南航的议论。

9月2日，在学院大饭厅向同学作关于转学和延长学年等问题的报告：转学工作报告概况和动员1956年入学学生延长学习年限，调整班级的报告。

9月14日，参加院系委员会扩大会议，并作教学、科学研究工作报告。

10月17日，参加第二次院务会议，并作简要发言。会议主要内容为研究专业教学开展情况及准备工作，讨论科学研究部的工作报告。

12月4日，与其他11人组成《南京航空学院学报》新编委。

1958年

为提高教师的科研能力，提出“以点带面”和以任务带教学和实验室建设的方针，并提出无人驾驶飞机科研计划，组织教师和高年级学生参加研究。

1月20日，南京航空学院召开全体教师大会，作关于专业设置、培养目标的工作总结。

2月21日，南京航空学院党员大会闭幕。与其他14人当选第二届院党委委员。

7月31日，在他主持下，南京航空学院第一部电子模拟计算机试制成功。

8月，率团参加在沈阳飞机制造厂召开的我国自制首架歼击机上天大会，大会由叶剑英元帅主持，从此形成了航空工业相关单位和院校“大跃进”献礼的局面。返程途中专程赴京向三机部请示关于研制无人机事宜，得到钟副部长支持。在国防科委第五研究院拜会钱学森院长，确定了与五院合作，即设计制造模拟某型号轰炸机的可遥控靶机。回校后立即组织教师和高年级学生开展研制工作。

9月，南航开始了大炼钢铁运动，动员全校师生参加，靶机研制工作受阻。

10 月，南航改归国防科委领导，下达研制拖靶的任务。

11 月 15 日，“南航一号”靶机（由“轰五”飞机拖曳）试飞成功（1950 年代，靶机在国外得到迅速发展，而在我国还是空白。他亲自抽调人员组织成立研究室，先后开展研制“南航一号”拖靶机和“南航二号”超音速靶机）。

1959 年

2 月 17 日，参加南京航空学院第三届党员大会，与其他 16 人当选第三届院党委会委员。

3 月，在南航受到批判，罪名为“以靶机研制冲击大炼钢铁运动”，批判会持续了两天两晚，直到教育部通知范绪箕率团赴苏联考察。

3 月，受教育部委派，率团（北京航空学院的两位教授）赴苏联考察两周，访问了当时苏联的三大航空学院（喀山航空学院、哈尔科夫航空学院、莫斯科航空学院）。期间与苏联专家进行技术交流，并由当时在苏进修的宋健同志陪同与莫斯科鲍曼国立技术大学副校长会谈。

3 月，主持设计、试制的“南航二号”（超音速靶机）完成样机一架。

3 月 29 日，参加八届二次学生代表大会，并代表院党委向大会作报告。

5 月 9 日，参加院务委员会第一次扩大会议，被选为院务委员会委员，并作了南航 1959 年教学、科研、生产劳动工作计划的报告。

5 月 20 日，应邀参加一系全体教师交流经验会，并作重要讲话。

国庆前夕，率领南航师生员工代表 30 余人前往江苏省委和南京市委，以科研、生产项目 40 项的好成绩向党献礼。

10 月，在他的主持下，开始自行设计、研制国防部五院任务——超音速靶机（十号机）和中国第一台液压三轴飞行姿态模拟转台。

1960 年

1 月 12 日，作为听课委员会成员，参加本年度试讲检查活动第一次试讲会。

1 月 16 日，参加南航先进集体、先进工作者表彰大会，并致开幕词。

2 月 20 日，参加南航第四次党员大会，与其他 20 人当选为南航第四届党委委员。

5 月 18 日，南京航空学院被第一机械工业部确定为部重点高等院校。

7 月 27 日，参加南航院务委员会第七次全体（扩大）会议，在会上就教学改革作了报告。

8 月，参加江苏省第二届人民代表大会。

10 月，南京航空学院自行研制的高空火箭（零六号），在自建的新海连发射场发射 3 枚自制火箭，杨得志和江苏省委领导、军区领导亲临现场观摩，因材料热膨胀不均问题，试验未能成功。但在南航兴起了新专业和科研热，通过此项研究，南航开始设置遥控遥测等电子、无线电等专业。

1962 年

4 月 6 日，主持召开第四次系主任会议，讨论实验室设置计划及加强学生外语学习等议题。

5 月，4 个专业开始招收研究生，与其他 7 位教授一起担任导师，科研方向为热弹性力学理论和应用研究。

1963 年

1 月 22 日，在他的主持下，南京航空学院决定成立航空特种设备、结构力学及强度计算、涡轮喷气发动机、高空设备、空气动力、南航十号机等 6 个研究点。

2 月 18 日，国防科委成立 5 个教材委员会，负责组织国防工业高等学校专业课程教材的编审、出版工作。任航空专业教材委员会副主任委员。

3 月 27 日，与其他 12 位教师一起被聘为院学术委员会委员。在第一次会议上被选举为主任委员，创办《南航学报》并兼任主编。

10 月，在他的推动下，院系及各教研室普遍制订教师培养提高计划。同时从全院范围内选定 6 名优秀中青年教师作为重点培养的“尖子教师”；各系共选定 35 名优秀中青年教师作为系的重点培养对象。

1964年

2月，参加中国航空学会第一次全国代表大会，作为中国航空学会的发起人之一，当选为第一届理事会常务理事。

7月，参加江苏省第三届人民代表大会第一次会议。

10底，由他主持设计建造的NH－1三音速（亚、跨、超音速）风洞建成。

12月20日，当选为全国三届人民代表大会代表，赴京出席全国三届人大第一次会议。

1965年

7月，由他主持，从1959年开始设计的超音速靶机（十号机）已基本完成总体方案论证。后接国防科委指示，南航与北航合作研制213号靶机。在完成方案论证后，十号机的研究工作至此终止。

8月中旬，与1 100余名学生，200多位干部、教师赴扬州专区开展农村四清运动。

12月，在他的主持下，南京航空学院建成了一个温区的热应力试验设备，用于研究圆锥飞行器高速飞行时的气动加热问题。此项设备原系1959年开始设计的小型气动力加热模拟试验设备（零七号），后因缩小规模而改建。

12月25，筹建成立江苏省航空学会，并任第一届理事长。

1966年

2月5日，与324名学生，126位干部、教师赴徐州铜山县开展农村四清运动。历时一年半。

6月3日，南京航空学院出现第一批大字报，很多大字报批判他执行资产阶级反动教育方针。范绪箕教授从铜山县被召回接受批斗，后又被调回，在完成四清工作后回校。

1967年

7月18日，被冠以“反动知识分子”与吴继周等党政领导干部和一批老师被批斗、管制。

1968 年

5 月 20 日，南京航空学院开始开展“清理阶级队伍”运动。与一大批老干部、老教师一起被审查、揪斗，被下放劳动。

10 月，与大部分中层以上干部和老教师被集中到“学习班”，逼迫“揭发交代”，并进行批斗和变相隔离。

1969 年

军宣队进校，范绪箕重新恢复工作。

3 月，由他主持研制的 TC 型三自由度液压飞行模拟转台建成。

10 月 20 日，南航军宣队和革委会组织拉练，与 1 800 名师生一起，连夜步行 30 里疏散到汤山。

11 月 12 日，步行转移到句容县天王公社，参加劳动，接受贫下中农“再教育”。

1970 年

10 月底，由他主持研制的高速风洞(NH－1)调试完毕。后经逐步完善，投入使用，正式列入国家生产性高速风洞系列。

1971 年

6 月 25 日，南京航空学院研制的“长江一号”(“南航二号”为其前身)无人驾驶飞机在“空一基地”试飞成功，完全达到设计性能指标。

10 月，被军宣队指派为工农兵学员上物理课。

1972 年

8 月 15 日，中共江苏省委批复：同意范绪箕任中共南京航空学院革委会核心小组成员、院革委会副主任。

1973年

1月,第三机械工业部批复:要求南京航空学院在确保完成教学任务的同时,应逐步形成以直升机为主的强度试验研究能力。为此,由军宣队组织范绪箕等人赴常州参与直升机项目的研发。因常州没有任何基础,研制工作未有收获。

8月,军宣队宣布:范绪箕等人赴上海航空机械专科学校进行发动机叶片的研制,因该校没有基础,工作未有收获。

1976年

军宣队撤离。在他的主持下,南京航空学院继续开展靶机、风洞、转台、自动控制、飞行轨迹的基础工作及气动加热实验台(即07号试验台)的研制工作,并率领靶机试飞组两次赴基地试飞,均因部件故障,试飞未能成功。

1977年

10月,受江苏省政府指派,参与接待来自美国的大学教授访华代表团,在江苏省委宴请袁家骝博士时,应邀作陪。

1978年

接待上海交通大学邓旭初副书记来访。

1979年

3月23日,中共上海市委组织部同意范绪箕同志调上海交大工作。

9月3日,中共上海市委员会正式批复:范绪箕同志任上海交通大学党委委员,副校长。

9月15日,《上海交大》第306期刊登他的文章"和新同学谈谈如何适应大学学习生活"。

11月9日,邀请上海交通大学杰出校友、国防科学技术委员会副主任钱学森来访,参加并主持教学科研工作座谈会。

1980年

4月7日，在他的主持下，成立出国培训班。这次出国派遣是利用世界银行对高校的资助资金，在选拔上改变了以往只派遣教师进修，且只看重外语的做法，首批选拔了38名专业成绩优秀的学生。他甚至亲自联络，落实学生的留学学校。为便于联系跟踪，他提议成立了教师培训科，后因与学校相关部门意见不统一，联系工作中断。这批学员学成后，其中很多人又重新回到了国内。

4月19日，任上海交通大学校长、校学术委员会主任。

4月25日，《解放日报》发表文章“如何为四化建设培养更多更好人才?”，报道范绪箕校长在全校教师大会上谈教学改革的意见。

4月29日，受上海市科协邀请作为特邀代表出席上海市科协第二次代表大会。

5月13日，受上海市人民政府教育卫生办公室的聘请，担任上海市高等学校教授职称评审委员会委员。

6月20日，《文汇报》载文“要培养大批出类拔萃人才，改革大学教学是重要关键”，报道范绪箕校长对教学改革的看法。

9月5日，《上海交大》第336期刊登文章“校长范绪箕谈‘如何发展我校重点大学的优势’”。

11月13日至12月18日，率团访问西德、英国、法国各高校及研究机构。

1981年

4月1日，接受《文汇报》记者采访，发表“工科大学应改革教学结构”。

5月11日，参加博士研究生导师座谈会并畅谈博士研究生的培养。

6月18～24日，参加三机部和上海市联合召开的“运十”飞机论证会，并表示支持“运十”飞机的生产。

6月25日，《光明日报》发表范绪箕校长的文章“谈高等教育调整改革中的几个问题”。

7 月,在《上海高教研究》01 辑发表文章“我国高等教育现代化问题”。本文还发表于 1981 年 9 月上海交通大学《教学研究》校庆八十五周年专辑中。

9 月 2 日,接待美国前总统吉米 · 卡特一行来访。

9 月 7 日,出席上海交通大学 1981 级新同学开学典礼,并发表讲话,鼓励同学继承发扬交大革命传统,立志做全面发展的人。

12 月,在他的主持下,上海交通大学跨学科委员会和跨学科研究室成立。

1982 年

1 月 11 日,上海交通大学校党委决定,不再设立第一副校长,行政工作统一由范绪箕校长领导。

1 月 13 日,参加上海交通大学 1981 届本科毕业生、研究生毕业典礼,并发表讲话,希望毕业学生为四化建设贡献聪明才智。

2 月 23 日,学校学位评审委员会成立,由 21 人组成。被选为学位评审委员会主席。

3 月 10 日,为后勤系统 40 多名党员干部讲课。以曾在浙江大学抓后勤管理的体会,讲解如何进行科学管理,受到大家的好评。

5 月,任中国力学学会第二届理事。

5 月 8 日,被校党委任命为研究生部部长(兼)。

6 月 10 日,参加“包兆龙图书馆”奠基典礼。这是新中国成立后国内第一所接受海外爱国人士捐赠建造的图书馆,来自菲律宾、瑞典、日本、挪威、香港等国家和地区的 150 多名知名人士(包括菲律宾总统马科斯的夫人、香港环球航运集团董事会主席包玉刚、中国船舶工业总公司董事长柴树藩、上海市市长汪道涵、外交部顾问韩念龙等贵宾)和 4 300 多师生员工出席了典礼。

主持研制成功 MDS 数据采集系统通过上海市高教局组织的专家鉴定,达到国内先进水平,并且投入小批量生产。

1983 年

3 月 16 日,在《光明日报》上发表其文章“改革理工科高等教育的一些问题”。

5 月底，应美国麻省理工学院院长的邀请访美，同时受解放军总政治部和上海市外办委托拜访了时任台湾行政院院长孙运璇的亲属，顺访加州大学伯克莱分校及斯坦福大学等几所院校。重访加州理工学院航空系，并在吴耀祖教授陪同下参观了喷气推进实验室。此外还访问了普渡大学，与该校订立了交流合作协议。

8 月，应澳大利亚技术科学院、悉尼大学等的邀请，访问了澳大利亚一些大学及科研所，历时 3 周。访问期间，参加在澳大利亚悉尼举行的第 14 届激波管冲击波国际讨论会(8 月 15～18 日)，并作“中国在激波管方面的研究状况”的大会报告；从本届开始，他一直是该国际会议主席团成员和特邀顾问。

为了在交大发展生物技术专业，与澳大利亚 Austin Biojet 公司洽谈污水处理研究合作，并在厦门合作成立生化污水处理合作机构。

9 月，在《高等工程教育研究》第 2 辑发表文章“高等工程教育要实行多层次化”。

1984 年

任上海力学学会第四届理事长。

承接中国航天工业总公司“中远程超音速飞机导弹气动加热计算软件”科研项目。

2 月 16 日，中共中央政治局常委、中央军委主席邓小平等领导在上海西郊宾馆亲切接见了范绪箕等 53 位上海交通大学党政领导、校务委员会委员和部分教授代表。邓小平在王震的陪同下和范绪箕等校领导合影留念。2 月 17 日，《人民日报》《光明日报》《解放日报》《文汇报》等均对此作了报道。

2 月 23 日，教育部党组下发《关于上海交通大学领导班子调整意见的通知》，范绪箕任顾问，免去校长职位。从此退居二线。

5 月，上海交大作为全国高校管理体制改革的先进典型，得到了六届二次全国人民代表大会《政府工作报告》的充分肯定。

5 月 22 日，受邀赴澳大利亚新南威尔士大学讲学。

7 月 6 日，参加南京航空学院举行的授予范绪箕“名誉教授”称号仪式。

9 月,访问香港大学、香港中文大学及交大香港校友会,与校友胡法光先生联系捐赠化学系高速分离机事宜。

10 月,应邀到加拿大马尼托巴大学热应力实验室讨论研究合作项目,与徐泰然教授合作调研计算机集成制造系统,并赴加拿大滑铁卢大学及美国普渡大学考察,撰写“CIMS-制造工业的未来”一文。

1985 年

1 月 5 日,任上海交大教师学衔授予试点领导小组副组长。

1 月 19 日,在《中国教育报》发表文章“建立我国高等学校体系问题”。

4 月 22 日,由他撰写的“高等工程教育要实行多层次化”论文荣获高等工程教育研究优秀论文三等奖。

5 月 13 日,出席上海市高教研究班并做主题报告“我国高等教育现代化问题”。

6 月,赴澳大利亚新南威尔士大学讲学,在澳大利亚皇家航空学会及航空研究院作学术报告。

11 月 29 日,赴美参加世界第八届激光会议。

1986 年

3 月,由他撰写的论文“我国高等教育现代化问题”荣获上海市高等教育学会优秀论文奖。

由他主持研制成功的“节能型集成程控交流稳压器”,通过上海市高教局组织的专家鉴定,达到国内先进水平,并且投入了小批量生产。

11 月 3～7 日,参加美国弗罗里达州奥兰多市举行的第九届世界激光及其应用会议,并担任大会执行主席。

1987 年

1 月 1 日,被《辞海》编辑委员会聘请为《辞海》编辑委员会编委。

1 月 8 日,与上海交通大学 26 位教授一起被国家教委批准列入《中国名人词典》(教育界部分)。

7 月 26 日，应邀参加在澳大利亚堪培拉召开的第十六次国际冲激波会议，担任会议委员会委员。并于会后应邀赴莫尔本澳大利亚航空研究院作报告。

1988 年

4 月 7 日，受中国工业设计协会邀请，任协会顾问。

赴美国进行学术交流，在旧金山市与曾同在哈尔滨工业大学读书的同学孙运璇（曾任台湾的行政院长）重逢。

1989 年

4 月，在《高等工程教育研究》上发表文章“对我国当前高等工科教育中的一些问题看法”。

7 月 17 日，参加在美国里海大学召开的第十七次冲激波会议，再次受邀担任会议组织委员会委员。会议为期 5 天。

9 月 20 日，上海市力学学会在成立三十周年之际，为他颁发荣誉证书，以表彰他对学会做出的卓越贡献。

1990 年

赴贵州遵义参观工厂，与安顺飞机第一制造厂和黎明发动机厂商谈合作，期间重访抗战时浙江大学原校址及娄山关。

3 月，收到美国商务部标准计量局来函，请求允许将其在 1989 年国际热物理学报上发表文章中的一部分内容纳入该局《固体热膨胀》一书。

8 月，赴美国菲尼克斯（Phoenix）市，出席美国水资源保护年会。

12 月，国家教育委员会颁发荣誉证书，表彰他从事高校科技工作 40 年来成绩显著。

1991 年

6 月，赴美国科罗拉多（Borlder）市，出席第 11 届国际热物理性能研讨会，顺访德州大学及其分校，回访该校航空系主任西尔斯（Sears）教授（曾是加州理工学院同学，1983 年曾访问上海交通大学）。

1992 年

承担了成都飞机研究设计所风挡鸟撞动态测试研究，撰写课题论证报告，并承担南航博士生研究论文的指导工作。

1993 年

10 月，赴美参加学术会议。

12 月，“MDS－1 型微机控制数据采集系统”项目入选香港新华通讯出版社《世界优秀专利技术精选》（中国卷），并荣获荣誉证书。

1994 年

组织南京航空航天大学、上海交通大学教师赴北京航天工业总公司联系科研任务，承接国内首个自主研发的“导弹气动加热与防护计算程序设计”科研任务，后取得令人满意的成果。

1995 年

赴美参加 ASME1995 学术会议，宣读报告《软件碰撞的 HUGONIOT 压力》，受到与会者关注，报告登载于 *AMD－Vol25，Impact，wave，and Fracture ASME* 学报中。

承接成都飞机研究设计所“飞机构件热光弹性测试”研究任务。

1996 年

6 月 11～13 日，中国航天科工二院第二总体设计部对“导弹气动加热计算与防护设计”课题进行验收，该项目是我国第一个地空型号自主研发设计的计算程序，验收结果为各项指标均达到设计要求。

1997 年

3 月，承接中国航天工业总公司三院“中远程超音速飞航导弹气动加热计算软件”研制任务，该任务为我国首个自主研发的计算机软件（该项目全部由交大 1011 研究室承担）。

1998 年

12 月，按合同要求完成了软件的研制及型号计算，向航天工业总公司三院三部进行了软件移交，并在该院指定的机器上完成了软件安装、测试及使用培训。

1999 年

荣获中国航空工业总公司科学进步一等奖，获奖名称：复杂外形不同马赫数飞行器气动特性通用计算方法研究[991316]。

7 月，赴成都参观飞机制造厂及成都飞机研究设计所，接受 3 项重要科研任务：①航天飞行器金属热防护系统设计；②高速飞行器气动加热计算程序；③飞行器空中投放及分离研究。

2000 年

荣获世界华人科学技术推广普及联合会优秀论文奖，获奖名称：激光扫描测量位移法求材料热膨胀系数新技术。

2001 年

10 月 23 日，荣获 2001 年香港何梁何利基金“科学与技术进步”奖，赴北京参加颁奖典礼。

向浙大校友、美籍华人汤永谦先生申请汤氏教育基金，用于培养研究生及实验室建设，得到支持。汤氏基金资助的研究室由范绪箕领导，挂靠 1011 研究室，从此范绪箕的科研工作步入了一个新阶段，即不再承接当前科研任务，而是从科学前沿寻找研究课题或方向进行研究，接收了程惠尔教授退休后遗留在工程热物理实验室的真空舱，改建为热模拟试验设备。

8 月，由南京航空航天大学吕樟权等人整理的《范绪箕论文选集》出版。

2002 年

5 月 21 日，赴贵州参观中国歼击机、教练机、海防导弹科研生产基地。

2004 年

12 月 1 日，著作《气动加热与热防护系统》出版。

2005 年

3 月 31 日，参加"上海市青年力学沙龙暨范绪箕教授专著首发式"。

9 月 12 日，参加第五届海峡两岸航空太空学术研讨会，宣读论文"航天飞行器金属热防护系统热分析"。

2007 年

1 月 21 日，出席浙江大学航空航天学院成立仪式。

5 月 23 日，访问浙江大学航空航天学院，并作"航空航天科学的发展历程与展望"学术报告。

11 月，赴北京航天工业集团科技委，在庄逢甘的陪同下参观一院材料所，并进行座谈；在谈凤奎陪同下参观三院气动力所，与材料研究室进行接触。此次出访主要是了解国内航天工程热防护材料的新发展。

2008 年

3 月，赴无锡、宜兴、绍兴调查新材料生产情况，取得多种材料样品，与绍兴纳诺高科技公司建立联系，初步建成气动加热模拟控制系统。

2009 年

7 月 1 日，著作《高速飞行器热结构分析与应用》出版。

11 月 4 日，参加"上海交通大学缅怀钱学森学长座谈会"并做主题发言。

11 月 24 日，向上海交通大学档案馆捐赠专著 3 本。

2010年

6月6日，参加钱学森图书馆奠基仪式。

10月31日，参加“上海交通大学纪念钱学森逝世一周年座谈会”。

2011年

5月7日，参加上海交通大学主题为“‘包图’崛起的前前后后”活动，并做主题报告。

5月，接受中国科协“老科学家学术成长资料采集工程”。

6月，建成红外热辐射测试实验设备并指导毕业生完成性能标准。

12月12日，参加钱学森图书馆开馆仪式。

2012年

1月5日，与上海交通大学机械与动力工程学院领导、学生及范绪箕先生学术采集工作小组的部分成员共度99岁生日。

4月12日，赴香港参加为期2天的学术会议“2012 International Conference on Nanotechnology Technology and Advanced Materials (ICNTAM 2012)”，提交论文“纳米材料高温红外热辐射测试与计算”。

5月7日，向“2012第二次航天工程和信息技术会议(南昌 AEIT2012)”提交论文“多孔隔热材料的导率测算”。

5月16日，做客上海交通大学“大师讲坛”，以“百年人生，科研心路”为题，与500多名交大学子分享了他的科研心得、教育经验以及对钱学森之问的思考。

10月，赴南京参加南京航空航天大学成立60周年庆祝活动。

2013年

1月5日，出席“范绪箕教授百岁生日庆祝会”并发表生日感言。

3月31日，赴北京参加由上海交通大学、西安交通大学承办的“高端制造装备”暨交通大学机械工程教育百年纪念，并作大会发言。

4月6日，参加“上海交通大学机械与动力工程学院百年庆典”，并作大会发言。

6 月 24 日,《解放日报》头版发表专访“范绪箕:百岁老教授,百年飞天梦”。

12 月 7 日,参加上海交通大学首届范绪箕奖学金颁奖仪式,并为获奖学生颁奖。

2014 年

1 月 5 日,上海交通大学常务副校长林忠钦院士及机械与动力工程学院领导到家中祝贺 101 岁生日。

5 月,论文“航天飞行器热防护系统的一体化设计”在《航天器工程》2014 年第 03 期发表。

2015 年

1 月 5 日,上海交通大学机械与动力工程学院领导、采集小组及范绪箕课题组老师到上海华东医院祝贺 102 岁生日。

5 月,论文 Thermal Impact Resistance of Integrated Tnermal Protection Sytem of Space Vehicles 在 *Advanced Materials Research* 2015 年第 1091 期发表。

附录二
范绪箕主要论著目录

一、论文

[1] 范绪箕. 薄平板受平均压力及中层切力之弯曲. 工程,1941. 6.

[2] 范绪箕. 三边固定一边自由之薄板受中心压力之弯曲. 工程,1941. 8.

[3] 范绪箕. 黏性流体之流动. 科学世界,1946.

[4] 范绪箕. 我国高等教育现代化问题. 教育发展研究,1981.

[5] 范绪箕,陈国光. 关于热弹性力学的耦合理论. 力学进展,1982.

[6] 范绪箕. 高等工程教育要实行多层次化. 高等工程教育研究,1983.

[7] H. T. Fan, K. K. Chen and N. S. Sun. Numerical Analysis of Uncoupled Dynamic Problem of Thermo-Elasticity. *Journal of Thermal Stresses*, 1984.

[8] H. T. Fan, C. H. Chen. Measurements of Dynamic Welding Deformation by C-W Laser Holographic Interferometry, Proc. Of the International Conference on LASER' 85, December, 1985.

[9] H. T Fan, C. H. Shen. A Spatial Multiplexing Holographic Interferometry for Measuring Dynamic Deformation, 1985.

[10] 范绪箕,李彬,沈崇辉. 焊接动态变形测量中的全息干涉法及光顺样条有限元法,1985.

[11] 沈崇辉，范绪箕. 激光全息干涉测量动态变形. 第四届全国实验力学会议，1986.

[12] 范绪箕，张铮. 用微型计算机——图像系统对实验力学的光测图片结果进行处理的研究，1986.

[13] 范绪箕，沈崇辉. 用激光全息干涉法测量准稳态热载荷作用下带中心裂纹试件的 J 积分值的研究. 范绪箕论文相关资料(档案馆资料).

[14] H. T. Fan, C. H. Shen. Experimental Evaluation of J-Integral for a center-Cracked Plate Subject to Quasistatic Thermal Load. *Photomechanics and Speckle Metrology*, 1987.

[15] H. T. Fan, C. H. Shen, Y. Liu and J. Wang. Measurements of Thermal Expansion Coefficient (of 1Cr18Ni9Ti Stainless Steel) with Laser Scanning Micro-Dimension Detection technique. *International Journal of Thermophysics*, 1989.

[16] 范绪箕. 对我国当前高等工科教育中一些问题的看法. 高等工程教育研究，1989.

[17] 孙良新，范绪箕. 热载荷作用下层合板瞬态响应分析. 振动工程学报，1989.

[18] 范绪箕. 热应力学科的现状及发展. 热应力，1991. 8.

[19] 夏良道，范绪箕. 边界元法在热弹性断裂力学中的应用. 热应力，1991. 8.

[20] 范绪箕，陈国光，薛献新，孙南生. 固体火箭发动机喷管石墨喉衬的温度场和热应力研究. 热应力，1991. 8.

[21] H. T. Fan, H. P. Wang. On Treatment of Transition Zones in Thermal and Stress Analysis of Welding, 1992.

[22] 许希武，孙良新，范绪箕. 钉载作用下层板多孔过盈配合分析. 南京航空航天大学学报，1992.

[23] H. T. Fan, H. P. Wang. Analysis of One-Dimensional Solidification Problem with Two-Phase Moving Boundaries. *Thermochimica Acta*, 1993.

[24] 范绪箕,李邦义,刘勇.热载瞬态裂纹及应力强度因素 K1 焦散线法测量.浙江工学院学报,1993.

[25] 范绪箕,杭国平,夏良道.热冲击研究概况.《热应力》专集Ⅱ卷,1993.10.

[26] 范绪箕,杭国平.热断裂本质问题初探.《热应力》专集Ⅱ卷,1993.10.

[27] 范绪箕,夏良道,杭国平.热应力学科的最新发展.《热应力》专集Ⅱ卷,1993.10.

[28] 杭国平,范绪箕.不可逆条件下的熵生成率表达.《热应力》专集Ⅱ卷,1993.10.

[29] 谢兰生,孙良新,范绪箕.高速摄影技术在三维位移测量中的应用.南京航空航天大学学报,1994.

[30] H. T. Fan. On the Hugoniot Pressure of Soft Body Impacts, Presented at Goldsmith Symposium at the 1995 Joint ASME Applied Mechanics and Materials Summer Meeting. Published on the ASME AMD, 1995.

[31] X. W. Xu, L. X. Sun and H. T. Fan. Stress Concentration on Finite Composite Laminates with Elliptiacal Hole, Int. J. Solids Structures, 1995.

[32] X. W. Xu, L. X. Sun and H. T. Fan. Stress Concentration on Finite Composite Laminates Weakened by Multiple Elliptical Holes, Int. J. Solids Structures, 1995.

[33] 李书,冯太华,范绪箕.动力模型修正中逆特征值问题的数值解法.计算结构力学及其应用,1995.

[34] 宋雪峰,范绪箕.歼教 7 飞机刹车盘的热应力分析.航空工业总公司 011 基地-内部研究报告,1995.

[35] 范绪箕,李邦义.油热泵的热应力激光测试与分析.航空工业总公司 011 基地-内部研究报告,1995.

[36] 谢兰生,孙良新,范绪箕.非线性粘弹性结构鸟撞击动响应分析.南京航空航天大学学报,1995.

[37] X. W. Xu, L. X. Sun and H. T. Fan. Thermelasticity Analysis of Finite Composite Laminates Weakend by Multiple Elliptical Holes. *Applied Mathematics and Mechanics*, 1995.

[38] 许希武,孙良新,范绪箕. 多椭圆孔有限大复合材料层板的热弹性分析. 应用数学和力学,1995.

[39] 李书,冯太华,范绪箕. 一种利用静力试验数据修正有限元模型的方法. 应用力学学报,1995.

[40] 李书,冯太华,范绪箕. 局部模型误差的修正方法. 南京航空航天大学学报(英文版),1995.

[41] 许希武,孙良新,范绪箕. 多椭圆孔有限大复合材料层板的应力研究. 力学学报,1995.

[42] 李书,冯太华,范绪箕. 静力模型修正的逆特征值方法. 工程力学,1995.

[43] Sun and H. T. Fan. Thermomechanical Coupling Effect on Fracture of Solids. 热应力,1996.

[44] 范绪箕,魏杰. 圆形杆在缝隙流中的气动加热分析. 第三届全国热应力和热强度会议论文集,1996.

[45] 范绪箕,谢拯. 飞行器舵面气动加热计算. 航天工业总公司任务-内部研究报告,1996.

[46] 李书,冯太华,范绪箕. 结构静力问题的重特征值灵敏度分析. 工程力学,1996.

[47] 谢兰生,范绪箕. PVDF 压力传感器在测量撞击压力中的应用. 振动、测试与诊断,1996.

[48] 李书,冯太华,范绪箕. 结构设计中的高阶灵敏度. 应用数学和力学,1997.

[49] 李书,冯太华,范绪箕. Higher Order Sensitivities In Structural Static Design. 应用数学和力学(英文版),1997.

[50] 范绪箕,刘洪. 导弹气动加热瞬态温度场计算报告. 航天工业总公司任务-内部研究报告,1998.

[51] 范绪箕,董威. 飞行器突起物周围气动加热的计算方法. 宇航学报,1998.

[52] 董威,范绪箕. 求解激波/边界层相互干扰问题的有限体积方法. 上海交通大学学报,1998.

[53] 范绪箕,董威. 导弹气动加热的数值计算报告. 航天工业总公司任务-内部研究报告,1998.

[54] 范绪箕,刘洪. 复杂气动外形嵌套网格生成方法研究. 航天工业总公司任务-内部研究报告,1998.

[55] 范绪箕,董威,刘洪. 飞行器气动特性数值模拟的并行计算. 航天工业总公司任务-内部研究报告,1998.

[56] 范绪箕,董威. 飞行器气动加热及气动参数数值计算方法. 航天工业总公司任务-内部研究报告,1998.

[57] 范绪箕,董威. 导弹气动加热计算报告. 上海交通大学 1011 研究室,1998. 10.

[58] 范绪箕,楼卓时. 二维平板可压缩边界层的二次稳定性分析. 应用数学与力学,1998.

[59] 李孝伟,范绪箕. 高速黏性绕流的有限体积 TVD 格式. 空气动力学学报,1999.

[60] 范绪箕,楼卓时. Analysis of The Secondary Stability of Compressible Boundary Layer Flows Over a Two-Dimensional Plate. 应用数学和力学(英文版),1999.

[61] H. T. Fan, Hong Liu and Wei Dong. Conservative Overlapping Grid Generation in Supersonic Viscous Flow Over Complex Geometry. Proceedings of the FEDSM99: 3rd ASME/JSME Joint Fluid Engineering Conference, 1998.

[62] Hsu Tsi Fan, Hong Liu. Three-Dimensional Natural Convection in The Annulus Between Two Horizontal Concentric Cylinders. Proceedings of NHTC'00 34th National Heat Transfer Conference, Pittsburgh, Pennsylvania, 2000.

[63] 李孝伟,范绪箕. Virtual Grid and Navier-Stokes Computation for Control-Surface. 上海交通大学学报,2002.
[64] 李孝伟,范绪箕,乔志德. 嵌套网格技术中的 Collar 网格和虚拟网格方法. 计算物理,2003.
[65] 李孝伟,范绪箕. 结合部网格系统在机身边条——机翼组合体绕流计算中的应用. 空气动力学学报,2003.
[66] 李孝伟,范绪箕. Joint Grid System Used in Embedding Technique. 上海交通大学学报,2003.
[67] 李孝伟,范绪箕. 基于动态嵌套网格的飞行器外挂物投放的数值模拟. 空气动力学学报,2004.
[68] 黄春生,吴杰,范绪箕. 飞行器流场与结构温度场耦合数值分析. 力学与实践,2004.
[69] 范绪箕. 关于飞行器高超声速不平衡气体绕流的数值模拟. 力学进展,2004.
[70] 符致勇,范绪箕,黄春生. 航天器突起物热防护结构的瞬态温度场有限元分析. 导弹与航天运载技术,2004.
[71] 吴杰,黄春生,范绪箕. 基于 OpenGL 的 CFD 设计平台中的流场可视化技术及其实现. 工程图学学报,2004.
[72] 董威,范绪箕. 水平六角蜂窝腔内三维自然对流的数值计算. 上海交通大学学报,2004.
[73] 陈勇,宋迎东,高德平,范绪箕. 基于 B－P 本构模型的涡轮盘应力分析. 航空动力学报,2004.
[74] 范绪箕,董威. 计算流体力学在飞行器研制中的应用. 特邀学术报告,2004.
[75] 祁洋,范绪箕. 飞机安全性设计的外挂物投放数值方法. 上海交通大学学报,2005.
[76] 范绪箕,白丹. 航天器金属热防护结构非灰体隔热层传热计算. 南京航空航天大学学报,2005. 8.
[77] 董威,范绪箕. 热防护系统中六角蜂窝腔内的流动换热研究. 空气动力

学学报,2005.

[78] 陈勇,宋迎东,高德平,范绪箕. 热、机械载荷作用下夹杂对应力强度因子的影响. 计算力学学报,2005.

[79] Dan Bai, Xu-Ji Fan. Transient Coupled Heat Transfer in Multilayer Non-gray Semitransparent Media with Reflective Foils. *International Journal of Thermophysics*, 2006. 03.

[80] 范绪箕. 航天飞行器金属热防护系统的热分析. 第五届海峡两岸航空太空学术研讨会,2006. 03.

[81] 范绪箕,白丹. 热防护系统的硅纤维隔热层复合传热数值计算. 宇航学报,2006. 05.

[82] 白丹,范绪箕. On the Combined Heat Transfer of Natural Convection, Radiation and Conduction in the Non-gray Semitransparent Thermal Fibrous Insulation, *Journal of Harbin Institute of Technology*, 2007.

[83] Dan Bai, Xu-Ji Fan. On the Combined Heat Transfer in the Multilayer Non-gray Porous Fibrous Insulation. *Journal of Quantitative Spectroscopy & Radiative Transfer*,2006. 09.

[84] 郑京良,范绪箕. 瞬态热流加载模糊 PID 控制系统设计. 微计算机信息,2009.

[85] 范绪箕. 高温下隔热材料中的热传导. 临近空间科学与工程,范绪箕论文集(2000～2010).

[86] 范绪箕. 多孔介质隔热材料中的辐射热传递分析. 航天器工程,2011. 01.

[87] 范绪箕. 纳米孔材料中辐射热传递的改进-扩散近似法计算. 航天器工程,2011.

[88] 范绪箕. 相知七十载,深情忆故人. 航天器工程,2011.

[89] H. T. Fan. Spectrometric Radiation Measurements of Nanoporous Insulation Materials. *Advanced Materials Research*,2012.

[90] 范绪箕. 多孔隔热材料的热导率测算. *Hong Kong Education Society*,

2012.

[91] 范绪箕. 也谈关于关于科研的话题. 航天器工程,2012.

[92] Xuji Fan. Measurement of Radiation Heat Transfer within Porous Material. *Advanced Materials Research* ,2013.

[93] 范绪箕. 航天飞行器热防护系统的一体化设计. 航天器工程,2014.

[94] Xuji Fan. Thermal Impact Resistance of Integrated Thermal Protection Sytem of Space Vehicles. *Advanced Materials Resarch* , Vol. 1091 (2015):103 - 108 ©(2015)
Trans Tech Publications, Swilzerland doi:10,4028/www. slientific. net/AMR. 1091. 103.

二、著作

[1] 范绪箕. 范绪箕论文选集. 航空工业出版社,2001. 8.

[2] 范绪箕. 气动加热与热防护系统. 科学出版社,2004. 12.

[3] 范绪箕. 高速飞行器热结构分析与应用. 国防工业出版社,2009. 7.

参考文献

[1] 李向平,魏扬波. 口述史研究方法[M]. 上海人民出版社,2010.

[2] 叶金福,姜澄宇. 季文美文集[M]. 西北工业大学出版社,2008.

[3] 南京工学院建筑研究所. 杨廷宝建筑设计作品集[M]. 中国建筑工业出版社,1983.

[4] 上海交通大学简介[M]. 1983.

[5] 盛懿,孙萍,欧七斤. 三个世纪的跨越[M]. 上海交通大学出版社,2006.

[6] 唐纳德·里奇著,王芝芝、姚力译. 大家来做口述历史(第二版)[M]. 当代中国出版社,2006.

[7] 本杰明·艾尔曼著,王红霞、姚建根等译. 中国近代科学的文化史[M]. 上海古籍出版社,2009.

[8] 江晓原. 科学史十五讲[M]. 北京大学出版社,2006.

[9] 曲铁华,李娟. 中国近代科学教育史[M]. 人民教育出版社,2010.

[10] 席泽宗. 科学史十论[M]. 复旦大学出版社,2008.

[11] 上海交通大学. 江泽民和他的母校上海交通大学[M]. 上海人民出版社,2006.

[12] 上海交通大学党史校史工作委员会. 上海交通大学改革与发展[M]. 上海交通大学出版社,1998.

[13]《交通大学校史》编写组. 1896—1949 交通大学校史[M]. 上海教育出版社,1986.

[14]《南京航空航天大学校史》编委会. 南京航空航天大学校史(1952—2002)[M]. 航空工业出版社,2002.

[15] 王增藩. 苏步青[M]. 浙江科学家传记丛书,2010.

[16] 杨达寿. 竺可桢[M]. 浙江科学家传记丛书,2009.

[17] 刘深. 葛庭燧传[M]. 科学出版社,2010.
[18] 潘敏,李建强. 思源致远百年神韵[M]. 高等教育出版社,2011.
[19] 梁思礼口述,吴荔明、梁忆冰整理. 一个火箭设计师的故事——梁思礼院士自述[M]. 清华大学出版社,2006.
[20] 中国航空工业史修编办公室. 中国航空工业老照片(1—3)[M]. 航空工业出版社,2011.
[21] 中国航空工业史修编办公室. 中国航空工业人物传·领导篇[M]. 航空工业出版社,2011.
[22] 中国航空工业史修编办公室. 中国航空工业人物传·专家篇[M]. 航空工业出版社,2011.
[23] 中国航空工业史修编办公室. 中国航空工业大事记(1951—2011)[M]. 航空工业出版社,2011.
[24] 李成智. 中国航天技术发展史稿(上、中、下)[M]. 山东教育出版社,2006.
[25] 顾诵芬总主编,杰弗里·托马斯等著. 航空发展的历史与真相[M]. 上海交通大学出版社,2010.
[26] 邓楠. 新中国科学技术发展历程(1949—2009)[M]. 中国科学技术出版社,2009.
[27] 中国高等教育学会组编. 改革开放 30 年中国高等教育发展经验专题研究(1978—2008)[M]. 教育科学出版社,2008.
[28] 顾明远,刘复兴. 改革开放 30 年中国教育纪实[M]. 人民出版社,2008.
[29] 上海市人事局,中共上海市委组织部. 2007 上海领军人才[M]. 文汇出版社,2007.
[30] 改革开放以来的教育发展历史性成就和基本经验研究课题组. 改革开放 30 年中国教育重大历史事件[M]. 教育科学出版社,2008.
[31] 李红军. 航空航天概论[M]. 北京航空航天大学出版社,2011.
[32] 朱永新. 中国教育评论(卷十五)[M]. 中国人民大学出版社,2012.
[33] 应向伟,郭汾阳. 名流浙大[M]. 浙江大学出版社,2007.
[34] 上海交通大学管理改革初探[M]. 上海交通大学出版社,1983.
[35] 上海交通大学党委办公室编. 上海交大的教育改革(续编)[M]. 上海交通大学出版社,1988.
[36] 竺可桢. 竺可桢全集(竺可桢日记二、三、四、五、六、七集)[M]. 上海科技教育出版社,2006.
[37] 谢鲁渤. 浙江大学前传——烛照的光焰[M]. 浙江人民出版社,2011.
[38] 陶纯,陈怀国. 国家命运——中国两弹一星的秘密历程[M]. 上海文艺出版社,2011.
[39] 百年蕴聚铸辉煌编委会,百年蕴聚铸辉煌——上海交通大学机械与动力工程学院院史[M]. 上海交通大学出版社,2006.

[40] 张进良,黑龙江—中俄关系四百年[M]. 中国文联出版社,2008.
[41] 哈尔滨工业大学. 漫游中国大学丛书——哈尔滨工业大学[M]. 重庆大学出版社,2008.
[42] 何维民. 哈尔滨工业大学大事记(1920—1999)[M]. 哈尔滨工业大学出版,2000.
[43] 满铁史资料(第2卷)[Z].
[44] 冯·卡门,李爱特生. 冯·卡门传[M]. 西安交通大学出版社,2011.
[45] 浙江大学校史编辑室. 浙江大学校史稿[M].
[46] 褚晴辉. 王助传记(研究报告)[M]. 国立成功大学博物馆,2010.
[47] 傅海辉. 抗日战争时候的航空研究院及其历史价值[J]. 中国科技史料,1998,19(3).
[48] 冯·卡门. 改善飞机性能之途径[J]. 航空机械,1937,2(3).
[49] 浙江大学校史编写组. 浙江大学简史(第一、二卷). 浙江大学出版社,1996.
[50] 齐毓霖. 回忆母校浙大[Z].
[51] 国立浙江大学周刊[J].
[52] 浙江大学档案馆. 浙江大学馆藏档案[Z]. 2011(6).
[53] 李琦. 建国初期全国高等学校院系调整述评[J]. 党的文献,2002(6).
[54] 陶秉礼主编. 西北工业大学校史[M]. 西北工业大学出版社,1995.
[55] 季烨. 南京走出新中国首批航空人才[N]. 南京晨报,2007-10-25.
[56] 崔锐捷. 足迹与风采—南航校友访谈录[M]. 航空工业出版社,2012.
[57] 西北工业大学党委宣传部. 难忘的岁月——华东航空学院西迁50周年纪念文集[M]. 西北工业大学出版社,2006.
[58] 孙平凡. 南京航空航天大学校史(1952—2002)[M]. 航空工业出版社,2002.
[59] 全院教师举行关于教学质量的大辩论,我们的教学质量是高还是低? 如何提高? [N]. 南航,1958-2-1(118).
[60] 周新华,李晓明. 忆南航无人机事业的峥嵘岁月——访我国无人机领域著名专家、我校无人机研究所前所长吕庆风研究员[N]. 南航,2012-5-30.
[61] 刘子勋,许寅. 敢为天下先——邓旭初传[M]. 上海交通大学出版社,2004.
[62] 上海交通大学校史编纂委员会. 上海交大纪事(下卷)[M]. 上海交通大学出版社,2006.
[63] 上海交通大学校志编纂委员会. 上海交通大学志[M]. 上海交通大学出版社,1996.
[64] 陈士橹. 航空航天技术与力学[J]. 中国工程科学,2003.
[65] 范绪箕. 热应力学科的现状及发展[J]. 热应力,1991.
[66] 程绩. 新闻晚报[N],2012-11-19,2013-2-11.
[67] 朱章玉. 往事记忆——我对范绪箕校长的印象[Z].
[68] 范绪箕口述. 我与上海交大的教学改革[J]. 思源,2014(4).

后 记

当沉甸甸的《范绪箕传》捧在手上时，我们的内心无法平静。两年多的采集过程，我们有太多体会与感受想与大家分享。

范绪箕教授是上海交通大学原校长，也是上海交大机械与动力工程学院的资深教授，上海交大机械与动力工程学院已有百年历史，积淀了优良的办学传统和厚重的文化底蕴。学院接到采集工程项目后高度重视，怀着对范绪箕教授的深深敬意，同时也抱着把范绪箕教授执着追求航空报国梦想、年逾百岁仍耕耘不辍的精神传承下去的使命感，把这一项目作为学院文化建设的一个重要部分，学院党委书记陶燕敏担任项目总负责人，孟雁副书记具体负责，采集小组成员们则是从学院选拔出的骨干青年教师。如何对范绪箕传奇的人生经历以及对教育事业、航空工业做出的巨大贡献进行梳理。总结、提炼出他的学术成长脉络、教育理念和贡献，这对从未接触过此类项目的年轻教师来说倍感压力。

采集工作于 2011 年 6 月开始启动。怀着对范绪箕教授的崇敬，采集小组仔细查找每一个线索，先后走访了北京、西安、南京、哈尔滨、杭州等地，深入档案馆、图书馆查找资料，采访历史的亲历者们。随着项目的推进，采集队伍在学习中不断成长，充分体会到总结历史，特别是弘扬那些历史创造者有着多么重要的现实意义。范绪箕这样的老科学家是共和国科技发展历史的活档案，他们的学术成长本身就是中国科技发展的重要组成部分，是我们宝贵的精神财富。认真做好采集工程对于弘扬老一辈科学家求真务实、无私奉献的精神，激励更多的青年科技工作者不畏艰难开拓进取，勇攀科技高峰意义重大。历史不应该被遗忘，而应该被一代又一代的人们永远铭记。采集工作进行得越深入，成员们越能体会到自己担负的责任，通过采集工程展现更加真实全面的历史，让更多的人，特别是青年一代学习以范绪箕为代表的老一辈科学家为了祖国和民族的强盛，艰苦奋斗，勇于奉献的精神。

本书在撰写过程中，得到了范绪箕教授的全力支持和配合，他对专业的热爱、对学术的严谨给我们留下了深刻印象，作为一位百岁老人，他身体健康，思路清晰，不仅连续接受访谈多达 8 次，共 1 102 分钟，他的讲述真实再现了老一代科学家与祖国一同经历的沧桑巨变，为采集工作提供了丰富的资料和信息，还对报告的每一章节都认真审阅，并几次修改，甚至在每一章节的最后都写下自己对这一阶段经历的总结与感悟。

此外，以下个人和单位也在采集过程中积极为采集小组提供帮助，在此一并表示衷心的感谢(排名不分先后)。其中个人有：

南京航空航天大学副校长许希武教授；南京航空学院原教务长唐树艺；原行政秘书罗雪；原科技处处长彭永龄；退休教师：吕樟权、范蔚勋、孙良新、冯太华、吕庆风、韩朔眺、沈春林、余德义、刘永治、沈学馗、陆健、彭成一。

西北工业大学陈士橹院士、退休教师孙希任、吕茂烈、陆毓茂等。

原解放军装甲兵工程学院副院长孔繁柯教授。

上海交通大学原副校长林栋梁、校长助理严良瑜及朱章玉、汪激、董威、祁阳、刘宏等老师。

范绪箕教授的亲属谢亚宁教授等。

单位：上海交通大学档案馆、钱学森图书馆、西北工业大学校友总会办公室、西北工业大学图书馆、北京市第三十一中学、上海市图书馆、哈尔滨工业大学档案馆及博物馆、浙江省档案局、浙江大学档案馆、南京航空航天大学档案馆、中国第二历史档案馆、中国国家图书馆、美国加州理工学院等。

鉴于采集到的历史资料有限，我们的修书经验及水平有限，书中疏漏及不当之处在所难免，恳请广大读者批评指正。

上海交通大学机械与动力工程学院范绪箕采集小组

2015 年 9 月 4 日

老科学家学术成长资料采集工程丛书
已出版(50种)

《卷舒开合任天真:何泽慧传》
《从红壤到黄土:朱显谟传》
《山水人生:陈梦熊传》
《做一辈子研究生:林为干传》
《剑指苍穹:陈士橹传》

《情系山河:张光斗传》
《金霉素·牛棚·生物固氮:沈善炯传》
《胸怀大气:陶诗言传》
《本然化成:谢毓元传》
《一个共产党员的数学人生:谷超豪传》

《含章可贞:秦含章传》
《精业济群:彭司勋传》
《肝胆相照:吴孟超传》
《新青胜蓝惟所盼:陆婉珍传》
《核动力道路上的垦荒牛:彭士禄传》

《探赜索隐　止于至善:蔡启瑞传》
《碧空丹心:李敏华传》
《仁术宏愿:盛志勇传》
《踏遍青山矿业新:裴荣富传》
《求索军事医学之路:程天民传》

《一心向学:陈清如传》
《许身为国最难忘:陈能宽》
《钢锁苍龙　霸贯九州:方秦汉传》
《一丝一世界:郁铭芳传》
《宏才大略　科学人生:严东生传》

《此生情怀寄树草:张宏达传》
《梦里麦田是金黄:庄巧生传》
《大音希声:应崇福传》
《寻找地层深处的光:田在艺传》
《举重若重:徐光宪传》

《魂牵心系原子梦:钱三强传》
《往事皆烟:朱尊权传》
《智者乐水:林秉南传》
《远望情怀:许学彦传》
《没有盲区的天空:王越传》

《行有则　知无涯:罗沛霖传》
《为了孩子的明天:张金哲传》
《梦想成真:张树政传》
《情系粱菽:卢良恕传》
《笺草释木六十年:王文采传》

《妙手生花:张涤生传》
《硅芯筑梦:王守武传》
《云卷云舒:黄士松传》
《让核技术接地气:陈子元传》
《论文写在大地上:徐锦堂传》

《铃记:张兴铃传》
《寻找沃土:赵其国传》
《虚怀若谷:黄维垣传》
《乐在图书山水间:常印佛传》
《碧水丹心:刘建康传》